U0066013

Chiang Kai-shek Diaries, 1951

◆民國四十年◆

蔣經國國際學術交流基金會

世界大同文創股份有限公司

贊助出版

編輯凡例

一、本書為蔣中正民國四十年 (1951) 日記，係根據日記原件打字排版。

二、本書卷首列有總序，旨在說明蔣日記之整體歷史意義與價值。

三、本書各年各冊均精選國史館授權使用照片若干幀，與日記內容呼應，不無左圖右史之義。後附索引，意在讀者易於檢索、利用。

四、日記內容本分「雪恥」、「注意」、「預定」等欄目者，本書均依照原有欄目處理。日記原件每月起始有「本月大事預定表」；每週附有「上星期反省錄」、「本星期預定工作課目」；每月月底附「上月反省錄」，全年日記之末並以「雜錄」、「姓名錄」殿之。本書悉依原有形式出版。

五、同日日記遇有草稿、抄稿、秘書抄稿並存時，則以最完整稿置前，其餘附後。

六、日記內文提及之相關人物與重要事件，編輯整理時酌加頁註。相關人物第一次出現時，當頁註釋其全名及當年或前後之職銜，以利查考。外國人名第一次出現時，當頁註釋其拉丁化全名，以資識別。

七、本書用字尊重現今常用字，俗字、簡字、古字等異體字改為正體字。惟遇通同正體字時，為因應讀者閱讀習慣及通俗用法，採用現今通用正體字，如「并」改為「並」，「証」改為「證」，「甯」改為「寧」等。

八、日記用詞保留當時用法，不以錯字視之。若與現今用詞有差異處，遵照蔣中正個人習慣用法，如：舊歷、古鄉、托管、烏乎、處治、火食、琉璜；及部分地名如：大坂、蒔林、角畈山。

九、日記中遇明顯錯別字詞，在該字後以〔　〕符號將正確字詞標出。遇明顯漏字，則以〔＿〕符號將闕漏字詞補入。無法判明者，則加註「原文如此」。本書收錄日記中所附帶之信函、手令、批示等稿件，非蔣原筆跡手稿者，以楷體字體表示。

十、日記中遇損壞、破損而無法辨識字跡者，以■表示。

十一、日記中提及人名偶有筆誤，以錯字訂正形式處理；外國人名譯音有前後不一致情況時，但見索引，不另做處理。書中出現編目「一、一、一、一、」者，為遵照原稿設計，不予修改。

十二、標點符號除原稿上所加之問號、驚嘆號、引號等外，僅以「，」「、」「。」「：」標之。

十三、本書涉及人物、事件複雜，議題涵蓋廣泛，編者思慮難免不周，如有錯誤疏漏，尚請讀者不吝指正，以便日後修整。

序　一

蔣中正，學界通稱為蔣介石，是國家級和世界級的領袖人物，早為史家研究的對象。日本學界有蔣介石研究會，臺灣中央研究院近代史研究所有蔣介石研究群，浙江大學有蔣介石研究中心，而學者個人研究蔣介石者，如楊天石、山田辰雄、黃自進等皆為名家。近年臺海兩岸各大學和研究機構，以蔣介石為主題所開的研討會，如「蔣介石與抗日戰爭」、「蔣介石與抗戰時期的中國」、「蔣介石與世界」、「日記中的蔣介石」、「蔣中正日記與民國史研究」等，亦結集了許多研究蔣介石的成果。

史學界之所以熱衷於蔣介石研究，除蔣之歷史地位重要外，蔣介石日記開放給史學界使用亦為重要因素。蔣日記初由自己保管，1975 年蔣介石死後由其子蔣經國保管，1988 年蔣經國死後由其子蔣孝勇保管，蔣孝勇死後由其妻蔣方智怡保管。蔣介石原望其日記存於臺灣，於其逝世五十一年後（2026）開放，後因蔣孝勇夫婦移居加拿大，日記乃被帶到該處。2005 年蔣方智怡將日記移存美國史丹佛大學胡佛研究所，並授權該所保管，2006 年起分批開放蔣日記給學者作為研究之用。蔣介石日記開放給學者作為研究之用後，各國學者紛紛前往史丹佛大學閱讀，學者並開始以蔣日記為主要資料寫論文或專書，使蔣介石的研究成果更為深入與豐富。

蔣介石日記，從 1917 年起記到 1972 年 7 月止，凡五十五年，四百五十萬字。其中 1924 年日記失落，1917 年的日記為回憶幼時至 1917 年之重要記事，僅約萬餘字。這五十五年，蔣追隨孫中山，並以繼承孫中山的革命志業自居，日記中所記，為民國史留下重要史料。日記史料往往反映一個人的性格，蔣為軍人出身，做了國家領袖以後，對友邦，只望協助，不喜干涉；對部屬，只望服從，不喜爭權奪利。譬如抗戰勝利後，國家進入憲政時期，蔣的權力受約束，不能全力應付危局，乃制定動員戡亂時期臨時條款，使權力超出憲法以外；又如 1949 年 1 月，國民黨對共產黨有主戰主和之分，蔣主戰，副總統李宗仁主和，蔣辭職下野，另成立總裁辦公室，以黨領政領軍。及李宗仁避往美國，蔣復行視事，始得統一國家事權。

由蔣之日記，可略窺蔣之終生志業。但將蔣日記作為史料，像許多其他日記一樣，有不易了解處。譬如記朋友不稱名而稱號，記親戚和家人不稱名而稱親屬的稱謂或暱稱；對不便明說的事吞吞吐吐，語焉不詳；記事突兀，背景不明。在這種情形下，如能對日記作箋注，即可增加對日記內容的了解，由國史館授權，民國歷史文化學社所出版的《蔣中正日記》，即為箋注本，當能應合讀者需要。是為序。

中央研究院院士 張玉法

於翠湖畔寓所

2023 年 5 月 20 日

序　二

一部罕見的國家領導人日記

2006 年，「蔣中正日記」的開放，是民國史研究重要的里程碑；2023 年，《蔣中正日記》的正式出版，更是推展民國史研究令人矚目的一頁。

和蔣中正同時的美國總統羅斯福（Franklin D. Roosevelt,1882-1945）、英國首相邱吉爾（Winston Churchill,1874-1965）、蘇聯共黨中央總書記史大林（Joseph Stalin,1878-1953）、德國納粹頭子希特勒（Adolf Hitler,1889-1945），都稱得上是當年掀動國際風雲的「大人物」。羅斯福不寫日記，史大林沒有日記，邱吉爾的《第二次世界大戰回憶錄》，於 1953 年得過諾貝爾文學獎，具有的是文學創作之美的價值，畢竟不屬於歷史，也不是日記；1983 年號稱「新發現」的六十卷「希特勒日記」，轟動一時，僅僅十天之後，即被證明是舊貨商牟利的贗品。蔣中正（介石，1887-1975）應該是同一時代世界重量級人物中，唯一真正留有五十五年個人日記的領導人。

蔣日記不是中國傳統史官代撰的起居注，也非皇朝實錄，這部當代政治領袖用毛筆楷書親自書寫超過半世紀的日記，記錄一位曾是滬濱浪蕩子走向全國性政治人物的發跡過程，又提供一個「大」又「弱」的古老國家政治領導者，如何想方設法謀求一統天下，並期盼與國際接軌的一段艱難歷程的重要見證，是十分罕見的歷史素材。

有些審慎的歷史學者提醒道：「日記」作為史料，要分辨「真實的蔣」（person），與蔣「要我們知道的蔣」（persona），日記中能讀出真實的蔣，才是本事。蔣中正的日記複印本開放已逾十年以上，閱者、使用過的學者上千，沒有人懷疑它的真實性，沒有人說它是為別人寫的。作為民國歷史研究的第一手資料，作為民國史最珍貴史料，蔣中正日記的重要不可忽視，相當值得出版。

日記的本質與運用

日記本屬個人生活方式的記錄，是「我之歷史」，但不能沒有社會性——涉及他人、他事的記載，日記歷史文獻價值因此存在。故就歷史研究言之，史家早就視日記為史料之一種重要形式。清季以降，士紳大夫、知識分子寫日記者頗不乏人，日記創作風氣鼎盛。日記固屬私人，但頗多日記出諸官紳，所記內容，自不僅止於私密之內心世界，實多有涉軍國大事要聞者，於是日記又成為認識公眾歷史的重要憑藉。日記既有公、私之記載，也因此能打破正史之文獻表述與壟斷。所以「日記學」在近代史學研究中，不能不為史學界所看重。文化史家柳詒徵謂：「國史有日歷，私家有日記，一也。日歷詳一國之事，舉其大而略其細；日記則洪纖畢包，無定格，而一身一家一地一國之真史具焉，讀之視日歷有味，且有補於史學。」正因日記內容「洪纖畢包」，材料廣泛，如記載時間拉長，固為多元歷史留下大量線索，提供歷史研究絕佳素材，同時是執筆者記錄當下作為自行修身、事後檢討反思的依據，此即宋明理學家「自勘」、「回勘」的工夫，曾國藩的日記、蔣中正寫日記，多寓此意。蔣中正記日記，在生前即囑秘書作分類工夫，「九記」、「五記」及「事略稿本」均有自省及建立形象作用。以日記為主體，衍生出不同類型的版本，內容不免有取捨不同，品人論事可能輕重不一，而這正是「日記學」有趣的課題。多年以來，靠蔣日記撰寫出來的傳記，不在少數，論者已多，不待贅述。

1961 年 12 月，中央研究院院長胡適談到「近史所為什麼不研究民國史」，表示「民國以來的主要兩個人，一位是孫中山先生，他的史料都在國史館裡；還有一位是蔣介石先生，他的史料誰能看得到？」這樣的情況，終於在 1980 年代以後出現了變化。1987 年 7 月 15 日，蔣經國總統宣告臺灣「解嚴」。對中國近代史的研究而言，實亦一嶄新局面的出現。新時期尤其受歷史學者歡迎的是，史政機構史料的空前開放。1990 年國民黨黨史會率先把重要史料一口氣開放到 1980 年代；國史館於 1995 年奉命接管近三十萬件的《蔣中正總統文物》（即「大溪檔案」），兩年後全部正式開放，對民國史學者而言，好比是近代史學界的一顆震撼彈。可以說，胡適眼中視若「禁區」的蔣中正時代史料，在蔣逝世三十年後，基本上已全數向學界開放了。這批史料的的確確是研治國民政府軍事史、政治史的稀世之寶，如今能全部亮相，是十幾二十年前歷史學者不敢想像的事，而這些正是能和「蔣中正日記」相互對應參證不可或缺的重要史料。

史家陳寅恪曾說：一個時代之學術，必有其新材料與新問題；取用新材料以研究新問題，則為此時代學術之新潮流。1960 年代兩岸對峙局面初成，修纂民國史之議，浮上檯面，民國史料的整理、開放，實極迫切。1990 年代以降，在臺北的國史館對蔣中正總統文物的整理、開放，甚至是出版工作，無疑具相當關鍵作用。1975 年，蔣中正總統過世後，「蔣中正日記」和後來的經國先生日記，從臺北移到加拿大，2004 年暫時落腳美國史丹佛大學胡佛研究所檔案館（Hoover Institution Archives, Stanford University），2023 年回歸臺北，這一段兩蔣日記「出走」「回來」的過程和故事，已為眾人所熟知。2006年，存放在胡佛研究所的「蔣中正日記」決定率先向學界公開，這無疑的更進一步帶動了學界「蔣中正研究」與民國史研究的熱潮與興趣。蔣日記又促成了民國研究熱，其內容包含日記所涉新資料的挖掘、運用，研究範圍與議題的提出、研究途徑與方法的更新，以及如何重新看待「民國」等，這些討論與探索，使蔣中正研究、民國史研究更為紮實，也綻放出新的面貌。

日記外型

蔣中正自始所使用之「日記本」是有固定格式，早期使用商務印書館印製的「國民日記」，爾後自行印製固定格式，除每日記事外，每年有該年大事表，每月有本月大事預定表、本月反省錄（後改為「上月反省錄」），每週有本週反省錄（後改為「上星期反省錄」）、下週預定表（後改為「本星期預定工作課目」）。蔣氏日記持續以毛筆書寫，除每日記事外，每週、每月、每年開始必定按照上述表、錄，檢討上週、上月之施政或個人行事，思考本週、本月、本年之預定工作，每年年終會對全年之政治、外交、黨務、軍事等工作進行分項檢討。1925 年 6 月沙基慘案之後，蔣痛恨英帝國主義者慘殺無辜中國軍民，日記稱英國為「陰番」以洩憤，並每日立下格言、標語誓滅「英夷」，時間長達一年又兩個半月。1928 年「五三慘案」發生後，有感於國難深重，自身責任重大，「國亡身辱」，集國恥、軍恥、民恥「三恥」於一身，於是年 5 月 10 日記道：「以後每日看書十頁，每日六時起床，紀念國恥。」此後，每天的日記前必記「雪恥」一項，以誌不忘國恥。抗戰勝利後，蔣氏 1945 年 9 月 2 日自記：「舊恥雖雪，而新恥又染，此恥又不知何日可以湔雪矣！勉乎哉！今後之雪恥，乃雪新恥也，特誌之。」1949 年來到臺灣，日記中雪恥一欄仍不間斷，因為「新恥」未止。

蔣中正日記的內涵

平心而言，從蔣的日記中的確可以看出作為一個從「平凡人」到「領導者」的心路歷程，無需刻意神聖化，也不必妖魔化。

許多人都知道蔣是用度非常節儉的一個人，他補破衣、不挑食，一口假牙，吃東西十分簡單。蔣不喝酒、不吸煙，只喝白開水，其實生活很是平淡。從他的日記中可以體會到，他是很容易結盟，又是容易結仇的人。結盟或許與上海的生活經驗有關，結仇就可能涉及他的個性。他的日記中看出他對人物批評十分苛刻，有軍人作風，黃埔軍校畢業生拿到校長所贈的寶劍上都刻有「不成功便成仁」的字眼，既現代又傳統。但因為他喜歡讀書，所以跟一般純粹的武人仍有不同，能趕上時代，展現一些文人氣息。他自承脾氣暴躁，對文官雷霆責罵，對武人甚至拳打腳踢，日記中常為自己的錯誤「記大過」，也常懺悔，雖然一直想克制自己，但是個性似乎不易改變。1960 年 11 月，蔣對第九十九師師長鄧親民所製小冊內容不當，大動肝火，聲嘶力竭叱責，以致喉裂聲啞，半年之久，元氣才告恢復。蔣勤於任事，甚至過火，越級指揮壞了戰局，修整文稿苦了文字秘書。大小事情都會過問，碰到交通阻梗，親出指揮，看到街道周邊髒亂，就會破口大罵指斥官員。這些個性的表現，在日記中都可覆按。這正是親近幕僚楊永泰所講的，他「事事躬行」，常致「輕重不均、顧此失彼」。盟兄黃郛則批評他有「毅力」而欠「恢弘」之氣象， 均屬中肯之語。

一般人展讀別人日記，除了「偷窺」心理外，多半對主人公不免有先入為主的印象。蔣中正從一介平民到作為一個國家領導人，他奮鬥的歷程，後人難免加油添醋、說三道四。如果平實的對蔣中正日記進行觀察，會覺得他是一個民族主義者，是孫中山的信徒，是一位虔誠的基督徒，他不喜歡英國，嫉俄、日如仇讎；日記中顯示他知道自己學養不足，常師法先賢、勤讀宋明理學。1930 年代當了中央領袖，還特別禮邀學者進行「講課」，甚至不斷向「敵人」學習，有他堅持與成功的一面。但長時期以來，尤其是部分西方媒體和他的政敵，一直視他扮演的是一個「失敗者」的角色，因此多從負面來理解。

蔣中正當過軍校校長、軍隊總司令、軍事委員會委員長、黨的總裁、國家主席、總統，一生的作為不能樣樣令人滿意，當然有多方面的因素，例如說在大時代裡頭要重建一個近代國家的制度與規模，當時確實缺少一個可以運作的規則；在兵馬倥傯中還要對付內外的腐敗與變亂，何況想迅速建立「近代國家」本來就是一種苛求，幾近不可能的任務。外交是內政的延長，蔣大半輩子與美國人打交道，他的「美國經驗」，酸甜苦辣備嘗，因國力弱，政治不上軌道，一路走來需要美利堅的扶持，根本上又難符美國「要一個強大而親美的中國」的期盼。在 1930 年代之後，美國由扶蔣、輕蔣、辱蔣，甚至倒蔣的戲碼，輪番上演，是有原因的。蔣一生對日本、美國愛恨交加，日記中透露了諸多內心穩忍的秘辛與苦楚。其次，蔣當時確實不夠重視黨組織，大部分的心力不是放在軍事，就是放在對付敵人。從某個角度看，1920 年代孫中山依違於英美政黨政治與列寧式政黨之間，所幸蔣沒進一步學取極端嚴格的動員性政黨組織模式，保有了憲政理想。但底層力量的薄弱，派系對權力的競逐，則加深他的黨組危機。1940 年 11 月，在日記中他自承「一生之苦厄，全在於黨務也」。從另一角度看，孫中山西方民主政治的理想，他遵循，也心嚮往之，但最終做到的只是徒有其名而無其實。另外，他在群雄中要衝出頭是有很多困難的，他的輩分比較低，多半的成功是靠謀略與機運。1920 年代的北伐及其後，急功近利，對各地軍閥採取收編、妥協政策，結果形成一個諸多山頭的統一，他似乎只成無奈的「盟主」。同時當他有權力之後又甚為自負，不太接受挑戰，一方面是尊嚴的問題，一方面是權力意識，一方面是支撐他地位的架構，一方面是財政來源的困難，最後可能涉及到家族的網絡問題。他身處在農業社會傳統未褪盡，資本主義浪潮下「現代國家」制度尚待建立的威權時代，他的作為與形象很難符合後人的要求與期待，他做事的動機和過程，大多可以在他的日記中捕捉、體會。

蔣中正日記的重要性已如上述，讀者讀過之後更大的感受：這是一套有血、有肉、有靈魂的資料。1920 年代之後，日記中許多蔣、宋、孔有關國家大事、家中生活細節的諸多紀錄，正顯現他們平實居家生活的寫照。他除了讀書外，喜歡旅遊，對奉化「古鄉」，頗有依戀之情。平日生活不失赤子之心，1933 年 10 月 4 日，中央忙於應付日本侵略，又忙於對付中共問題時，他「與妻觀月，獨唱岳飛滿江紅詞」，這與蔣平日予人嚴肅刻板印象，頗有落差。可見這日記提供的不只是歷史的發展線索，更重要的是人性的揭露。歷史的研究本來就應該以人性作基礎，作有「人味」的研究，這套日記正好提供了一份珍貴的原料。

蔣中正日記的公開，迄今已十數年，對海峽兩岸、英日美近代史學界，究竟造成多大的影響？「蔣中正日記」自 2006 年開放以來，引來各地史學家競相閱覽、關注與利用，是不爭的事實。除海峽兩岸學者有大量論著，忙著開會、籌組成立研究中心、讀書會之外，西方學界也開過幾次以蔣日記為主體的學術會議。不同國家的學者如陶涵（Jay Taylor）、米德（Rana Mitter）、方德萬（Hans van de Ven）、戴安娜．拉里（Diana

Lary）、潘佐夫（Alexander V. Pantsov）等，近年均從不同角度切入，注意到日記的利用，其重要研究成果，有目共睹。即以潘佐夫的《蔣介石：失敗的勝利者》一書言，大量利用蔣的日記，又用俄羅斯的俄文檔案比證，娓娓道來，讓人覺得他真是講故事的高手。齊錫生的中文近著《分崩離析的陣營：抗戰中的國民政府，1937-1945》，其取蔣日記加之中西方檔案作精準比較，史事正負面並陳，同時賦予客觀詮釋，令人耳目一新。這說明研究者、讀者對日記有重大依賴，均能從中直接得到啓發，也就是說，對民國史研究，「蔣日記」之為用，是有相當積極而重要意義。

根據手稿本出版

蔣中正之日記，特別值得一談的是蔣記日記的時間長達半個世紀以上（共五十五年六十六冊），絕對難得。現存的日記 ，1915 年只有山東討袁一星期的記事，其他都在 1918 年冬永泰之役中喪失。1916 到 1917 年的日記也可能因為 1918 年在廣東戰役中遺失。1924 年正當孫中山致力改善中蘇關係、積極推動國共合作之際，蔣這一年日記則遍尋不著，誠為全套日記出版的最大遺憾。對 1918 年以前的行事，蔣曾經幾度補述，有一部份詳細敘述了他幼年的回憶，附在日記手稿之前；有一部分放在 1929 年 7 月的雜記及 1931 年 2 月的回憶中，嚴格說來不算是日記。1918 年以後雖有部分潮濕霉爛、水漬污染（尤其 1935-1936 年），所幸修補之後，大體完整。

從外型上看，蔣中正日記分為四種形態：蔣中正日記原本、蔣中正日記手抄本、蔣中正日記複印本及蔣中正日記微卷；放在胡佛研究所的蔣中正日記複印本是提供學者閱讀者。事實上，日記的版本應該只有一種，即是目前暫存美國史丹佛大學胡佛研究所之日記原本的「手稿本」，其他所有與日記相關的「版本」，都是由「手稿本」發展出來的。這套《蔣中正日記》是依據原件一個字一個字「刻」（Key）出來的，絕對真實，可靠性無庸置疑。附加的註腳，力求周延，同時方便讀者的索解。

這是學術界、出版界的盛事

日記不可能是個人全部生活的百科書全書，不能求全。日記記載的主觀性與選擇性也顯然的，故而日記史料的利用，更需要其他材料的對應和比較，是而斷章取義、各取所需、過度詮釋，都非所宜。歷史家有好的材料，更應具有好的歷史研究素養和技藝，這是學者可以同意的共識。

過去幾年，能親自參閱蔣中正日記者，畢竟有限，於是許多抄錄者形成的《蔣中正日記》地下版充斥，揭密居奇者正不在少，故而學界及社會各界要求正式出版蔣日記的呼聲極高。最近，日記出版的時機已告成熟，我們的出版立場是學術的、嚴謹的，我們的要求是明確的，這一定會是學界、社會各界期望的出版方向！

我們感謝蔣家家人的同意、國史館陳儀深館長的出版授權、蔣經國國際學術交流基金會錢復董事長、朱雲漢前執行長及今執行長陳純一先生對本案的贊助、世界大同文創公司的支持，使日記順利出版。當然，史學界的朋友，我們曾為蔣中正的善政、失政與作為爭得面紅耳赤，也曾為日記中一個字、詞的辨識吵得翻天覆地，我們的真情是為學術，最大「野心」是努力以嚴謹、負責態度維護出版品水平。這一方面，我們學社同仁自董事長至編輯同仁的付出與辛勞，全在不言中。

我們自信這會是一套擁有「精準」、「正確」特質，具權威性版本的《蔣中正日記》。相信這絕對是民國史、近代中國出版史的一樁盛事。

民國歷史文化學社社長 呂芳上

2023 年 8 月 10 日

序　三

蔣中正，字介石，浙江奉化人。早年在中國率軍東征、北伐、領導對日八年抗戰，到戰後由訓政走向憲政，於 1948 年當選行憲後第一任總統。1949 年中央政府遷臺後，蔣氏於 1950 年宣布復職為總統並得到美國的支持，迄 1975 年過世為止，是近半個世紀以來統治臺灣最久的領導人，對近代東亞歷史的發展影響深遠；而蔣中正在臺灣，人們對他的評價卻褒貶不一，可說是毀譽參半。

中日戰爭的勝利是蔣中正政治生涯的最高峰，獲譽為世界四強的「偉大領袖」，但短短不到四年時間，就從高峰跌到谷底，變成中共口中的「人民公敵」。另一方面，在威權統治時期的臺灣，他被黨國體制宣傳為「民族的救星」、「世界的偉人」，迄 1987 年解嚴之後，臺灣社會與學界才逐漸擺脫言論自由、思想自由的限制，重新審視蔣中正的歷史定位。直至今日，不論是海峽對岸，或是臺灣社會內部的不同群體，都對蔣中正的功過得失，存在著相當對立與矛盾的詮釋，離所謂的「蓋棺論定」，可能還有一段遙遠的距離。

關於蔣中正的學術研究，其契機始於 1995 年總統府分批將「大溪檔案」（即「蔣中正總統檔案」）從陽明山中興賓館移轉至國史館庋藏。該批檔案，是蔣中正統軍領政期間之親筆手稿、文件、電令、諭告，也有經過幕僚統整之檔案彙編、事略稿本，並有蔣氏之相關文物照片等，時間涵蓋 1924 年至 1975 年，為研究蔣中正生平及國民政府、國共內戰、1949 年至 1975 年間中華民國在臺灣之歷史的珍貴重要史料。經過本館初步編目整理，兩年後即全部正式對外公開，是當年學術界的一大盛事。其後，本館更在「蔣中正總統檔案」的開放基礎上，為開拓研究視野並嘉惠學界，從中披沙揀金，先後出版《蔣中正總統事略稿本》82 冊、《蔣中正總統五記》、《蔣中正先生年譜長編》12 冊，後續並將觸角拓展至戰後臺灣史，先後出版《中華民國政府遷臺初期重要史料彙編－中美協防、臺海危機》5 冊及《二二八事件檔案彙編（17）－大溪檔案》等，這些都是完整取材自「蔣中正總統檔案」的原始文獻，從以上出版主題的多元性來看，不難一窺近 30 萬件的「蔣中正總統檔案」，絕對是中華民國史研究者必須參考的材料。

1988 年蔣經國總統逝世後，蔣家家人將兩蔣日記攜至海外，最終寄存於美國史丹佛大學胡佛研究所檔案館。2006 年史丹佛大學胡佛研究所檔案館正式對外開放《蔣中正日記》的閱覽服務，以致以《蔣中正日記》為文本的歷史書寫，方興未艾。本人為了研究二二八事件、1949 大變局、兩次臺海危機以及 1971 年失去聯合國席位的經過等大問題，亦屢次飛去史丹佛大學抄錄蔣日記。隨著日記內容的不斷披露，海峽兩岸與國際漢學界都有研究蔣中正的學界團體與國際會議，出版的研究論著更是隨著時間累積而呈倍數成長。然而受限於時間與成本，絡繹不絕前去史丹佛大學抄錄的學者，往往只能選擇自己最需要參考的部分，而難窺其全貌，這也使得至今《蔣中正日記》雖有多種版本在坊間流傳，但終究都不是正確而完整的內容。

《蔣中正日記》起自 1917 年，迄至 1972 年 7 月止，除了 1924 年份佚失外，大致完整地保存了蔣中正一生橫跨 55 年的日記，其內容不僅是私人之內心世界，更多涉及軍國大事要聞者，對於歷史研究之重要意義，實不言可喻。本館掌理纂修國史及總統副總統文物之典藏管理及研究，長期致力爭取兩蔣日記返國典藏，歷經 10 年纏訟，終於在 2023 年臺灣及美國法院都將兩蔣父子「任職總統期間的」文物所有權判給國史館；加上從 2014 年呂芳上前館長開始、歷經吳密察前館長以及本人任內的溝通努力，陸續得到蔣家後人的捐贈，今日國史館遂擁有這批兩蔣文物的完整所有權。有鑑於社會各界對於開放日記之殷切期盼，本館立即著手規畫《蔣中正日記》的出版工作，惟考量日記內容卷帙浩繁，決定先從蔣中正就任中華民國行憲後第一任總統任期（1948-1954）的日記開始出版，後續再根據任期及年度依序出版。

這次《蔣中正日記》之所以能夠快速而順利出版，要感謝呂芳上前館長所主持的民國歷史文化學社，因學社內的編輯同仁早已著手校正日記內容的正確性，也為日記中提到的人物及事件作註解，使得日記的深度、廣度大為提升。相信藉由《蔣中正日記》的出版，必定有助於呈現一個有血有肉、在感情上常常天人交戰、在理性上屢屢自我挑戰、在政治上功過參半的政治人物，也就是更真實的蔣中正。

國史館館長 陳儀深

2023 年 8 月 31 日

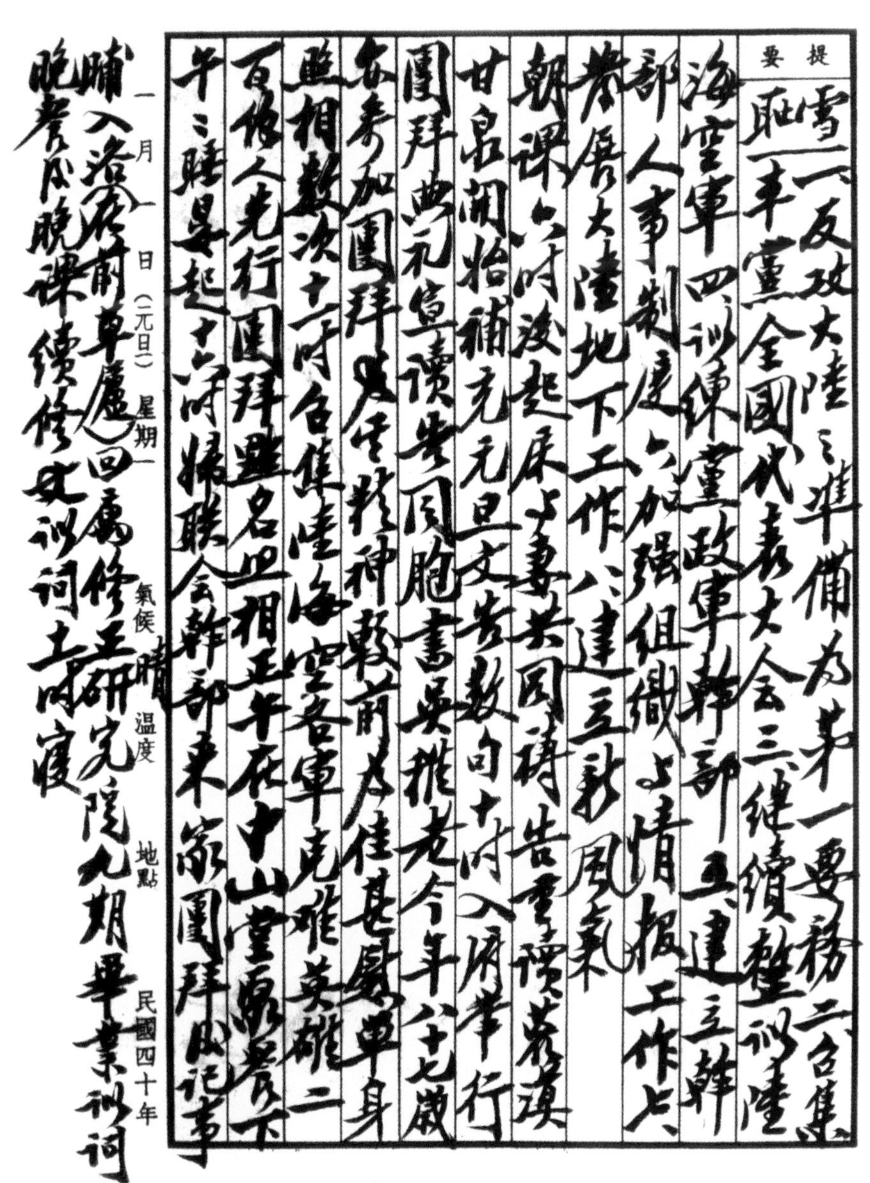

提要
雪恥 一、反攻大陸之準備為第一要務 二、召集本年黨全國代表大會 三、繼續整訓陸海空軍 四、訓練黨政軍幹部 五、建立幹部人事制度 六、加強組織與情報工作 七、養成大陸地下工作 八、建立新風氣

一月一日（元旦）星期一　氣候 晴　溫度　地點　民國四十年

朝課 六時後起床 與妻共同禱告 重讀荒漠甘泉 開始補充元旦文告數句 十時入府舉行團拜典禮 宣讀告同胞書 要稚老今年八十七歲 余參加團拜 其精神較前為佳 甚[illegible]身與相較 次十時召集陸海空各軍克難英雄二百餘人 先行團拜點名 正午在中山堂[illegible] 午三時畢 起十六時總統聯合會幹部來家團拜 以記事 晡入浴 府前草廬 回寓修正研究院九期畢業訓詞 晚膳後晚課 續修其訓詞 廿一時寢

日記原件。1951 年 1 月 1 日。

「十時入府舉行團拜典禮，宣讀告同胞書。吳稚老今年八十七歲，亦參加團拜，其精神較前為佳，甚慰。」（1月1日）

「十一時召集陸、海、空各軍克難英雄二百餘人，先行團拜、點名、照相。」（1月1日）

「單身照相數次。」（1 月 1 日）

「申刻見美國海軍司令史樞波將軍後，續讀存亡問題未完。」
（2 月 22 日）

「八時一刻與妻到鳳山軍官學校，舉行幹訓班十九期畢業典禮，及陸軍射擊比賽訓詞。」（3 月 1 日）

「十時入府辦公，約見美國退伍軍人會會長柯克少校，其年僅廿九歲，天真爛熳，更覺美國青年之可愛也。」（3 月 13 日）

「正午約宴行政院與省政府各部廳長、委員，以本日為陳行政院成立一周年也，予以勉勵，切屬中央與地方通力合作，使去年功績更能擴充也。」（3 月 15 日）

「晚課後灌音畢，原稿再加補修，廿三時後寢。」（3 月 28 日）

「午後二時到總統府廣場受青年歡呼，五萬餘人在雨中鵠候，殊為可感。」（3 月 29 日）

「四時約見美參議員孟達生，談一小時畢。」（4 月 20 日）

「遊覽舊醫務所，原則在小學校西首約半里許。此地有古松，有廣坪，其左側又有池塘，實為角畈之風景區也。」（6 月 16 日）

「午課後特往「溪內」觀瀑布，自頭至尾明察無遺，比之去年更為可愛，乃徒步前往，訪其瀑巔，行至橋頭，不能再下，僅見其巔潭而已。」（6 月 16 日）

「午課後自四時至六時半間，與杜威談話。」（7 月 15 日）

「晡與妻及君璧先生往溪口臺之鐵索橋（大和橋）下河流中之岩上攝影，並在水邊撿石、洗手為樂。」（8 月 12 日）

「到新竹陸大廿三期學員畢業典禮。」（9月8日）

「（昨）午課後審閱學員自傳，召見卅人，與合眾社副經理談話。」（9月11日）

「十時後到海軍軍官學校舉行第四十年班畢業典禮，點名，攝影。」（9 月 30 日）

「本日為第四十年國慶雙十節，內心寬裕，氣候清朗，風和日暖，誠為一片復國新興景象。」（10 月 10 日）

「十時後與妻到烏來溫泉避壽遊憩。」（10 月 15 日）

「晚課後，約見柯倫斯閒談一小時，此人乃一優秀明達之美國式將領也。」（10 月 26 日）

「十七時到二萬坪站下車，瞭望塔山風景，雄壯奇麗，與妻及黃君璧、孫文英等遊覽，依戀不忍舍也。」
（10 月 29 日）

「經神木，與妻等下車瞭望後，六時前即到阿里山站，正黃昏而未黑暗也。」（10 月 29 日）

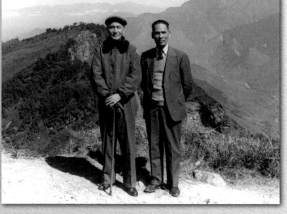

「十時與黃君璧畫家同登祝山，相度地勢，期在七十歲時修建第四基督凱歌堂，以償前願也。」（10 月 31 日）

「與妻等在姊妹湖野餐，此湖上次來山並未遊覽其地，湖中天成古木大株十餘根，直立水中，其風景幽雅，如果略加人工，實為阿里山中最幽勝之景色也，妻願經營其事。」（10月30日）

「午課後閱卅四年日記後，山上小學生百餘人來寓祝壽，遊戲。」（10月31日）

「十時到省黨部，第一屆改造省黨部委員會正式成立，致詞點名。」（11月9日）

「晚課後約宴泰國與馬來各僑團代表，特來祝壽者也。」（11 月 10 日）

「接見馬丁與霍爾，閒談一小時半，彼乃熱情與直率之美友，始終站在我的方面也。」（11 月 16 日）

「十時入府辦公，接韓大使金弘一之到任國書畢。」（11 月 23 日）

「九時前到湖口校閱卅二師演習反斜面陣地之工事與戰鬥，此為余所指定之課目也。」（11 月 28 日）

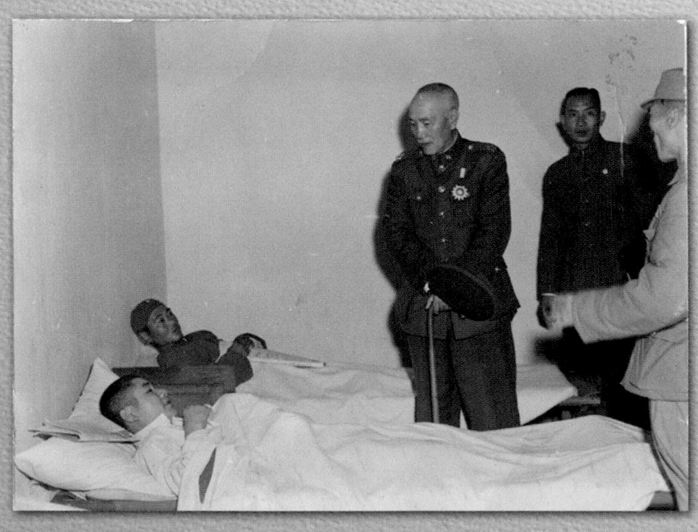

「點名聚餐後，到陳坑視察醫院，慰問病兵。」（12 月 30 日）

目錄

民國四十年大事預定表

矢誓雪恥箴　中正

忍性吞聲　茹苦飲痛

耐寒掃雪　冒暑撲燄

砥節礪行　體仁集義

矢志自立　誰敢予侮

生活的目的在增進

人類全體之生活

生命的意義在創造

宇宙繼起之生命

蔣中正

應從方法論上去求實際

莫在目的論上去尋理由

還不知恥辱麼

你忘了仇敵麼

一、續成育與樂二篇（禮運大同篇）。

二、改訂軍人讀訓與黨員守則。

三、反共抗俄與實踐運動信條之影劇。

四、建立思想路線，改造黨的作風。

五、闡述時代的思想精神制度（政治、社會、經濟、教育、司法）中心思想與理論速定。

六、建立幹部制度，及時代風氣與運動之創造，人事制度業務與技術（幹部政策）。

七、改造軍風與社會風氣。

八、軍人死的問題之闡明。

九、大、中學軍訓教官之培養。

十、各部業課研究機構之建立。

十一、各業課補習教育機構及宗旨要領。

十二、人事為一切事業之本（制度、訓練、組織、考核、獎懲）。

十三、軍歌軍樂、電影戲劇之獎進。

十四、提倡回家鄉、入民間、看下層、待時機。

十五、實踐篤行、奮鬥犧牲、研究創造、勞動服務、合作互助、自力更生、團結一致、合群集中（嚴戒不誠實、不合作的惡習）。

十六、愛護公物，修補廢物（建築物）。

十七、大陸匪區情報及破壞工作之布置、組織與訓練。

十八、各省負責人事之指定與訓練。

十九、任何訓練以組織、情報與管理為必須之課目。

二十、調整各軍、師人事。

廿一、充集各軍、師。

廿二、軍隊編組應分防守與遊〔游〕擊二種，惟以運動戰與攻勢戰術為主。

廿三、政工處應設偵衛隊，以維持後方偵察駐區，鎮攝〔懾〕反動及搜索散匪為主要任務。

廿四、各種訓練以組織精神與技術為必修課，組織以人事聯繫、調查考核專業與負責盡職，能達成其所定標準為主務。

廿五、雙十節召開黨員全國代表大會。

廿六、青年及婦女之組訓宣傳、工作計畫。

廿七、兵農合一與土地制度及總體戰精神。

廿八、國民智識及其經濟生產程度，對共產鬥爭之需要與實際情形，如何能適應今日國際環境、民主潮流時代之政治方式，尤其是議會制度。

廿九、領導應不憑地位與命令。

三十、大陸地下工作之方案與工作之重心。

卅一、民眾生活、限田政策、工人保險、官兵保險（平均地權、節制資本）民生主義具體化。

卅二、調查人才、征收黨員、組訓青年。

卅三、整理行政司法之法規。

卅四、教育與訓練宗旨：積極、自動、負責、合群、團結、犧牲、創造、精實、淘汰。

卅五、登陸地區之決定與人事及組織之準備工作。兵棋演習。

卅六、加強防空設備與經費之籌備。

卅七、訓練之方法：甲、研究。乙、檢討。丙、標準。丁、競賽。

卅八、民權主義與民生主義具體化。

卅九、如果必須參戰，對美應提議之要點：

一、不對共匪單獨講和。

二、不製造第三勢力。

三、不干涉內政與用人。

四、接濟游擊隊須通過政府。

四十、反攻方略（準備未完，切勿反攻，無充分把握，決不反攻，時機未成熟，亦不反攻）：

甲、時機。

乙、地勢。

丙、實力（敵我對比）。

丁、敵情（俄與匪）。

戊、行動方式：

子、臨時突擊。

丑、佔領橋頭堡。

寅、正規行動。

己、方針：

子、吸收敵軍兵力，予以持久消耗。

丑、爭取人力，佔領相當時間與面積，隨時轉移陣地。

寅、佔領大都市，建立根據地，積極進取。

卯、強攻敵軍要害，裁〔截〕斷其聯絡線。

辰、攻略其基地北平。

庚、準備：

子、訓練模範師三師，上半年。

丑、練成標準軍十軍，下半年。

寅、補充二十至廿四個師。

卯、本年完成六十個師，總額可與敵最大野戰軍之兵力相比。

辰、補給與運輸計畫。

四一、國際形勢與外交方針及工作：

甲、對日外交之進行及具體實施辦法之研究，太平洋聯盟公約運動[1]加緊。

子、國民外交機構之組織。

丑、日本黨務之整頓。

寅、技術與經濟合作之具體計畫。

卯、對日和約之訂立。

乙、對菲、對泰外交之加強。

丙、對美外交之方針與要領：

---

1 最初係 1949 年 7 月至 8 月，蔣中正出訪菲律賓和韓國，與兩國總統季里諾和李承晚協商，欲簽訂一項包括所有亞太地區非共產國家的協定。韓戰爆發後，美國決定加速組建「太平洋公約組織」的步伐。1950 年 7 月，國務院始與軍方討論該組織在軍事合作方面的問題。不久，澳洲外長斯彭德（Percy Spender）也提出「以北大西洋公約條文為基礎，擬訂太平洋公約」，卻故意排除韓國和中華民國。1951 年 1 月 3 日，美國駐聯合國代表團顧問艾利森（John M. Allison）主持起草了美國版的《太平洋公約草案》。

子、艾其生[1]問題。

丑、馬歇爾[2]方面之了解程度。

寅、杜魯門[3]方面之溝通與會晤之準備。

卯、對美兩院工作之加強。

丁、對西班牙與土耳其工作之加強。

戊、對回教國家、埃及工作之加強。

己、對南斯拉夫工作。

庚、對法、對英、對義動態之研究。

辛、對阿富汗、尼泊爾兩國之注意。

壬、聯合國代表團之加強。

四二、國內政治之方針：

甲、大陸黨務與游擊工作之發展。

乙、各黨派聯合陣線之組織。

丙、青年反共先鋒隊之組織。

丁、婦女反共報國會之組織。

戊、反攻時期軍政制度之籌備：

子、經濟。

丑、幣制。

寅、教育。

卯、社會農村之組織，合作社、保甲之恢復。

辰、土地之分配與耕種。

巳、糧食之積儲（與社倉制）與分配。

---

1 艾奇遜（Dean G. Acheson），又譯艾其生、艾其蓀，日記中有時記為艾奸。美國政治家，曾任國務次卿，1949 年 1 月至 1953 年 1 月任國務卿。

2 馬歇爾（George C. Marshall），日記中有時記為馬下兒，美國陸軍將領，曾任陸軍參謀長、駐華特使、國務卿、美國紅十字會主席。1950 年 9 月至 1951 年 9 月任國防部長。

3 杜魯門（Harry S. Truman），美國民主黨人，原任副總統，1945 年 4 月 12 日接替病逝之羅斯福總統，繼任總統，1949 年 1 月連任。

午、警察恢復秩序與肅清匪諜。

未、壯丁與婦女之組訓。

申、育嬰院、養老院與醫院之設置。

酉、救濟事業之籌備。

戌、交通與運輸事業之管制。

亥、兵農合一與戰士受〔授〕田制之制定（官兵保險、工人保險與限田政策、民生主義具體化）。

己、臺灣省中心工作：

子、民眾組訓與總動員之實施。

丑、各級學校之軍訓。

寅、召訓國民兵三十萬人。

卯、加強警察與提高其素質。

辰、兵工水利建設。

巳、重要橋梁與公路之修復。

癸[1]、都市土地實施平均地權。

辛、各縣市民選長官，實行地方自治。

四三、本年預定著作：

甲、管、教、養、衛四項分類詳述及實施辦法。

乙、樂與育及養、生、送、死各章之研究及續成，禮、樂、射、御、書、數六藝屬於樂的方面，管、教、養、衛屬於育的方面，大同篇為育與樂之基本材料，其綱領與要目應另加詳訂（軍事、哲學、科學與藝術）。

丙、新人生觀與宇宙觀（犧牲精神）。

丁、反共抗俄國民革命第三期階段之中心理論及文化運動。

戊、革命領導要領與方法。

---

1 原文如此，下同。

己、時代的思想精神與（結果）目的及制度。

庚、外交政策與國防計畫。

四四、本年度黨的工作方針與目標：

甲、召開全國黨員代表大會（雙十節）。

乙、訓練三千高、中級幹部。

丙、確立幹部制度與幹部政策。

丁、確立中心理論，促進文化運動。

戊、青年反共先鋒隊之組織。

己、婦女反共愛國會之組織。

庚、各省負責人之選定，與地下（工作）組織之獎勵。本黨簡史與三民主義簡編、黨員須知。

辛、黨的作風與革命精神之重振。

壬、革命行動與方法及領導要領之學習。

癸、臺灣及海外黨部之健全與充實。

四五、本年應看書藉〔籍〕：

甲、孫子[1]之研究。

乙、辯證法之研究（理則邏輯學）。

丙、管子[2]。

丁、韓子[3]。

戊、論、孟[4]與大同篇。

---

1 即兵書《孫子兵法》，作者為孫武（約西元前545-前470），字長卿，春秋時期齊國人。

2 《管子》今本存76篇，託名管仲（西元前725年？－前645年）所著，實同先秦諸多典籍，既非一人之著，亦非一時之書，是一部稷下黃老道家學派的文集彙編。

3 《韓非子》，古代法家思想代表人物韓非（西元前281年？－前233年）所著，認為應該要「法」、「術」、「勢」三者並重，是法家的集大成者。

4 論、孟即《論語》、《孟子》二書。《論語》是以春秋時期思想家孔子言行為主的言論彙編，為儒家重要經典之一。《孟子》記述孟子思想與言行，完成於戰國時代中後期。

己、孫文學說[1]與三民主義。

庚、中共幹部教育及共黨工作領導與黨的建立之研究。

辛、共黨整風運動之研究。

壬、中國存亡問題[2]。

癸、武士道精神。

四六、研究院高級班之課程要目：

甲、直接民權應有程序：

第一設立地方自治學校。

第二確定地方自治規模。

子、調查戶口。丑、清理田畝。寅、建設道路。卯、廣興學校。辰、積穀。巳、合作事業。

乙、兵農合一與土地制度及總體戰之實施。

丙、民生主義具體化（本大事表廿八、卅一各項）又四二項之戊，皆應作參考。

丁、物產證券與貨幣革命之研究。

戊、思想教育、理論教育、政策教育、管制教育。

己、設計研究具體化，辯證法教育、組織教育。

四七、整肅軍隊與統御方法：

甲、師長以上各級主管之秘書指派，及其人選之預備（空軍中隊、海軍艦長）。

乙、空軍駕駛員皆應召訓。

丙、師級以上政治部皆應有護衛隊，政工人員皆應備有手槍與軍士訓練。

---

1 《孫文學說》屬於孫中山思想中《建國方略》之心理建設。完成於 1919 年，由上海強華書局發行。又名「知難行易學說」，強調「行之非艱，知之惟艱」，是一部哲學思想書籍。

2 《中國存亡問題》，係孫中山在 1917 年反對對德參戰之論著，由朱執信依孫之命意筆述，當時曾以朱之名義出版。

丁、衛兵與步哨教育，應施以各個訓練與測驗。

戊、施用標尺與描〔瞄〕準技能，應施各別實驗。

己、整軍與建軍設計局之設置。

庚、勤務兵與伙夫之數目與設計減少。

辛、衛生擔架、看護服務教育之加強。

壬、軍法紀律教育之澈底。

癸、自覺、自動、自主、生動、機動、主動，重數字、重責任、重客觀。

建立國防體系與參謀系統、教育制度與人事制度、經理制度、衛生制度。

四八、甲、第三次世界大戰之期，將在日本與西德武裝開始，或美對日和約成立之時乎。

乙、共產東歐附庸國，對南斯拉夫侵略戰爭開始時，是亦一個危機也。

四九、我國將來之危機：

甲、反攻大陸，殘共未肅清以前，歐、美、俄主力戰已告結束，俄國已經崩潰，而我對殘共尚未肅清之際，民主國家又利用殘共以牽制我政府，強制調停也。

乙、美民主黨政策其所謂中間路線，與新政容共之毒根潛伏甚深也。

丙、美國扶助游擊隊以牽制我中央。

丁、培植第三勢力以代替中央政權，此雖不足為慮，然不能不防耳。

五十、俄國廢除英俄與法俄同盟條約乎。俄國退出聯合國，而另組共產聯合國乎。

五一、籌畫全國（生產）經濟設計委員會及生產局，執行一切計畫，各生產事業包括農、工、水利等工程，及總理[1]實業計畫之具體化。

保護煤礦，獎勵人民採礦，修正礦律，力除留難與阻礙。批准，凡煩

1 孫中山（1866-1925），名文，字逸仙，化名中山樵，廣東香山人。曾任中華民國臨時大總統，中國國民黨總理。

苛部令應悉刪除，但其開採日期必須規定不得超過（幾月）限期。

發展農業，開發礦業，振興工業。復興時以發展礦業與改良農業、建設水利為第一，開發交通鐵路為第二，民生工業為第三，至國防工業應乘機發展，而寓國防民生工業之中。

五二、美國與日代表團之加強與人選。

五三、毛邦初[1]問題。

五四、臺東防守區人事之強加。

本年總反省錄之略述

一、英、美對韓戰始終企求妥協求和，而以年初最先兩星期為最甚。及至共匪明白拒絕調停，乃始漸熄其幻想。而美國兩院皆指共匪為侵略者，及不准其參加聯合國之議案，亦一致通過。

二、一月間東京美軍會議，決對韓繼續作戰，放棄其撤退計畫。此為東亞民族存亡惟一之重要關鍵，麥克合瑟[2]之功為不可沒也。聯合國對共匪調解小組，與懲處委員會乃於二月間同時成立，滑稽極矣。

三、三月間麥帥對共匪提出通牒，不能以臺灣與聯合國代表權為其和平條件之宣布，乃觸其政府杜、艾[3]之怒，而於四月間麥帥即被撤職矣。

四、自麥帥在其國會斥責其政府對華政策之失敗以後，麥、馬（歇爾）供詞

---

1 毛邦初，號信誠，曾任航空委員會副主任、空軍副總司令。1950 年任空軍駐美辦事處主任時，以誣告及貪污遭撤職，滯美拒歸，政府派員赴美調查提出訴訟。1952 年潛逃墨西哥。

2 麥克阿瑟（Douglas MacArthur），又譯麥克阿薩、麥克阿塞、麥克合瑟、麥克約瑟，西南太平洋戰區盟軍最高司令，1945 年 8 月任盟軍最高統帥。

3 杜、艾即杜魯門（Harry S. Truman）、艾其遜（Dean G. Acheson）。

與艾奸滅華奉俄之陰謀全部揭露，為時幾經半年之久。馬、艾之賣華滅蔣之毒計與愚劣，於是在其國內大白矣。

五、美、英對日和約，經六、七、八三個月之布置，終於九月八日在舊金山簽訂，而摒棄我國於約外，置之不顧。最可痛者，自五月以來，余對其國內議會，以及輿論界之呼籲，彼等昔日對我同情之友好亦視若無睹，其各報且對余緊急宣言亦概不登載。此為余一生對美民族性之判斷錯誤，實為余最大之教訓。而此三個月之惡鬥苦戰終歸失敗，認此實為平生所未曾有之恥辱也。

六、美國軍援代表團自四月派來以後，以六月杪韓戰停火會議開始以來，對於軍援並無一槍一彈之到來，而且對我經濟與軍事之控置〔制〕，要求無已。尤其是要求取消政工制度，必欲動搖我中央軍事、經濟之控置〔制〕權，移轉於總司令部，以便其軍援團之控置〔制〕也。幸政策堅定，不為其外物所動，直至年杪，方運來若干子彈而已。

七、李宗仁[1]勾結毛邦初，在美詆毀政府貪污，美國朝野皆信以為真。余乃決心向美法院對毛之吞沒公款案起訴，公開以後真相大白。而十年以來，美國對我政府貪污腐化之觀感，乃為之澄清矣。

八、本年個人學習與軍訓團教育，實為整軍復國之始基，軍隊進步，教育收效，國運之轉機實基於此也。

九、內部陳、吳[2]之爭始終未熄，所以經濟與政治亦時起動盪。惟四月起禁止美鈔與黃金之自由賣買，經濟乃漸趨穩定矣。

十、五月間，聯合國對匪禁運戰略物資，與美國會通過停止其資匪國家之經援，又於同月廿日美致俄國照會，闡明其支持中華民國政府之立場，此乃其三年來之第一次也。

---

1 李宗仁，字德鄰，行憲第一任副總統，1949 年 1 月蔣中正宣布引退，李代行總統職務，國共和談失敗，12 月赴美國。

2 陳、吳即陳誠、吳國楨。陳誠，字辭修，號石叟，浙江青田人。1950 年 3 月，接任行政院院長。吳國楨，字峙之、維周，湖北建始人。1949 年 12 月任臺灣省政府主席兼保安司令，1950 年 3 月兼臺灣省反共保民運動委員會主任委員。

本年日記，八月上旬之記事最為重要，而美、英滅蔣亡華之政策始終一致，若非我有自力更生與不屈不撓之意志，則今日自由中國之臺灣，鮮能免於淪亡也。

四十一年十一月補誌

本年最後之自反，認為外交之危險最大，恥辱最重，可說大陸失敗以來奮鬥最劇之一年，誠可謂之最後之奮鬥，而本身軍事學問亦由今年從新學起，軍事基業亦由今年從頭做起，自省修養工作與宗教信仰亦有進無退也，以此作為總反省之結語也。

一月

民國四十年一月

本月大事預定表

1. 沿海岸各地區兵棋與沙盤演習。
2. 臺灣防空設備特別加強與計畫。
3. 本年度對內、對外重要方針之研究。
4. 本年工作要目之擬定。
5. 臺灣各縣市選舉與各級改造會之派員。
6. 對黨務各項工作要領之研究與具體指示。
7. 訓練計畫與組織業務之研討。
8. 幹部政策與幹部人事法規及運用之研究。
9. 財經小組召集人之決定。
10. 財政經濟內容之研究。
11. 院與省間之協調方針。
12. 民政廳長[1]與社會處長[2]之調換。

1　臺灣省政府民政廳長時為楊肇嘉。楊肇嘉，臺中清水人。1949 年 12 月，出任臺灣省政府委員，1950 年 1 月，兼任民政廳廳長，辦理第一屆縣市議員選舉。1953 年 4 月辭職。1962 年 12 月，獲聘為總統府國策顧問，1950 年 12 月 27 日蔣中正日記曰：「臺中市長選舉初選，以民政廳楊肇嘉之侄得票最多，……惟楊廳長先在臺中演說，多詆毀政府及外省人，其言且甚齷齪，比外省人為豬仔，故群起反對。」

2　李翼中，名朝鎏，廣東梅縣人。1945 年 10 月至 1947 年 10 月，擔任中國國民黨臺灣省黨部主任委員。1947 年 4 月，出任臺灣省政府委員，6 月兼社會處處長，後並任合作事業管理處處長。1953 年 6 月免職。

13. 國防部長、外交部長、財政廳長人事之研究，又空軍人事之決定。
14. 各軍、師人事之調動。
15. 粵藉〔籍〕三師之歸編各軍。
16. 反攻計畫方針之決定。
17. 反攻實施小組之組成。
18. 大陸與游擊工作之督導。
19. 情報組訓工作之加強。
20. 對美軍援交涉之研究。
21. 聯合國對韓戰之動向。
22. 美國民情對華之認識程度。
23. 臺灣征兵與民眾動員方案之督導。

本星期預定工作課目

1. 乘車、乘船訓練守秩序、時間與規則，服從車長、站長、船主之命令，及禁止打罵人員。
2. 嚴禁視察人員受授招待（以用賄論）。
3. 反攻計畫之督導。
4. 大陸游擊工作之督導。
5. 選舉工作之督導。
6. 獨立各師之歸併。
7. 陸軍人事之決定。
8. 本年工作要目之預定。
9. 約宴資政、顧問。
10. 財經內容之研究。
11. 聯合國情勢與動態之注意。

一月一日（元旦）　星期一　氣候：晴

雪恥：一、反攻大陸之準備為第一要務。二、召集本黨全國代表大會。三、繼續整訓陸、海、空軍。四、訓練黨政軍幹部。五、建立幹部人事制度。六、加強組織與情報工作。七、發展大陸地下工作。八、建立新風氣。

朝課六時後起床，與妻[1]共同禱告，重讀荒漠甘泉[2]開始，補充元旦文告數句。十時入府舉行團拜典禮，宣讀告同胞書。吳稚老[3]今年八十七歲，亦參加團拜，其精神較前為佳，甚慰。單身照相數次。十一時召集陸、海、空各軍克難英雄二百餘人，先行團拜、點名、照相。正午在中山堂聚餐。下午午睡晏起，十六時婦聯會幹部來家團拜後，記事。晡入浴（在前草廬），回寓修正研究院九期畢業訓詞，晚餐後晚課，續修訓詞。十一時寢。

一月二日　星期二　氣候：陰雨

雪恥：一、獨立各師歸屬於軍之建制。二、應調之軍長，第九十六及七十五軍決調換。三、關麟徵[4]入境證之發給。四、民政廳長問題。五、各省市選舉問題。六、聽取反攻計畫。

七時後起床，朝課，記事。十時入府辦公，召見四人，召集一般會談，對於

1　宋美齡，原籍廣東文昌，生於上海。蔣中正夫人。1950年1月13日自美返臺，支持反共，創辦中華民國婦女反共聯合會、華興育幼院。

2　即 *Streams in the Desert*，基督教靈修書籍，由美國作家高曼夫人（Mrs. Charles E. Cowman）編撰，一日一課，首舉聖經新、舊約經文章節，然後選輯宗教名家對此一節經文的講解、闡釋或證道之詞，並附載有關詩歌。1925年初版，曾譯為多國語言，中文譯本於抗戰期間問世。

3　吳敬恆，字稚暉，江蘇武進人。歷任制憲國民大會主席團主席、第一屆國民大會代表、中央研究院第一屆院士、總統府資政。1949年，蔣中正派專機「美齡號」將其從廣州接到臺北。

4　關麟徵，字雨東，陝西鄠縣人。1949年8月，升任陸軍總司令，11月退隱，留居香港。1950年3月仍留居香港，蔣中正復行視事，改任孫立人為陸軍總司令。

教育制度及臺北市長選舉問題討論甚久。辭修對吳三連[1]選舉，以為省府主張，故不甚積極，將為反對者利用，甚憂。乃屬少谷[2]與企之〔止〕[3]轉為勸告，勿作傍觀，以彼為本黨選舉小組主任也。下午午課後修正講稿，十八時方完。晚課後約敬之[4]等商談對日問題，以彼陪其夫人赴日治病也。記事。

一月三日　星期三　氣候：陰雨

雪恥：一、據顯光[5]觀察，馬歇爾成見未消，而且其已年老而昏庸矣，甚為美國前途危也。二、對陳與吳[6]二人之方針。三、黨務之督導。四、改造風氣與總動員之行動具體辦法。五、礦工、漁民住所之改造與經費問題。

朝課後修正講稿，增述組織之精神一段。十時後入府，召見天放[7]等十餘人。與孟緝[8]等商討林紫貴[9]競選臺北市長，不守黨紀，決加以取締，驅逐出境，擬明日召見，作最後之驚〔警〕告也。辦公畢回寓，下午午課後續修講稿。

1　吳三連，字江雨，臺南學甲人。中華民國第一屆國大代表，1950 年出任官派臺北市市長，1951 年至 1954 年為民選臺北市市長。

2　黃少谷，湖南南縣人。1950 年 3 月，任行政院秘書長。1954 年 5 月，任行政院副院長。

3　袁守謙，字企止，湖南長沙人。1950 年至 1954 年任國防部政務次長、代理部長，兼中國國民黨中央改造委員會委員、第五組主任。

4　何應欽，字敬之，貴州興義人。1949 年 3 月任行政院院長，同年來臺，擔任總統府戰略顧問委員會主任委員。1950 年 10 月兼任中國國民黨中央評議委員。

5　董顯光，浙江寧波人。1949 年來臺，擔任中國廣播公司總經理兼《中央日報》董事長。1952 年 8 月，出任戰後首任駐日大使。

6　陳與吳即陳誠、吳國楨。

7　程天放，原名學愉，字佳士，號少芝，江西新建人，生於浙江杭州。時任立法委員。1950 年 3 月，任行政院政務委員兼教育部部長，任職至 1954 年 5 月。

8　彭孟緝，字明熙，湖北武昌人。1950 年 3 月，任革命實踐研究院軍官訓練團主任。1954 年 8 月，擢升為副參謀總長，兼代參謀總長。

9　林紫貴，曾任第一屆國大代表、魏道明省政府新聞處長。臺北市第一屆市長選舉七位候選人之一。該次選舉國民黨已經屬意由吳三連（民社黨籍）出任，通令所有黨籍參選人退選。然而林紫貴堅持參選到底，經過斡旋，林求官求償，難以妥協。1951 年 1 月 4 日夜，由保安司令部將其帶走，指之涉入共黨組織「臺灣工作委員會」張逸舟案。後以「偽造文書」輕判，在監時曾保外就醫。

十八時後到醫院配驗眼鏡，右眼近視較深也。晚課畢，入浴，廿三時寢。

一月四日　星期四　氣候：雨

雪恥：一、對聯合陣線之政策目的，及其將來影響如何，其害在：甲、既允其各黨派之權利，政府不能爽約失信。乙、反攻大陸，任其在各處組黨搗亂，防礙軍政工作。丙、美國干涉。應如何避免以上弊端，而能收其共同反共之效。二、反共抗俄共同綱領之內容，其辦法應先準備。

朝課後記事，十時到中央黨部（改造委會）。張、袁[1]等皆不主張余親自處理林紫貴甚堅，故未召見。即開改造會，商討共同綱領，指示黨務改正辦法。正午宴資政與國策顧問與國防顧問等八十餘人。下午午課後續昨講稿，十九時方完，餐後晚課，十時後寢。漢城已於今日放棄矣。

一月五日　星期五　氣候：晴

雪恥：一、分期反攻之計畫：甲、兵力。乙、地區。丙、方式。二、于兆龍[2]調北區為宜。三、九十六軍高魁〔元〕[3]為妥。四、舊金山記者公會邀請訪美之答復。五、財政經濟情形之研究及嚴重性。六、走私商人罪。

1　張、袁即張其昀、袁守謙。張其昀，字曉峯，浙江鄞縣人。1950 年 3 月任中國國民黨中央宣傳部部長，創辦中國新聞出版公司；7 月任國民黨中央改造委員會委員；8 月任中央改造委員會秘書長，創辦中華文化事業出版委員會。

2　于兆龍，字瑞圖，山東濱縣人。歷任第九十六軍軍長、中部防衛區司令。1954 年退役後，任國防部戰略計劃委員會委員。

3　高魁元，字煜辰，山東嶧縣人。1949 年 4 月任第十八軍軍長，10 月戍守金門，任金東守備區軍長，參與古寧頭戰役。後任臺北防衛區副司令、軍長。

朝課，記事。入府辦公，召見王成章[1]等三員，以其遵守黨紀，退出市長競選也，特予嘉獎。違反黨紀之林紫貴已予取締，以其貪污與匪諜案逮捕法辦也。召集情報會談，共匪在大陸搜殺我情報員，圍殲我游繫〔擊〕隊，征集青年壯丁，禁止其出境，最近更嚴，嗚呼，民族將無焦〔噍〕類矣。下午午課後清理積案達二小時餘，力疲而益大也。入浴，餐後聽孫秘書[2]讀書報，初試尚可。晚課，十時半寢。

一月六日　星期六　氣候：晴　溫度：八十度

雪恥：一、對駱振韶[3]案處分太過，內心自餒，近日虛浮之氣又起，應切戒之。二、對葉公超[4]之無能無識，痛憤無已，此為最不堪之外交部長，比吳鐵城[5]為尤甚也。三、對林紫貴逮捕事，總覺考慮不周。

朝課後記事，聽讀新聞，十時前入府，視察迫砲與機槍車架及行軍鍋灶車架式樣，此等事尚要自己倡導、督製，否則乃無人改革，機槍、迫砲與鍋灶永須士兵肩挑，軍容亦永無整肅之日，能不自悲，幹部之無能與不負責，蓋如此也。辦公，見石覺[6]，斥責其對駱案，事後自餒。正午聽取反攻方略約一小時半，尚待研究也。下午午課後修正第四期演習講評稿，晚課後宴客（美友）。續修稿，十一時寢。以葉公超事心甚不安，未能熟睡。

1　王成章，原籍江西萬載，寄籍福建廈門。1950 年 8 月任中國國民黨臺灣省黨部改造委員會委員，1952 年任臺灣省民防司令部副司令。

2　孫義宣，歷任江西省第四行政區長官公署秘書，國民政府軍事委員會委員長行營秘書，國民政府軍事委員會委員長行轅秘書、總統府秘書。

3　駱振韶，時任第九十六軍軍官戰鬥團團長，1 月 5 日遭蔣中正下令撤職。

4　葉公超，原名崇智，字公超，廣東番禺人。1949 年 4 月以外交部政務次長代理部務，10 月真除。1950 年 5 月兼任僑務委員會委員長，6 月兼任故宮博物院中央博物院共同理事會理事。1952 年 3 月，免兼僑務委員會委員長。

5　吳鐵城，字子增，祖籍廣東香山，生於江西九江。1948 年 12 月任行政院副院長，兼外交部部長。1949 年 10 月赴香港轉至臺灣，任總統府資政。

6　石覺，字為開，廣西桂林人。1950 年 6 月，任臺灣防衛總部副司令兼北部防衛區司令，1952 年兼南部防衛區司令。

上星期反省錄

一、對駱振韶之處分，仍有意氣用事之病，其他對葉公超、林紫貴等案，皆惱怒異甚，盍不自愛自重，稍安毋燥，守口懲忿，戒驕戒矜，勉之。

二、本週工作已完者，為修正重要講稿二篇及聽取反攻準備方案，但並未詳討定案。

三、對臺北、基隆市選舉之督導，算已一致進行，如一疏忽則內部紛歧，又將失敗矣。

四、世界局勢：甲、中共已攻陷漢城，向南對聯合軍繼續追擊。乙、俄對四強會議已發出覆文，提相反之對案，要求中共參加。丙、美對日單獨訂和約提議，俄力反對。丁、英聯邦會議，印度作梗。

五、美在臺僑民哈巴德牧師[1]等，鼓吹余訪美與杜[2]會商大局。

六、本週年首之現象，世界戰爭實已迫近一步矣。

本星期預定工作課目

1. 本年工作要目之擬訂。
2. 本年度重要內外政策與方針之研究。
3. 臺灣黨務之整頓。
4. 各軍人事之決定。
5. 粵藉〔籍〕三師之分編。
6. 反攻方案具體之研究。
7. 財經業務之督導。

---

1 哈巴德牧師，又譯何花台。
2 杜即杜魯門（Harry S. Truman）。

8. 訓練計畫與組織業務，及幹部對考選人才職責之規定。
9. 元旦文告具體實施方案之擬訂。
10. 選舉與各級改造委員之決定。
11. 召見黨員幹部開始。

一月七日　星期日　氣候：晴　溫度：八十度

雪恥：一、英屬聯合會議印度態度：甲、貫澈其擁護中共加入聯合國主張。乙、不願擔負其共同防務責任，此其尼黑魯[1]之內心已因畏共而附共，實已自承為俄國之附庸，而急求脫離英國附庸之列也。此一民族之自卑、自私，不明利害，有如此耶。二、巴基斯坦總理[2]本以克什米爾問題不列入其議案，而拒絕出席，今已達到要求，而允出席矣。此乃印度自私之果報，未知其結果如何，當拭目以俟。

朝課，記事。翻閱去年日記中之大事表及雜錄欄，各重要部份審閱。美國要求聯合國宣布中共為侵略者，及英聯邦會議形勢，不勝為美國浩歎。十一時禮拜，馬、葉[3]二夫人受洗禮。下午午課後清理舊案後，與妻車遊基隆市，巡視選舉。回寓，到前草廬入浴。晚課後宴韓國李大使[4]。十時半寢。

1　尼赫魯（Jawaharlal Nehru），日記中有時記為尼黑魯，1947 年 8 月至 1964 年 5 月任印度總理。
2　利雅卡特・阿里・汗（Liaquat Ali Khan），巴基斯坦政治家，1947 年 8 月任總理。
3　馬、葉二夫人即馬樹禮夫人吳為琳、葉公超夫人袁永熹。
4　李範奭，號鐵驥，1950 年 4 月出任韓國駐華大使。

一月八日　星期一　氣候：晴　溫度：八十

雪恥：一、十年來，俄國在美亡華滅蔣所施弄之陰謀，與共匪對余有計畫、有步驟之污衊毀謗之中傷宣傳，美國人民至今日，方始察覺其被愚弄而上大當，然已晚矣。天父乎，十年冤枉，十年恥辱，雖使大陸淪亡、人民陷溺，而仍使余目睹政敵被其人民與議會審判，亦云幸矣，能不感謝洪恩，一惟上帝旨意是從乎。

四時半醒後，未能熟睡，六時起床，朝課，審鈔去年重要政策與工作方針，以資自反繼進。九時到中山堂擴大紀念周講演一小時，十一時到研究院，舉行第十期開學典禮。下午午課後清理要案十餘件。入浴。晚課後修正本日講稿，十時方畢。

一月九日　星期二　氣候：晴

雪恥：一、反攻計畫小組之人選周、郭、蕭、孫[1]？二、入伍生總隊改編之督導。三、反攻方略之研究。四、致馬[2]函之慎重。五、軍事雜誌之編輯。

自昨日起，右手關節作痛，今日最甚，幾乎提箸至口亦覺痛楚，此乃近年來每年總有此恙一、二次，初以為寫字太多之故，但此次寫字並無妨礙，惟亦不無關係耳。朝課後記事，聽讀新聞。十時入府辦公，召集一般會談後，召集財經會談，決定恢復結匯證制。辭修量狹，不能容人，奈何。下午午課後審核要件，清理積案。閱顯光訪美報告，杜魯門對余觀念完全改變，此乃令

1　周、郭、蕭、孫即周至柔、郭寄嶠、蕭毅肅、孫立人。周至柔，原名百福，字至柔，以字行，浙江臨海人。曾任航空委員會廳長、參事、主任。1946 年 6 月，調任空軍總司令。1950 年陞任空軍參謀總長，仍兼任空軍總司令。郭寄嶠，時任國防部參謀次長。蕭毅肅，原名昌言，四川蓬州人。1950 年 3 月，任國防部參謀次長，1951 年 4 月，升國防部副參謀總長。孫立人，字撫民，號仲能，時任陸軍總司令。

2　馬即馬歇爾（George C. Marshall）。

傑[1]間接致力之效也。入浴，晚課。宴美國使館人員畢，觀影劇。

一月十日　星期三　氣候：陰

雪恥：一、復舊金山記者公會電。二、邀約留港反對與游離分子。三、函馬[2]談空軍。四、反攻聯合參謀部之組織。五、財經小組召集人。六、黨員整肅之督促。七、視察統一。八、各防守區之職責。九、國防部四大公開運動。十、32D 為制度標準師。十一、本年組訓三個標準師之計畫。十二、社會性之民生政策及中心理論之限期決定與發表。

七時後起床，朝課。聽讀美生活雜誌批評艾其生之責任長文未完。十時入府辦公，召見臺省黨委十餘人，多足取者。正午宴總統府全體職員，點名、訓示後，參觀克難運動展覽會。下午午課後研究幹部政策。入浴，晚課。召集研究院通信小組聚餐會報。

一月十一日　星期四　氣候：雨

雪恥：一、中央改造委會要改換黨員守則，其間以億萬年之祖先與子孫為時人所譏刺，故一般幹部認為本黨背時之恥辱，急求改正，尤以右任[3]等為甚。彼等另擬一稿，幾乎與我國家民族毫無關係之詞句，更無絲毫反共與革命意識，與其謂之國民黨守則，不如謂之共產黨守則之為愈，余信共匪讀之決無異議。而原有之本黨守則，實為反共之基本思想，是共匪所痛恨而必欲毀滅

---

1 孔令傑，孔祥熙與宋靄齡次子，時為駐美軍事採購處陸軍武官，往來美臺之間，為蔣中正、宋美齡傳訊。

2 馬即馬歇爾（George C. Marshall）。

3 于右任，原名伯循，字誘人，爾後以諧音「右任」為名，陝西三原人。時任監察院院長。

者，吾黨幹部不察其意，必欲自毀其革命與民族之基礎，誠所謂敵之所好好之，敵之所惡惡之，國家與革命焉得而不敗亡哉。

朝課，記事，到改造會，通過本年中心工作及討論黨員守則新稿，約二小時之久。正午宴評議員。下午午課後清理舊案，對情報工作會訓話。餐後晚課，入浴。

一月十二日　星期五　氣候：雨

雪恥：一、臺灣民眾動員方案實施情形如何。二、禁止招待視察人員及守則。三、互助與服務精神。四、情報技術：甲、婦女。乙、商人。丙、教師。丁、三教九流。戊、乞丐。己、妓館。庚、酒樓。辛、酒色財等之引誘。壬、對人關係之研究與調查。癸、利誘與威脅。

朝課後記事，聽報。入府辦公，會客鄧友德[1]等十餘人，趙耀東、耀中[2]兄弟可用。與端木愷[3]等商討香港所謂第三者[4]，以及反對政府本想投共而未實現，今日猶想回頭歸來而不好意思之流，擬派員赴港招呼，以溫舊情也。以最近香港形勢危險，美僑撤退，人心惶惑，故擬救之。下午午課，批閱要件畢，

1　鄧友德，四川奉節人。時為外交部顧問，派駐日本從事黨務及宣傳工作。

2　趙耀東、耀中兄弟為交通銀行董事長兼總經理趙棣華之子。趙耀東，1950 年擔任中本紡織公司總經理，1951 年籌建臺北紡織廠。

3　端木愷，字鑄秋，1949 年 4 月全家遷臺，任總統府國策顧問。

4　「第三勢力」運動係 1949 年國共內戰塵埃落定之後，一部分對國、共兩黨均不滿的政治人物、知識份子，在美國和李宗仁的支持下，雲集香港，以反共、反蔣，堅持民主自由相標榜，形成 1950 年代美蘇冷戰結構下的一環。運動要角有張發奎、顧孟餘、張君勱、左舜生、李璜、張國燾、許崇智、伍憲子、李微塵、童冠賢、邱昌渭、謝澄平等人，部分為國民黨及桂系人物，其他分屬民社、青年兩黨。出版《自由陣線》和《聯合評論》等刊物。

入浴，晚課。餐後閱讀黨史[1]同盟會時代上、下篇完。

一月十三日　星期六　氣候：雨

雪恥：一、昨日英國提出韓國停戰方案六點，其第五點為美、英、俄、中共會商遠東問題，包括臺灣及中共代表權問題亦在其內，此乃英國卑劣之妄動，亦為其最後之一試。余觀其全文，將未能獲得俄共之一顧，故不甚為意。

今晨酣睡至七時四十分方醒，此乃近年來最晚起之一朝也。朝課如常，十時入府辦公，會客石敬亭[2]等六人。審核外交部對停火小組五點方案我國反對之宣言，召集軍事會談。下午午課後記昨日事，閱報。晚課後到臺北賓館婦聯會，為夫人回國一年紀念宴會畢，觀電影劇，為英國一二一五年宣布大憲章之歷史劇，其中主角「小勞白生」之義勇精神甚足動人，自觀影劇以來，以此為最有意義之劇本也。[3]廿一時回寓，入浴，讀經默禱，十一時前寢。

上星期反省錄

一、粵藉〔籍〕三個師歸併各軍之令已下達。

1　1950 年 3 月張其昀出任中國國民黨中央黨部宣傳部長，8 月國民黨改造運動展開，受任中央改造委員會委員兼秘書長。之後經過兩年努力，且得蔣中正個人日記與文件參考引用，於 1951 年 4 月撰成《黨史概要》，又名《近六十年中國革命史》。初版分為上、中、下三冊，上冊述至孫中山逝世；中冊述至七七事變前夕；抗戰以後為下冊。內容包括思想史（國民黨主義與理論之發展）、政治史（國民黨政綱政策之實行）、人物史（國民黨先烈犧牲奮鬥可歌可泣之事蹟）等三部分。

2　石敬亭，字筱山，號筱珊，1948 年 5 月任西安綏靖公署副主任。1949 年赴臺灣，擔任總統府國策顧問。

3　電影名「新羅賓漢」（*Rogues of Sherwood Forest*），1950 年美國哥倫比亞公司出品。「小勞白生」即羅賓漢（Robin Hood），是英國民間傳說中的俠盜。

二、各軍、師人事調動案已決定實施，惟八十七軍長尚未發表。

三、本黨本年中心工作方案已通過。

四、金融、外匯波動與財政內容之注意。

五、杜魯門對國會說明國情咨文，其對俄作戰與協助反共國家之政策，須視其如何實施。

六、英聯邦會議之結果：甲、提出對韓停火之五點計畫。乙、對俄國與中共發出求情與不干涉其行動之電報，實為人類最無恥之表現。

七、美國同意英國停戰乞憐之提案，聯合國通過三人停火小組方案，再向中共乞憐。

八、舊金山記者公會與士紳共和俱樂部，皆邀我訪美。

九、右手關節作痛三日後復元。

本星期預定工作課目

1. 訓練方法：甲、標準。乙、競賽。丙、評判。
2. 訓練必修課：甲、組織技術。乙、管理。丙、統御。
3. 訓練精神：甲、互助。乙、合群。丙、服務為他。
4. 儀容：甲、雨衣不扣。乙、挺胸。丙、裝捆不實。
5. 反攻計畫方針之指示。
6. 財經小組之促成與召集人之指定。
7. 聯合國停戰案演變之注意。
8. 八十七軍軍長之決定。
9. 致馬函之發出。
10. 派員赴港招呼之方針。
11. 黨務要領與工作之具體指示。
12. 游擊工作與大陸業務之開展與經費。

一月十四日　星期日　氣候：雨

雪恥：一、關於最近國際危險程度的講稿。二、今後黨務方針與業務要領的指示。三、新人生觀的闡述，生死觀念與人生的究竟。四、黨員守則重要性之講演（與黨性民族性之關係）。五、共匪本年度十項中心工作之研究對策。

朝課後記事，記上週反省錄與本週工作預定表。聽讀杜魯門對其議會國情咨文，集中對俄攻擊，而未提及中共侵韓一點，無足為異，以中共包括於俄國傀儡政權之內也。禮拜如常。正午約美教士哈巴德聚餐，對其蔣、杜[1]會晤之意見，屬其莫再進行，否則外人將以為余利用宗教，而達成政治為目的矣。彼甚天真，固一片至誠也。下午午課後閱史[2]毛[3]訂約及參加韓戰之經過事實，皆在意想中也。

一月十五日　星期一　氣候：雨

雪恥：一、聯合國政委會通過韓戰停火五點計畫案，實為本世紀國際組織上最卑污之史跡。如果英、印等國損人利己、無恥妄行之民族不亡，暴俄之背天逆理、無神不道之國家不滅，則天地末日其即在目前矣。除此之外，實不能解釋今日人類世界尚可存在之理由也。

朝課，記事。到軍訓團舉行第五期學員開學典禮，訓詞畢，見國楨。聞杜魯門提出軍援、經援大種款項案於其議會，此心毫不為動。與孫立人談話，彼口頭辭職，余慰勉之，明告其去年環境如不能照余命令改變，則其可喪身亡國而有餘，今既已澈底遵命改造，則可無顧慮，乃可安心盡職，不必疑慮。

1　蔣、杜即蔣中正、杜魯門（Harry S. Truman）。

2　史達林（Joseph Stalin），又譯史大林、斯大林，曾任蘇聯共產黨總書記、部長會議主席。

3　毛澤東，字潤之，1945 年任中國共產黨中央委員會主席。1949 年 10 月中華人民共和國成立，當選為中央人民政府主席。

此實為去年救國工作中，已成為惟一成敗之問題，幸賴天佑，卒能如計完成，公與私皆能轉危為安也。
入浴後晚課。看黨史，十時半寢。

一月十六日　星期二　氣候：雨

雪恥：昨午手訂本年大事表四十與四十一兩項。下午午課後續訂大事表及查考四福音[1]著作人之來歷，記之。晡在研究院點名。入浴，晚課，餐後研究新約後，閱黨史中華民國成立章。一、電適之[2]任臺大校長。二、賀麥帥生日。三、路上穿軍官服裝者，檢查其身份。四、金門兵力減少。
七時起床，朝課，記事。十時到行政院設計委會成立典禮。講演後，會客。召集一般會談，商討對香港游連人士之方針。不論彼等往日反蔣、反黨，今其為難時，當盡我道義，予以招呼也。批閱公文。下午午課後批示海、空軍總部經費，須向聯勤報銷，並審查其過去兩年之帳目，此為建軍重要關鍵之一，亦為至柔是否盡忠之試金石也[3]。

1　《四福音書》是《新約聖經》的頭四卷，據傳分別係由耶穌的門徒馬太、約翰，以及彼得的門徒馬可，和保羅的門徒路加所撰寫的介紹耶穌生平事跡的經典。
2　胡適，字適之，安徽績溪人。曾任駐美大使、北京大學校長。1950 年 9 月至 1952 年 6 月，任美國普林斯頓大學葛思德東方圖書館館長。
3　係因「毛邦初失職抗命案」而起。緣自 1950 年 5 月，《華盛頓郵報》刊出投書，指控國軍人員在舊金山採購航空汽油，中飽十萬美元，宋美齡胞弟宋子良的「孚中公司」涉案。投書據云係毛的上校助理向惟萱向美國媒體揭發所致，背後乃因毛與當時的參謀總長兼空軍總司令周至柔長期不合，後者屢屢越過毛，直接在美進行軍購。於是毛對周的採購提出指控，周對毛所控亦展開反擊。蔣中正初以為這是人事糾紛，清查空總賬目，並不接受周有貪污之嫌，且著手統一對美軍購的管道。

一月十七日　星期三　氣候：陰晴

雪恥：昨晡修稿後入浴，晚課。餐後閱讀「現代武器與自由人」[1]一書摘要，頗有意義，此乃經兒[2]閱讀後，摘要呈閱者也，十時半寢。

七時起床，近日夜間熟睡可至六小時之久，此為近年任職時期難得之佳象也。朝課，記事，聽讀新聞。十時入府辦公，召見蔚文[3]，彼自越南回來，詳報黃杰[4]軍留越南實情，其生活精神皆已恢復，甚為安慰。召見立法院中本黨各小組長六員畢，召集反攻方針會談，指示方略、方式與目的、各項要旨以及準備工作，而特別提示美軍首腦此次在東京會議之結果，預料其以退出韓國時，對我最不利之影響。嚴防匪軍將於五月間回師攻臺，而三月間必將猛炸臺灣，應作積極之準備，立命組織研究小組與準備一切也。

一月十八日　星期四　氣候：晴

雪恥：昨午課後審閱講稿三篇，入浴，晚課。餐後修正講稿，軍訓團五期畢業訓詞未完。與妻研讀聖經，默禱，十一時寢。

一、中央每週指示各級黨部討論問題。二、文告研究結果。三、金價與金融。四、派員赴港招待。

1　《現代武器與自由人》係布斯（Vannevar Bush）所著，龍倦飛所譯，1950 年臺北華國出版社出版。龍倦飛即王雲五。

2　蔣經國，字建豐，蔣中正長子。1950 年任國防部政治部主任，兼任總統府機要室資料組（國家安全局前身）主任，7 月擔任中國國民黨中央改造委員會委員。1951 年 5 月，國防部政治部改為總政治部，仍任主任。

3　林蔚，字蔚文，浙江黃巖人，1950 年 2 月任東南軍政長官公署副長官；3 月改任總統府戰略顧問。

4　黃杰，字達雲，湖南長沙人。1949 年 8 月，任湖南省政府主席兼湖南綏靖總司令和第一兵團司令官，1950 年 3 月率軍撤往越南。與部隊遭法國殖民當局羈留越南富國島。1951 年 1 月，任留越國軍管制總處司令官。1953 年 7 月，與留越軍民抵達臺灣。

朝課，記事。得共匪拒絕聯合國所提韓國停火建議，惟為聯合國自討恥辱，喪盡人格而已，此外無所動心。十時前到改造委會常會，討論中心理論問題，約有三小時之久。最後結論認一般委員不知不覺、潛意識之間，受了共匪宣傳而不自知，故其言為完全反共，而其實不斷流露其助共之真情也。十三時半會散回寓。下午午課後修正講稿。五時約監察院黨員茶會。六時後商討金融情勢畢，入浴，晚課，車遊郊外，十時半寢。

一月十九日　星期五　氣候：晴

雪恥：一、共匪對我大陸黨員及地方士紳之搜捕、慘殺，將使大陸社會無一個智識分子之殘餘。二、照俄、毛軍事新協定，除已送俄六百萬之壯丁不計外，自本年七月起，每月須送六十萬壯丁赴俄。三、共匪已有各種部隊，實員一千一百餘萬名之外，二年內預定招足三千〔萬〕名額兵員。照此三項計算，除殺戮不計外，不須三年，所有全國不能再見壯丁矣，能不提前反攻，拯救此待斬之同胞乎，悲慘盍極，惟天父有以消除此浩劫也。

朝課後記事，入府辦公。召見立法院黨部組長九人，雪艇[1]談臺灣銀行私發額外鈔幣屬實，憂慮之至。召集情報會談。下午午課後批示要公，到軍訓團點名五百人，已覺疲乏矣。入浴，視察研究院新屋，晚課。

廿六日麥帥生日。

1　王世杰，字雪艇，湖北崇陽人。曾任外交部部長，1948 年 3 月當選中央研究院院士。1950 年 3 月至 1953 年 11 月出任總統府秘書長。

一月二十日　星期六　氣候：晴

雪恥：據報美國陸、空二參長自東京會議回美後，對其議會報告在韓美軍情況，表示樂觀，可以據守防線，並無撤退計畫。以理而論，麥帥決不甘心撤退，否則日本所受影響不可預料，惟此一點乃可斷定其必據守釜山外衛一線，此當然於我最為有利，但余不能以此為計畫之基礎，應以最不利之立場作想定耳。

六時前未明起床，朝課如常（以昨晚廿一時即睡，故能熟睡八小時之久，此為最難得之事）。記事，十時入府辦公，召見十餘人畢，召集軍事會談。下午重修講稿後，入浴，晚課。召宴日本教官富田[1]等廿餘人，以示慰勞。十時半寢。

上星期反省錄

一、艾生豪[2]到歐訪問，各國皆有共黨示威，甚為美艾憂也。往日德、法之法西斯黨，其在西歐各國，除其本國外，並無如此明目張膽之組織也。此一因素，美國如輕忽而不加重視，則可成為美軍援歐之制〔致〕命傷也。

二、共匪對韓戰停火之條件完全反對，此可證明，俄國決不允共匪與各國有所接觸，乃可斷定今後英、美無論如何姑息，決無效果。

三、美眾議院通過譴責共匪案。

四、東京美國軍事會議決定，對韓戰繼續進行，並無撤退之計，此於我國之關係最大。

1　富田直亮，前日本陸軍第二十三軍參謀長，化名白鴻亮，1949 年 11 月 1 日抵臺，協助訓練國軍幹部，為實踐學社（白團）之總教官。

2　艾森豪（Dwight D. Eisenhower），又譯艾生豪、愛生豪、艾克、愛克，曾任盟軍歐洲戰區最高指揮官、駐德美軍佔領區司令官、美國陸軍參謀長，1948 年 6 月出任哥倫比亞大學校長。

五、省銀行與財政廳長案之嚴重。

六、反攻方針之指示實為最重要工作之一也。

本星期預定工作課目

1. 臺灣銀行與財政廳長問題之嚴重性。
2. 空軍總部及人事與經費問題決定。
3. 行政院與省府人事方針之研究。
4. 臺省民眾動員方案實施情形。
5. 發行軍事雜誌之計畫。
6. 組織業務與幹部對保荐與考選人才之責任義務，從速訂立。
7. 建立幹部人事制度之法規訂立。
8. 改造風氣着手起點之研究。
9. 三個標準師督訓計畫之訂立。
10. 組織與情報工作之加強督導。
11. 臺灣征兵實施計畫之督導。

一月二十一日　星期日　氣候：陰

雪恥：一、美國單獨提出譴責中共案，其內容最後一節，仍要求聯大主席組織三人斡旋委會，以待中共之允准妥協，予以姑息，並不敢提及制裁案，其原因完全受英、印之阻礙也。二、我國對聯合國此種混亂怯卑之態度，應加以糾正，是否其時。三、立人要脅辭職。

朝課後記事，聽報，審核要件二份，發麥帥生日賀電。指示駐美、日外交人員，對參加韓戰之說，不再提及之電令。禮拜如常，妻病未參加。下午午課後與妻車遊淡水，轉陽明山前草廬入浴。晚餐後獨思時局，晚課畢記事。美記者要求余答案之電，不斷飛來，時以近月發言太多為慮也。
本日為第三次下野之第二周年日矣。

一月二十二日　星期一　氣候：雨

雪恥：一、生產機關待遇之改正。二、香港難民之處理。三、監察院七委員檢舉案根糾。四、中心思想與心理建設。五、教育要以動（活）、熱、實三者並重為基礎。六、幹部政策與人事法規。
朝課後手擬講稿目錄。十時到研究院紀念周訓話一小時畢，回寓，記錄優秀人事與要目。下午午課後閱顯光與馬歇爾談話記錄畢，到研究院召見學員二十人，十八時半方畢。入浴，晚課。餐後閱報，及閱麥帥與顯光談話錄，此實一熱忱英豪，適與馬氏冷酷天性相反也。
美國代表在聯合國聲明，美國決不參加未有蔣總統政府出席的有關臺灣問題之任何會議，此乃美國民情所逼，使其政府不能不作此堅決表示也。

一月二十三日　星期二　氣候：雨

雪恥：一、昨日美國聯合國代表聲明「臺灣問題會議如無我政府代表參加，美國必不出席」發表以後，其國務院代表又在華盛頓發表，其臺灣政策並無變更，並稱臺灣的前途應由聯合國決定云。可知艾其生一面畏懼其人民之輿論，反對其賣華護共之政策，在表面上不得不故作變態，而其實種種設法，必欲達成其滅蔣賣華之一貫政策也。其全國輿論向蔣至此，而艾奸與國務院內共產勢力仍猖獗未殺，不知伊於胡底，此非天父之力，不能挽救危局也。
朝、晚課及辦公會談，召見學員如常。本日公務糾纏不清，內政、外交、人事等各種難題錯綜湊雜、紛至突來，實為數月來最苦悶之一日。晚辭修來談民政、財政事。

一月二十四日　星期三　氣候：雨

雪恥：一、據顧[1]與美國務次長談話，可知其放棄臺灣之希望及其陰謀昭然若揭矣。二、澳洲最近所提遠東公約[2]內容，有日本而無臺灣在內，可知英、美合以謀我之鬼計，並未因韓戰而有所改變。但此一計畫，如要日本在內，必須在對日和約成立以後之事，其時間或不能使陰謀實現耳。三、美參院昨一致通過要求譴責共匪為侵略者，並不准共匪參加聯合國之兩案，實足打消其國務員賣華護共之陰謀，此一次議，實於我國國際地位有決定之影響也。感謝上帝佑華洪恩。

朝課、晚課、午課如常。入府辦公，召見監察院本黨各小組長畢，訓誡之。召見軍官九員，批示。下午召見學員廿名，入浴，記事。

一月二十五日　星期四　氣候：雨

雪恥：一、孫立人行態似有憤憤不平之心，並以辭職相脅，其意必欲獲得反攻大陸全國之指揮權。無奈太不自量，僅藉美國之感情保護，而不知其本人

1　顧維鈞，字少川，1946 年後擔任中華民國駐美大使，長達十年。

2　當年美國軍方認定，欲加強亞太集體安全，「美日同盟」將是「太平洋公約組織」核心，因為此區真正能夠為美軍提供協助的，只有日本。於是《太平洋公約》問題，便與作為「美日同盟」基礎的《對日和約》問題，牽扯一氣。澳、紐則堅持比照北約排除西德的模式，先組成一個不含日本在內的太平洋公約組織。所以 1951 年 1 月 24 日，美國特使杜勒斯啟程菲、澳、紐，試圖說服各國，接受美版《太平洋公約》與《對日和約》。

之才德如何，惡乎可？應加以切誡與善導之，未知能有效否？

朝課後手擬講稿要目。十時到陽明山管理局政治部政工會議，致詞一小時餘，關於軍事科學與軍事哲學之意義有所申述，尚覺心有未安也。正午宴評議員，明指中共前身為研究系，而本黨革命之勁敵，惟此一保皇黨所遺留之餘孽也。此次本黨之崩潰，實受共產黨與民社黨內外之挾攻，桂系全受其民社黨張君勱[1]之操縱也。張奸今日逗留印度，其究為何事，印度之明目助共，如張亦有關係，則張奸名為反共，而實為助共矣，其卑污極矣。

一月二十六日　星期五　氣候：雨

雪恥：昨午課如常，晡到研究院召見學員二十人後，入浴。晚課，餐後閱報，記事。

六時起床，朝課後審核要公，閱及李鴻[2]降匪與匪諜案，立人對匪諜陳鳴人[3]，明知其匪諜，而且重用其為心腹，殊為可痛。彼猶冥頑自大如此，豈不荒謬已極。入府辦公，召見十餘人後批閱公文，十三時回寓。下午午課後召見研究員二十人，審閱自傳，間有不少人才，而秦孝儀[4]、李煥[5]、夏功權[6]為最也，惟此乃足自慰。入浴，晚課，記事。本日消息，韓國共匪已向漢城方面撤退，

1　張君勱，名嘉森，字君勱，以字行，江蘇寶山人。1949 年後赴香港，決定民社黨繼續與國民黨合作，自己赴印度講學。1951 年 12 月離開印度赴美。張與香港「第三勢力」原有往來，赴美是為重振「第三勢力」進行遊說。

2　李鴻，字健飛，湖南湘陰人。1947 年秋，任新編第七軍軍長，兼任長春警備司令。1948 年 10 月長春失守，連同所部遭繳械，後獲釋。1950 年 2 月，攜妻女偷渡香港，5 月因孫立人之邀來臺，6 月遭逮捕下獄。

3　陳鳴人，字柏琴，曾任新編第三十八師師長，1950 年 6 月牽連李鴻案被捕下獄。

4　秦孝儀，字心波，湖南衡山人。時為革命實踐研究院研究員，後任總統府侍從秘書。

5　李煥，字錫俊，湖北漢口人。1949 年至 1952 年，任中國國民黨中央黨部改造委員會第二組總幹事。

6　夏功權，浙江寧波人。1949 年蔣中正引退，追隨至奉化，負責總務。到臺灣後，任總統府秘書。1950 年，奉派赴美協查空軍採購汽油弊案。

而其對印度又提新條件，允其七國會議地點可在印度云。亞阿集團竟被印度利用，其欲造成中立集團，以賣華自保之意甚明也。

一月二十七日　星期六　氣候：雨

雪恥：一、審計與考選二部長及考試院正、副院長之人選。二、臺灣下級幹部之訓練計畫。三、國民公約之頒訂。五[1]、王剪〔翦〕波[2]之救濟事交企止辦。六、工作技術巧妙與方法。七、趙振宇[3]（戰略研究會）可用。

朝課後審核與處理要務後，入府辦公。召見航業黨委俞樵峯[4]等十人，召開軍事會談。立人在屏東居住七日表示消極後，今始自動歸來，亦參加會談也。

正午審核黨費與基金。下午午課後召見研究院學員十八人，第十期全部見完。晚課後約皮宗敢[5]聚餐。晚與經國談對人事聯絡方法等事。閱國民黨史，十時寢。

1　原文如此。

2　王翦波，湖南臨湘人。1947 年 11 月當選湖南第一區第一屆國民大會代表。1949 年 8 月經廣州到臺灣，仍任國民大會代表。

3　趙振宇，又名震雨，字漢勛、思昊，河南商城人。1949 年任河南省保安副司令兼河南省政府主席及第一二七軍幹部訓練班主任。1951 年自緬甸輾轉來臺，任國防部戰略計劃研究會秘書處副主任。後任第一軍第五十八師副師長、師長。

4　俞飛鵬，字樵峯，浙江奉化人。1947 年 7 月任行政院政務委員兼糧食部部長，1949 年 6 月任招商局董事長，1954 年任中央銀行副總裁。

5　皮宗敢，字君三，湖南長沙人。1947 年 3 月，任駐美大使館首席武官（大使顧維鈞）。1952 年 6 月回國。

上星期反省錄

一、俄共對聯合國之玩弄，誠可謂詭譎變幻、翻雲覆雨、挑撥離間，無所不用其極。印度與阿剌伯各國，本無文化與道義之民族，適為俄國投其所好，使之成為中立集團，以打擊英、美，實為聯合國之制〔致〕命傷矣。

二、南韓共匪向北撤退，此或其自動撤至卅八度線，再與聯合國談判之陰謀，不能不防。

三、美艾滅蔣賣華之陰謀仍未稍殺，惟其國會已正式決議，必須指明共匪為侵略者，及不准其參加聯合國，尤其是論壇報要求援華之社論，公錄於其參議院記錄，足可打破艾奸之陰謀，但艾奸不撤免，則中國國難未能終止耳，奈何。

四、數週以來，金融動盪，米價與物價突漲，至本週末已漸降低，惟任顯羣[1]之荒唐不則，如不撤換，終將為患耳。

本星期預定工作課目

1. 催皮宗敢回美。
2. 標準師計畫速定。
3. 立人問題。
4. 財、民二廳人選問題。
5. 平均地權之實施。
6. 民眾動員成績之查報。
7. 幹部人事制度之督導。

1　任顯羣，原名家騮，江蘇宜興人。1949 年 12 月任臺灣省財政廳廳長，1950 年 1 月兼任臺灣銀行董事長（1951 年 3 月卸任），首倡愛國獎券與統一發票制度。1953 年 4 月卸任臺灣省財政廳廳長職。

8. 空總前賬之調查。

9. 革命方法與技巧之研究。

一月二十八日　星期日　氣候：雨

雪恥：一、三個標準師之實施計畫。二、八十七軍長之發表。三、反攻計畫之審定。四、召見國楨。五、時局：美國代表聲明「無大韓民國政府代表參加，商討韓國問題為不可能；無國民政府參加，商討臺灣問題為不可能。」可見美國對共匪立場更為堅定，以其國會對政府監視極嚴，艾奸或不易轉變乎，而共匪根本之制〔致〕命，乃在俄國決不允此匪與英、美之接觸，並不允此匪之安定坐大，果不出余之所預期也。

朝課後記事，記錄優秀學員之名冊，頗費心力。禮拜如常，聽講達「果林多人」書[1]十五章復活之意義，甚有所悟也。下午午課後記上週反省錄與本週工作表畢，赴前草廬入浴回，晚課，記事。

一月二十九日　星期一　氣候：雨

雪恥：一、立人應指正各點：甲、他的才品聲望皆不能作反攻總司令。乙、他不能視余在臺改革為大陸作風，等於侮辱領袖與全體將領。丙、他不能對外國人有怨言，等於告洋狀之言行。丁、如其過去行態，若有常識之部下，對之是否能再尊重其人格與聽命。

朝課後準備講稿。十時到軍訓團紀念週，讀孫文主義之哲學的基礎[2]全文畢，

1　「果林多人」書即聖經〈哥林多前書〉。

2　《孫文主義之哲學的基礎》，戴季陶著，上海民智書局，1927 年初版。

說明總理在思想理論上之信徒二人，其一為朱執信[1]，其二為戴季陶[2]。執信先死，其後能傳授總理正統思想者，惟季陶一人。此篇實為總理思想之結晶，故本黨中心理論，應以此篇為依據也。召見希聖[3]、雪艇、昌煥[4]畢回。午後對戴著摘要二小時後，召見國楨與合眾社記者[5]畢，入浴，晚課。

一月三十日　星期二　氣候：朝晴　陰雨

雪恥：昨晚與希聖討論中心理論之要領後，再與鴻鈞[6]等商談臺灣銀行額外發行鈔幣之補救辦法。十一時前寢。

一、國際共產俄帝最毒之政策，在使各民族以階級鬥爭名義，使之積成仇恨，遁〔循〕環報復，自相殘殺，至無孑遺，而彼乃不血刃，以逞其控制世界之陰謀。應如何使世界各國共產黨徒覺悟而自拔之？

朝課後記事，十時入府辦公，約見菲國新聞記者[7]等畢，召集一般會談後，與

1　朱執信（1885-1920），名大符，字執信，以字行，祖籍浙江蕭山，落籍廣東番禺。同盟會時期，參與宣傳與行動。辛亥革命後，任廣東軍政府總參議。1913 年加入中華革命黨。1917 年在廣州大元帥府掌管機要，協助孫中山撰寫《建國方略》。1920 年 9 月 1 日，為調解廣東地方軍事，殉難虎門。

2　戴傳賢（1891-1949），字季陶，號天仇，原籍浙江吳興，生於四川廣漢。1928 年 10 月至 1948 年 7 月，任考試院院長，近二十年。1948 年 6 月，發表國史館館長，因病未到職。1949 年 2 月 11 日，服藥自殺。

3　陶希聖，名匯曾，字希聖，以字行，湖北黃岡人。原任中國國民黨中央宣傳部副部長，兼任總裁辦公室第五組組長。1950 年 10 月，改任中央改造委員會第四組主任。1951 年 7 月，改任《中央日報》總主筆、革命實踐研究院總講座。

4　沈昌煥，字揆一，1950 年 3 月任中國國民黨中央宣傳部副部長，7 月任中國國民黨中央改造委員會委員，1952 年 8 月兼任第四組主任。

5　高爾（A. M. Goul），通譯為高爾雅，美國合眾通訊社中國分社總經理。

6　俞鴻鈞，廣東新會人。1950 年 1 月，三度出任中央銀行總裁。1952 年 2 月至 1953 年 4 月，兼任臺灣銀行董事長。

7　菲律賓先鋒報主筆法羅蘭、日本泛亞通訊社主筆宋德和。宋德和（Norman Soong），美國夏威夷華僑，曾任美國《紐約時報》駐南京記者、中央通訊社戰地記者，時任中央通訊社東京分社主任，兼泛亞通訊社主筆。

雪艇談立人事，又起憤怒，戒之。下午午課後審核反攻計畫第一方案畢，往前草廬入浴後，晚課。餐後審閱黨史中華革命黨時代上篇完，記事。

一月三十一日　星期三　氣候：陰

雪恥：一、聯合國政委會本日已通過美國譴責中共為侵略者之提案，此乃使我中華民國在國際地位上入於轉危為安之機歟。其實暴俄決不容共匪參加國際社會，而此案又使聯合國不容其參加國際社會矣，如果若此違天逆理之共匪反得參加國際，而中華民國之代表反被逐出，則除非天父真使世界末日之降臨矣，惟天父佑我中華民國，永為基督教理三民主義之國家，一切榮耀得歸上帝也。

朝課後審閱反攻計畫第一案。入府辦公，召見鐵路黨部委員與軍官十餘人，批閱要案。下午午課，審閱反攻計畫第二、第三各案畢。巡視研究院後，入浴，晚課。聚餐，以婦女祈禱會一周年紀念也，觀電影（科學證道），甚有益趣也。

上月反省錄

1. 杜勒斯[1]為美國和約，專使赴日協商和約問題，並將赴菲、赴澳協商，而不來臺灣。
2. 黨員歸隊如限結束，補行登記者祇一萬餘人，總共現有在臺黨員為九萬餘名。
3. 美國在東京軍事會議決定對共匪繼續作戰，不放棄韓國，並實施反擊，此一決定實關於遠東民族之興衰禍福極大也。
4. 北韓共軍總司令金策[2]斃命，蔡炳〔秉〕德[3]、蘇章亦死。
5. 聯合國在月杪通過指斥中共為侵略者案，實有關於我國成敗非尟也。
6. 西藏達賴[4]已逃至亞東，共匪與印度皆對之威脅利誘，如此幼年活佛何堪挾搾耶。
7. 本月第二星期英國聯邦開會，印度力主對匪求和，反對指匪為侵略。阿剌伯聯盟又提出所謂停戰新方案，以及聯合國會內各種不同求和之提案，勢甚危急。及至第三星期共匪明白拒絕停戰以後，其勢雖殺，但印、英等國之心不死，仍望繼續調停。卒以美國兩院通過，指共侵略及不准共匪參加聯合國，加之其民情激昂，英乃不得已而認共匪為侵略者，此一轉危為安之機，實值切記。
8. 美國公民及團體（宗教）紛紛邀請余赴美講演，此為對其政府最大壓力，艾奸、親共份子之勢或可稍殺，但其反蔣之陰謀，恐將因之更為險惡，亦未可知耳。

---

1 杜勒斯（John F. Dulles），又譯陶勒斯、陶拉士、杜拉斯，美國政治家，曾短暫為參議員，1950 至 1952 年為杜魯門總統外交顧問。

2 金策（1903-1951），字洪啟，號洪溪，朝鮮民主主義人民共和國重要領導人。首任內閣產業省相兼民族輔衛省副相。1951 年 1 月 31 日，因心臟麻痺突然逝世。

3 蔡秉德（1916-1950），大韓民國陸軍將領，韓戰爆發時任參謀總長，1950 年 7 月 26 日陣亡。

4 丹增嘉措，1940 年坐床典禮後成為第十四世達賴喇嘛。

9. 本月整軍調員計畫已實行十之九，尤以粵軍三師皆撥屬於各軍，最為重要，反攻方案亦已核定，黨務中心工作亦已決定，而指導則不遺餘力，實足自慰。基隆、澎湖、臺中、臺南市民選長官亦已如期完成。
10. 金融內容空虛，臺行額外發行甚大，事出意外，金鈔雖至月杪漸平，但隱患甚多，殊為可危，應力謀糾正。
11. 對於創造宇宙之惟一主宰，以及人類世界之外，必有靈心世界之所在，自覺去年至本月之信心更加增進與堅定矣。

二月

蔣中正日記

Chiang Kai-shek Diaries

民國四十年二月

本月大事預定表

1. 中央與臺省府之人事。
2. 平均地權之督導。
3. 總體戰方案與實施。
4. 標準師開始訓練。
5. 空軍總部人事。
6. 空總賬目之查報。
7. 臺灣銀行資金與改組。
8. 幹部人事制度之訂立。
9. 中心理論之督導。
10. 人生觀之生死觀念及犧牲論。
11. 物產證券與貨幣革命之研究。
12. 育與樂之研究。
13. 考試院正、副院長人選與審計、考選部長。
14. 共匪本年度十項工作之研究與對策。
15. 本年黨務組訓與業務要領之指示。
16. 黨員守則重要之說明（黨性與民族性）。
17. 新人生觀與宇宙觀及生死之意義。
18. 財經小組與臺灣銀行問題。
19. 大陸游擊工作與情報業務之督導。

20. 李鴻、陳鳴人案之發表。
21. 反攻大陸執行小組（籌備）主任。
22. 愛護公物與軍法教育之加強。
23. 軍事與政治高級班之籌備。
24. 民生主義具體化之研究。
25. 腳踏車之提倡。

二月一日　星期四　氣候：晴

雪恥：一、中共幹部教育與共黨論工作領導及其黨的建立之小冊，應再閱察。朝課後記事，十時到中央黨部改造會常會，討論黨政關係案之外，另指示今後改造會之業務與職責之重點，不以普通議案為主題，一反過去消極被動之作風，說明革命方法之重要，對於辯證法[1]之學習，認為黨員必修之課，若欲與共黨鬥爭，更非注重此法不可，決不可以此法為共黨所專有，而本黨即不屑研究，此本黨之所以被共匪擊破也。正午約改造委員等聚餐。下午午課後補記去年十二月反省錄後，車遊淡水，回前草廬入浴。晚課後閱黨務報告。

1　蔣中正對於「辯證法」之學習，始終注意。早在 1938 年 11 月 10 日即提示自己：「注意：一、黨務與黨史；二、辯證法之研究。」次年 1 月 7 日更將《黑格爾辯證法》列入幹部必讀：「幹部應看書籍之指定：《管子》、《王安石》、《張居正》、《黑格爾辯證法》、《黨的建設》、《三民主義》、《民權初步》、《五權憲法》、《建國大綱》、《建國方略》、《峨嵋訓練集》。」

二月二日　星期五　氣候：雨

雪恥：一、據報前國防部作戰參謀次長劉逆斐[1]自其投匪後，所作所為之行動一如為其共匪之老黨員者，似有可能。但其既為老黨員，何用其投匪後再發反蔣之宣言，以求取信於共匪？惟此乃為可疑。總之，對重要職員向來不加調查與研究，而一惟其保荐者與過去之關係是賴，所以敗也。桂系決無忠貞之士，乃可斷言，此白某害國之罪，所以甚於他逆也。

朝課後手摘去年日記中，關於訓練、組織、領導等方法要目，作一有系統之講稿也。入府辦公，與王、周[2]商討對美軍援手續案，召見公路局黨部改造委員。下午午課後召見軍訓團學員十人。晡與美國雜誌「高雷耶」記者[3]談話約一小時餘畢。心身疲倦，入浴，晚課，餐後與雪艇談話，記昨日事，十一時前寢。

二月三日　星期六　氣候：晴陰

雪恥：一、各部之業課研究機構之建立，及其補習教育之計畫與實施規則。二、軍官戰鬥團組訓效率之研討（每一中隊為團或營編成之預備編制），又考選課業分別專科組訓，特別注重通信、衛生與民眾組訓，及收復地區之救濟、管制，地方自治開始實施法之實習。

朝課後記事，十時舉行研究院第十期結業典禮，宣布本週臺北區違反軍風紀案，舉實指示予以斥責。正午聚餐後回寓，下午午課後為農民節廣播灌音畢。軍訓團召見學員八人後，入府補行軍事會談畢。與辭修談空軍總司令問題，明告其至柔非辭此兼職，則空軍及其本人將無可救藥矣。入浴，晚課。

1　劉斐，字為章，湖南醴陵人。出身桂系，得白崇禧倚重。抗戰勝利至 1948 年任軍令部第一廳廳長，1949 年 4 月以軍事顧問身份參與國共和談，8 月在香港投共。此後屢有傳聞，劉為長期潛伏國軍內部之共諜。

2　王、周即王世杰、周至柔。

3　戴生，美國大眾雜誌「高雷耶」（*Collier's*）記者。

上星期反省錄

一、近日對於主宰宇宙之上帝，及人之重生與靈心世界之信心，自覺更為篤切，尤其因共匪之猖狂冥行，甚感世界末日之不遠矣。

二、事業之成敗與國家之存亡，固以在我之本身能自立自強為基因，但非敵方自敗自殺，亦不能促成我本身之成功也。故只要我能自立不敗，以待敵之自敗而乘之，是為至要。而如何使能乘機不失，是為難耳。此非寧靜致遠，沉機觀變，運用自如者，不為功耳。

三、反攻大陸第一、第二方略已批閱完畢。

四、立人之無行不學，幾無東方軍人之品格，如何可使之改正成功，甚為憂慮，與其直接之責備教訓，反不如間接之規勸與警告，或易為力乎。

本星期預定工作課目

1. 令皮宗敢回美：

甲、對馬[1]問我補充兵源之答復，預定本年征補卅萬人，可增補充兵廿個師，如有經費，可補足新兵四十個師。乙、空軍最急需補足八、一五大隊之人員，不成問題。丙、已決定之武器能於三月內到齊。丁、問其能派顧問團否。戊、望其能多運雷達。己、防毒面具。

2. 代致魏德邁[2]函與諾蘭[3]函？及梅祿司[4]函。

---

1 馬即馬歇爾（George C. Marshall）。

2 魏德邁（Albert C. Wedemeyer），1944 年底任盟軍中國戰區參謀長，及駐華美軍指揮官，1946 年 3 月間卸任，1947 年 7 月再奉命為特使來華調查，任美國陸軍部戰略作戰處處長，並提出「魏德邁報告」，主張援助中華民國政府抗共，杜魯門總統並未採納，後擔任改制後之國防部計劃及行動處總長，1951 年退役。

3 諾蘭（William F. Knowland），羅蘭、羅倫，美國共和黨人，1945 年 8 月至 1959 年 1 月為參議員（加利福尼亞州選出）。

4 梅樂斯（Milton E. Miles），又譯梅祿司，美國海軍將領，曾任中美特種技術合作所副主任、艦長、支隊司令，時任職海軍軍令部負責南美事務。

3. 致胡適之、顧大使、蔣代表[1]、毛邦初函。
4. 發李維〔惟〕果[2]款，致俞大維[3]函。
5. 空總人事及臺行改組與金融問題。[4]
6. 新年訪問與宴會名單。
7. 攔帶匪諜案。

二月四日　星期日　氣候：晴

雪恥：一、庚寅年即舊歷年節祗有明天一天了。本年尚未了結工作：甲、空軍總司令人選未定。乙、第八十七軍長人選尚未發表。丙、國防部長人選未定。丁、反攻計畫小組及司令官人選未定。戊、財經小組主任人選未發表。己、臺灣銀行制度與人事未定。庚、民廳長、社會處長未調換。

朝課後記事，審閱上月及去年日記，禮拜如常。正午記上週反省錄，在光天化日下漫游閒憩自得焉。下午午課後與妻往大溪別墅遊憩，檢覓黑格爾[5]辨證法，舊讀之書甚快。晡回寓，到前草廬入浴修甲畢，回途晚課後在蒔林寓中聚餐，林、孫[6]等同席。晚聽琴，閱報，十一時寢。

1　顧大使、蔣代表即駐美大使顧維鈞、駐聯合國代表蔣廷黻。蔣廷黻，字綬章，湖南邵陽人。1947 年 11 月至 1962 年 7 月，任駐聯合國代表。

2　李惟果，四川南充人。1949 年 2 月，任駐華盛頓遠東委員會大使級代表。1952 年 5 月，因駐遠東委員會代表團裁撤，同時免職。

3　俞大維，浙江紹興人。1950 年 1 月赴美養病，4 月 1 日至 1951 年 3 月 1 日出任國防部部長，兼任行政院美援運用委員會副主任委員及駐美大使特別助理。1954 年 9 月 20 日再度出任國防部部長。

4　周至柔辭職，係為毛邦初案負責；任顯羣辭職，則為臺灣銀行私自發行額外鈔幣案負責。先是 1951 年 1 月 19 日，蔣獲悉鈔幣案，27 日自記「上星期反省錄」：「數週以來，金融動盪，米價與物價突漲，至本週末已漸降低，惟任顯羣之荒唐不則，如不撤換，終將為患耳。」

5　黑格爾（G. W. F. Hegal, 1770-1831），德意志地區哲學家。

6　林、孫即林蔚、孫立人。

二月五日　星期一　氣候：晴　陰

雪恥：本日已為舊歷庚寅歲除夕，除想念幼年在家鄉度歲情景之樂趣不可復得以外，先想念鄉間之親友，聞家中帳房與管山之雇工皆已被囚，未知葛竹兩舅父[1]尚在人世否？更念大陸同胞被匪殘殺者，每縣市動以數千或成萬計，而以往日之士紳與保甲長皆被捕殺、充軍，無幸免者。嗚呼，誠中華民族五千年來未有之浩劫也，其誰之咎，能不奮起負責，拯民水火自贖乎？

朝課後審閱軍援武器數量案及致馬歇爾備忘錄。十時在蒔林堂召集侍從人員與工役等百餘人，點名訓話，此為復職後之第一次也，殊堪紀念。入府辦公，指示軍援改正方針，召見賴名湯[2]、孫立人、皮宗敢等。十三時後巡視軍訓團回，下午午課後覆馬歇爾夫人[3]信。

二月六日　星期二　氣候：陰

雪恥：昨晡手書馬夫人覆函，讀其兩次來書，倍覺其情深義厚，殊非其夫所可幾及。而其欲補其夫往日對華之遺憾一點，不啻顯露於不言之紙面，是以余終不信馬之對華絕不後悔，而無補過之意。然其夫人則全出於其個人之精誠耳。書畢，往前草廬入浴，休憩間甚覺身心舒適、獨自安樂，但有默感天父恩德，在此失敗之餘，尚有如此樂境，並使本年一年之中，使我中華民國已得轉危為安之機，故時用贊美耶穌與但願上帝旨意成功之二語不絕於口耳。

1　即王賢鉅、王賢裕，是為蔣中正外祖父王有則（1820-1882）之長子、次子，分稱四母舅、五母舅。

2　賴名湯，號曉庵，江西石城人。1949 年任空軍總司令部情報署副署長，11 月升任署長。1950 年 12 月，調任國防部第二廳廳長。

3　凱薩琳・馬歇爾（Katherine T. Marshall），馬歇爾夫人，美國女演員、作家。

晚約芝珊[1]與經、緯[2]二家聚餐吃年夜飯，武[3]、勇[4]二孫聰明活潑，嘻跳可愛。餐畢，觀影片，自觀角坂山電影，更覺身體康健可慶也。

本晨四時半醒後即起，盥洗後，夫妻共同跪禱如常畢。靜坐默念卅八分時，讀經與閱荒漠甘泉及唱詩贊美等，朝課如常，朝操後天方拂曉，記事。

本日是辛卯年舊歷元旦。

二月七日　星期三　氣候：晴

雪恥：昨日朝課後自九時起即出外拜年，稚老、亮疇[5]、岳軍[6]、右任、惕生[7]、果夫[8]、辭修等家，惟英士夫人[9]及雪艇不在家也。稚老暢談毛澤東如何殺害二萬萬人民，以報答史大林之恩遇，其殺害計畫數字分類甚詳也。正午經、緯兩家及辭修、國楨等，全家皆來賀年，留陳、吳二家子女及經國聚餐、着棋。

1　竺芝珊，蔣中正胞妹瑞蓮之夫婿。1945 年代理農民銀行董事長，1954 年真除。

2　蔣緯國，字建鎬，蔣中正次子。1950 年 3 月，出任暫編裝甲旅旅長。1951 年 11 月，任臺中市私立宜寧中學（原裝甲兵子弟學校）董事長。1952 年 11 月，升任裝甲兵司令。

3　蔣孝武，字愛理，為蔣經國和蔣方良次子，生於重慶，1949 年隨家庭來臺。

4　蔣孝勇，字愛悌，為蔣經國和蔣方良三子，生於上海，1949 年隨家庭來臺。

5　王寵惠，字亮疇，廣東東莞人，生於香港。1948 年 6 月至 1958 年 3 月任司法院院長。

6　張羣，字岳軍，1950 年 4 月任中國大陸災胞救濟總會監事；7 月任故宮、中央博物院兩院共同理事會理事，8 月任中國國民黨中央改造委員會評議委員。

7　鈕永建，字惕生，1947 年受聘總統府資政。1949 年隨政府撤遷臺北，代理考試院院長職務。

8　陳果夫（1892-1951），名祖燾，字果夫，以字行，浙江吳興人。1948 年 12 月因病遷居臺中休養，時任中國國民黨中央改造委員會評議委員。1951 年 8 月去世。

9　陳其美夫人姚文英女士，時居臺中。陳其美（1878-1916），字英士，浙江吳興人。早年加入同盟會，在日本結識蔣中正，並與重任。於辛亥革命初期與黃興同為孫中山的左右股肱，1916 年遭暗殺身亡。

下午午課，午睡二小時後，再出外訪居、鄒[1]、李（君佩）[2]、馬（超俊）[3]、吳（國楨）後，回寓。往草廬入浴，晚課。林、孫[4]等同餐畢，記事，廿三時寢。

本（七）日朝課後記事，經國來談立夫[5]來信所托事，皮宗敢來辭行。十時入府辦公，約見丹麥與菲國記者後，召見直屬黨部委員十餘人畢，批閱。下午午課後審閱王大均[6]意見書及國防系統建立案，甚感閱之晚也，入浴，晚課。

二月八日　星期四　氣候：晴

雪恥：一、侍從室組織之加強，分研究、設計及黨政軍三秘書，改名為研究室。二、侍從人員定期異動之規定。三、彭戰存[7]任軍長。

朝課後手擬臺灣省本年中心工作令等數通。十時前到中央黨部開改造會，聽取各組本年度中心工作報告後，乃加以指示本黨本年度十項中心工作，約一

1　居、鄒即居正、鄒魯。居正（1876-1951），字覺生，號梅川，曾任司法院院長。1948 年參加第一屆中華民國總統選舉。1949 年避居臺灣，旋即被任為中國國民黨中央評議委員。1950 年創辦淡江大學的前身淡江英語專科學校。鄒魯，字海濱，廣東大埔人。1946 年任監察委員。1949 年 7 月參加廣州召開之非常會議後，經香港到臺北，任中國國民黨中央評議委員。

2　李文範，字君佩，1948 年任司法院副院長，1949 年到臺灣，任中國國民黨中央評議委員、中央紀律委員會主任委員、總統府資政。

3　馬超俊，字星樵，1948 年當選行憲國民大會代表。1949 年來臺，1950 年受聘總統府國策顧問、中國國民黨中央改造委員會評議委員。

4　林、孫即林蔚、孫立人。

5　陳立夫，名祖燕，字立夫，以字行，浙江吳興人。1949 年 6 月至 1950 年 3 月任行政院政務委員，1950 年 8 月任中國國民黨中央評議委員。同時，以參加道德重整會議名義，帶全家離開臺灣，定居美國。

6　王大均，曾任第二〇二師第一旅旅長、副師長、師長、第三十七軍副軍長兼任上海市政府秘書長。時任憲兵司令部政工處處長。1954 年 1 月調任澎湖防衛司令部少將參謀長。

7　彭戰存，字鐵如，江西萍鄉人。1948 年冬調赴臺灣，任第八十軍副軍長、金門防衛司令部參謀長、副司令官。1949 年 10 月曾參與指揮金門古寧頭之役。1951 年 4 月，升任金門防衛司令部副司令官。1952 年 1 月，任國防部聯合作戰研究委員會委員。

小時方畢。下午午睡時，忽聞有聲稱：「沒有什麼被他們拿去，天公就快要亮了。」醒後乃覺為夢也，然心竊異之。午課後批閱要件，反攻大陸軍事動員計畫綱領等要案三件。外孫女友冰[1]來見，其相貌全像其父，悲喜交感。晡訪伯南[2]後入浴。晚課後約見周至柔，命其截留敵之運船、藥品時，不料其報告謂，上午有劉榮廷者，偷開驅逐機逃逸無蹤，但其留有六函，說明決不投匪，而去另一國家反共云。殊為駭異，乃悟午夢之兆，其第一語即為此耳，但心仍不安之至。

二月九日　星期五　氣候：陰

雪恥：昨晚觀影劇「琥珀」後就寢，為逃機事終夜未得安眠，如為友邦發覺，何以見人。至柔自私之害非尟也，未知其果能因此覺悟革心乎。六時後起床，朝課前以逃機事告妻，妻覺默禱時現象光明，此事不致擴大慰之，余亦以午夢之意告之。

朝課後與經兒商談空軍總部整頓方針。批閱要公。十時入府辦公，召見軍官四人，與至柔商討整頓空軍辦法，並加訓誡。召集財經會談。下午午課時接至柔電話，稱逃機已在琉球為美軍扣留，並其願以極密方式，將人、機皆歸還於我，不經外交手續，此乃麥帥以至誠對我之表示。如為其國務院所知，則美必以此為不援我之藉口矣，天父佑華之妙恩有如此也。

1　竺友冰，蔣中正胞妹瑞蓮之孫女，其父竺培風為空軍飛行員，1948 年 1 月執行空運任務，因飛機機械故障墜毀殉職。

2　陳濟棠，字伯南，廣東防城人。1949 年任海南行政長官兼海南警備司令。1950 年到臺灣，任總統府戰略顧問。

二月十日　星期六　氣候：晴

雪恥：昨晡記事後，到草廬（即前草廬）入浴，回途車中晚課，靜坐默禱卅分時。晚餐後，與經兒研究海、空軍內防奸保密與加強黨的組織，掌握基幹為主也。記事。

朝課後手擬評定國防部各廳、處成績，及各軍、師長成績考核表等重要六令。入府辦公，召見司法、考試、立法各院黨委十餘人，予以指示後，召集軍事會談，指示防空經費預算等要案，批閱要公。下午午課後讀季陶卅五年重上廬山感言約萬字，惜未完稿，彼深以戰後共匪作亂，民族將被毀滅為慮，忠黨愛國之忱溢於行間，惟其腦力衰弱，不克持久之文意，亦露於紙上矣，尤以其以西班牙誤為比利時之句更為顯明也。晡與妻車遊淡水，到草厂〔廬〕入浴回，晚課。餐畢續閱季文，十一時方畢，乃寢。

上星期反省錄

一、星期四日空軍劉廷榮[1]飛逃，天父明示余以此事並非為共匪有所獲，而余心雖信其萬能，但總是疑慮不知所止，甚至終夜難安，此實信心不篤之表現。平時以寧靜澹泊與惟精惟一等句朝夕默念，而今天父又事先指示，余仍疑懼至此，豈非無信之罪惡乎？今後其將何以信奉不疑，惟願上帝旨意成功也。

二、對美國軍援之計畫與覆馬[2]夫婦函件，實為本週之重要工作。

三、美杜勒斯對日和約已與日本當局初步協商完畢，所謂「美日間臨時安全協定」也。杜氏赴菲、澳、紐各小邦商談日約，而置我中國於不理也。

1　原文如此，二月八日日記寫為「劉榮廷」。

2　馬即馬歇爾（George C. Marshall）。

四、太平洋公約在美心目中，亦未有中國在內也。

五、本週對黨、政、軍本年度工作，皆有重要指示。

本星期預定工作課目

1. 空軍基層黨部之加強。
2. 政治教育應以服從總統命令為第一。
3. 官兵口號與軍歌之重訂。
4. 約賈幼偉〔慧〕[1]、車蕃如[2]、王道[3]及臺大教授談話。
5. 財經會談與實施辦法之決定。
6. 對美外交計畫之研討（軍援與經濟）。
7. 軍事高級班學員之審定。
8. 八十七軍軍長之選定（國防部長決定）。
9. 革命研究院高級班之方針與課程。
10. 軍訓團汽車及軍隊腳踏車之增加。
11. 反攻執行小組之研究。
12. 考試院正、副院長之提名。

---

1 賈幼慧，1949 年秋，任臺灣防衛司令部副司令官。1950 年 4 月入革命實踐研究院第五期受訓，同月調任陸軍總司令部副總司令。1951 年 8 月入革命實踐研究院高級班第二期受訓。

2 車蕃如，貴州貴陽人。1949 年 6 月調任貴州綏靖公署參謀長。西南最後陷落，轉道香港來臺，任陸軍總部參謀長。1952 年底，調任總統府第二局局長。

3 王道，字道勝，湖北武昌人。1949 年任海軍總司令部高參，同年到臺灣，入國防大學、三軍聯合參謀大學第七期畢業，曾任國防會議會議組組長。

二月十一日　星期日　氣候：晴

雪恥：一、美軍昨日已收復漢城，據報共匪損傷約有五、六萬人，此後美、韓軍是否越過卅八度線北攻，與共匪是否以損害過大而求和，以理與事實度之當不可能，此關天命，惟願上帝旨意成功而已。二、美國最近實驗原子彈連續三次之多，暴俄其能因有所戒懼而對美緩和乎。三、東歐俄之附庸將有向南斯拉夫進攻？

朝課後記事，為季陶逝世二週年紀念，撰輓一為「縈懷哲人」，一為「魄何其弱，志何其強」兩幅。批閱公文，禮拜畢。與妻遊碧潭，由橋西而望東北山景，實為臺灣罕有之美景也，回寓午餐。下午午課後審閱高級班第一期名冊。晡遊淡水後，入浴，晚課。約嘉祿頓珠[1]夫妻聚餐後，指示高級班收員方針，整理學員成績，十一時寢。

二月十二日　星期一　氣候：陰

雪恥：總理在「中國存亡問題」明白指出：「歐美人言公道、言正義，皆以白種人為範圍，未嘗及我黃人。美為平等自由之國，亦即為最先倡言排斥黃種之國。中國必須自強，不可稍存依賴心理。」讀此不禁愧悔無地，當卅七年美國所謂馬歇爾計畫，雖以防止世界赤禍為宗旨，而其內容僅及於歐洲，彼之所謂孤立與非孤立政策之分者，亦僅對歐洲而言，而與亞洲無與也，至此國人今後當能猛醒乎？

朝課，記事，批閱，記本週預定工作表。到中央黨部舉行季陶逝世二週年紀念後，到臺灣各縣市改造委會就職禮訓話一小時。正午商談美援問題，下午

1　嘉樂頓珠、嘉祿頓珠，青海人，西藏宗教領袖第十四世達賴二哥。

午課後閱黨史（中華革命黨時代下），甚有所感。晚課後妻為陳辭修夫人[1]祝壽聚餐，觀影劇，十一時寢。
本日美軍聲明並未進入漢城。

二月十三日　星期二　氣候：陰

雪恥：一、考試院正、副院長、國防部長、財政、民政各廳長人選之決定。二、臺灣銀行與額外發行之解決。三、財經小組主席與政策之決定。四、八十七軍軍長之發表。
朝課後記事，十時後入府參觀火食、鍋灶、車輛及重機槍等裝載手車之試製模型後，辦公，召見直屬三區黨部委員十五人與軍官一人。召集一般會談，商討聯合陣線方針，與許崇智[2]在港受美國情報員慫恿，組織其所謂第三勢力事，主張聽其自然，置之不理，美國有錢，聽其上當化錢可也。十三時半回寓，柯克[3]來餐，余以胃滯及疲倦未能暢談。下午午課後召見美國藍欽[4]公使，約談一小時餘，以彼將回美報告商決軍援也。入浴，晚課，未餐，廿一時就寢。

1　譚祥，字曼意，譚延闓三女，1932 年元旦與陳誠結婚。來臺後協助宋美齡管理「中華婦女反共抗俄聯合會」，致力於婦女運動與救濟事業。

2　許崇智，字汝為，廣東番禺人。1945 年 5 月，當選中國國民黨第六屆中央監察委員。1947 年 4 月，聘為國民政府顧問。1948 年 7 月，獲聘總統府資政。1949 年遷居香港。

3　柯克（Charles M. Cooke Jr.），又譯可克，曾任美國海軍軍令部副部長、第七艦隊司令、西太平洋海軍部隊司令，1948 年退役，1950 年春天起，組織「特種技術顧問團」，在臺灣推動非官方軍事顧問計劃。

4　藍欽（Karl L. Rankin），又譯蘭卿、藍卿，美國外交官，曾任駐廣州總領事、駐香港總領事，1950 年 8 月任駐臺公使。

二月十四日　星期三　氣候：陰

雪恥：一、反共抗俄國民公約之訂立。二、考績應加入數項：甲、工作建議。乙、業務推行。丙、平時作業之測驗。丁、每月月終之考績。三、技術巧妙之方法。四、駐日代表人選與駐美武官之調整。

朝課後記事畢，與國楨談財政廳長與經濟、金融、臺行問題後，入府辦公，召見中央設計委員十八人，多有可取之才也。正午批閱，午後午課後辭修來談財政廳長非撤換不可之意，以理論應如此也。續記上月反省錄後，到草廬入浴，晚課後審核本年度財政計畫，甚吃力也。國楨財政經驗不足，恐難當此難局。晚餐後，續審財政計畫畢，記事。

二月十五日　星期四　氣候：雨

雪恥：一、反攻執行部之成立。二、臺行財廳人選之決定。三、生平革命記。四、鄒鵬奇[1]、彭戰存、林森木[2]任軍長。五、編制應分三種之研究。六、戰地地形編制與戰術及演習。七、金門工事評價虛報之追究。八、腳踏車購備。

朝課後寫國楨信約二千言，至十一時方畢。朝餐後到黨部，正午宴評議委員。下午午課後與胡璉[3]談話，其在學生中，研究最切實且能注重大者，實為後起之秀。晡見國楨，彼對余信所言雖勉強順從，但並非誠悅。人才最要者為順理、識體而不倚外自重也。近日胃滯體乏，往時肚饑腦暈且出汗之五月舊

1　鄒鵬奇，號東賓，1949 年 3 月上海保衛戰，時任第九十九師師長，率預備隊奉命殿後，安全撤至臺灣。來臺後任軍官戰鬥團團長，1951 年任第八十七軍軍長，1952 年任金門防衛司令部副司令。

2　林森木，號深慕，熱河平泉人。1950 年任第八十軍副軍長。1951 年 2 月，調任臺灣南部防守區司令部副司令官。1952 年 1 月，任陸軍步兵學校校長。

3　胡璉，字伯玉，陝西華縣人。1949 年 12 月 1 日，接任金門防衛司令部司令，4 日兼任福建省政府主席。後又兼任福建游擊總指揮。1951 年底，改兼福建反共救國軍總指揮。1954 年 6 月，調任第一軍團司令。

症[1]，今復發矣，惟略進飲食即能復元耳。入浴，晚課，餐後批閱，翻閱羅爾綱[2]太平天國史考[3]目錄。

二月十六日　星期五　氣候：雨

雪恥：一、美民主黨政府所謂中間路線與新政政策最為反共之障礙，此種不澈底政策，對於我國最後澈底消滅中共之基本國策最足憂慮，但貴能自立自強，時時要有自力更生、獨立自主之決心，與及時之準備，則庶幾無患矣。二、必須要效法土耳其開國之精神，與不倚賴外援而有自力更生之決心也。

朝課後記事，入府辦公，會客十人，與徐次辰〔宸〕[4]談陸大與軍事教育制度問題。正午約臺大教授沈剛伯[5]等二十人聚餐。下午午課後批閱，召見鴻鈞與國楨，商談臺行及彌補秘密發行辦法。晡往浴，晚課，餐後召集陳、吳、俞[6]等研討財經措施，最後指示：一、先發行電力公司債九千五百萬元，暫不增加發行。二、指定財政部長為財經小組召集人。三、臺行鈔幣皆歸中央銀行監督，以後發行權歸還中央銀行。四、撤換臺行主持者二人。

1　「五月病」是從中醫角度來說，症狀主要是情緒長期低落、焦慮、緊張，懶洋洋不願意動，工作效率低、易出錯等。此乃「肝鬱」的表現，肝主筋，對應春季，主生發，所以「五月病」就是肝氣生發受阻的結果。

2　羅爾綱，1934 年 11 月擔任北京大學文科研究所助理員。1937 年進入中央研究院社會研究所工作，研究清代兵制史。1943 年開始研究太平天國歷史，1950 年 12 月籌建太平天國紀念館。

3　《太平天國史叢考》，羅爾綱編著，上海正中書局出版，1943 年初版。

4　徐永昌，字次宸，山西崞縣人。1948 年 12 月任國防部部長、行政院政務委員。1949 年春到臺灣，1952 年任總統府資政。

5　沈剛伯，湖北宜昌人。1948 年任臺灣大學文學院院長兼歷史學系主任，1950 年 12 月代理校長。

6　陳、吳、俞即陳誠、吳國楨、俞鴻鈞。

二月十七日　星期六　氣候：雨

雪恥：昨晚會談決定四項問題，實為安定內部之重要措置，亦為兩月來糾紛暗鬥之因素。經數日審慎思慮，卒能堅決斷行，此乃由已往教訓，未敢最後變動，而貫澈到底也。默禱感謝上帝後，十一時寢。

朝課後批閱，記事。十時到軍訓團主持第五期結業典禮及研究院第十一期開學典禮，講演一小時餘方畢。正午聚餐，讀行的道理[1]以後點名訓話，回寓。此次營長級之人員體貌精神似皆不如上期，何耶。下午午課後五時入府辦公，召集軍事會談，嚴斥國防部各廳所擬計畫，尤其是估價虛報甚大，必須追究其原因，以戒將來。與陳、周[2]商討反攻準備執行機構與浙主席人選。入浴，晚課，閱黨史，十時半寢。

上星期反省錄

一、據報在東北被俘高級將領中，尚有不屈不撓之志節者，而以雲南之盧濬泉[3]更為堅定，其次如范漢傑[4]、李琰[5]等亦甚貞固，聞之略為自慰，可知忠貞之徒尚多也。

二、臺灣銀行秘密發行額外鈔券事，經數週之考慮，決定撤換任顯羣，以警

1　「行的道理」，蔣中正講詞，1939年3月15日在中央訓練團黨政訓練班講。要旨強調「行的哲學」為唯一的人生哲學；要效法天行健，自強不息；「力行」就是革命等。

2　陳、周即陳誠、周至柔。

3　盧濬泉，字子惠，盧漢之叔。1948 年 5 月任第六兵團司令官兼錦州警備司令，10 月 15 日在錦州被共軍俘虜。1959 年 12 月 4 日獲特赦。

4　范漢傑，名其迭，以字行。曾任陸軍副總司令、東北剿匪總司令部副總司令兼錦州指揮所主任，1948 年被共軍俘虜，羈押於佳木斯共軍軍官訓練團。1955 年轉入北京功德林戰犯管理所。

5　李琰，1945 年 9 月任第七十三軍副軍長，1947 年 2 月 23 日在山東萊蕪戰役中被俘。

將來。而國楨不知自反，且專怪陳、嚴[1]，並以不切實際之攻訐，希圖報復，其驕矜狹小，令人鄙視，應再加警惕，或可使之改過，期其有成也。

三、本週物價尚稱平穩，惟財政內容空虛耳。

四、聯合國對共匪懲處委會及調解小組皆已成立。

五、軍訓團第五期結業，研究院第十一期開學矣。

本星期預定工作課目

1. 各主官、師長以上之機要秘書、參謀之規定及準備與訓練。
2. 緊急準備與停止請假。
3. 官兵外出規律及衛兵檢查等守則之訂定。
4. 保家、保身、復仇、雪恥之號召。
5. 各副級（高等）之待遇與職責及其他之規定。
6. 搜索與遠探化裝之特別訓練。
7. 官兵學習臺語。
8. 各軍演習教案應交軍訓團統一研討，軍隊宣傳與信仰之重要。
9. 思想、文化、藝術、哲學、科學、教育之提高。
10. 編制應分三種。
11. 連、排長領導方法。
12. 軍民聯絡方法。

1 陳、嚴即陳誠、嚴家淦。嚴家淦，字靜波，江蘇吳縣人。1947 年 4 月 29 日擔任臺灣省政府財政廳廳長，1950 年 1 月，擔任經濟部部長；3 月，轉任財政部部長。1954 年 6 月，改任臺灣省政府主席。

二月十八日　星期日　氣候：雨　下雪子

雪恥：一、劉景蓉[1]調 13D 長，劉明奎[2]調 11D 長，劉漢鼎〔鼎漢〕[3]18A 副軍長。二、成立反攻執行部。

朝課後記事，十時到研究院點名，回蒔林禮拜。正午約關仁生〔頌聲〕[4]、戴師母[5]等聚餐。下午與鴻鈞談國楨攻訐陳、嚴[6]之函，心甚煩悶，何不識體如此耶。午課後記上週反省錄，與柯克談反攻準備計畫及機構之組織問題。晡往浴，晚課，餐後研究史大林對其真理報談話全文之用意，及英、美之反響。余實未能了解其用意之所在也，與其說此為對外宣傳而作，無寧為其對內部軍民宣傳，其今後戰爭是為逼不得已而應戰也，其次作用祗有為他日廢除英俄同盟條約，或為其退出聯合國理由之張本乎。

二月十九日　星期一　氣候：晴

雪恥：一、國楨對人憤憤不平，仍表示其辭職之決心，本擬本日成立小組（財經），由嚴財長召集，而吳不願參加，一以表示反嚴，二仍堅執其非彼不可，並示美國經援機構以我內部不能合作之意，殊為可痛。然亦無關其然，以陳、嚴[7]對彼頗有成見，人事之複雜難處竟至如此，是乃余運用無方之故。如過於

1　劉景蓉，時任第十八軍副軍長。

2　劉明奎，名聚五，四川廣漢人。1950 年 7 月，任獨立第十三師師長，12 月兼馬祖守備區指揮部指揮官。1954 年 7 月，調任第一軍團增設副參謀長。

3　劉鼎漢，字若我，湖南酃縣人。1949 年 1 月至 1951 年 4 月任第十八軍第十一師師長，曾參與古寧頭戰役。之後任第五軍副軍長。

4　關頌聲，字校聲，建築工程師、企業家、基泰工程公司創辦者。1950 年代在臺灣推動田徑運動，被譽為「臺灣田徑之父」。元配李鳳麟為宋美齡維斯理學院同學。

5　戴費瑪琍（Mary F. Twinem），夫為戴籟三牧師，來臺後積極參與「中華基督教婦女祈禱會」之開創與運作。

6　陳、嚴即陳誠、嚴家淦。

7　陳、嚴即陳誠、嚴家淦。

重法而不體情誼，則不能行矣，若掩護其非法，則心有所不安，今後處事，應以實際利害與功效大小為重，而再以當時之勢與法為憑斷，則幾矣。

朝課後到圓山，主持太原梁敦厚[1]同志等殉難五百完人招魂塚揭幕典禮，無任悲傷，化之實不愧為革命黨員矣。入府辦公，處理要務，召見任廳長顯羣慰而戒之，與岳軍談國楨問題後，仍寫信慰之。

二月二十日　星期二　氣候：晴

雪恥：昨下午午課如常，三時半起飛到岡山，來高雄港口駐也。氣候和暖，山海生色，夕陽明月對照，風光無邊，實為適於休養之新環境也。惟為臺省府人事所牽掛，未能幽閒自得耳。在海邊靜坐，晚課畢，即與妻在陽臺月光下聚餐後，深慮獨思，至九時半即寢。

本晨六時半起床，朝課，記事。海濱春光水天一色，平靜安定一似康樂世界，昨日憂鬱似盡而未淨也。接見桂[2]總司令後，閱黨史初期之中國國民黨章完。下午午課後手鈔卅八年八月在粵日記，補錄第二冊之中未完，閱之不勝感慨之至。晡召見羅又倫[3]校長後，續鈔日記。晚課，入浴，餐後觀影劇畢，玩月靜觀者久之，十時半寢。

本日為舊歷元宵也。

1　梁敦厚（1905-1949），字化之，1948 年任太原綏靖公署特種警憲指揮處（簡稱特警處）處長，1949 年任山西省代主席，是年 4 月 20 日國軍太原失守，率眾集體在省政府仰藥自殺後焚毀遺體，史稱「太原五百完人」。

2　桂永清，字率真，江西貴谿人。1948 年 8 月任海軍總司令。1950 年授海軍上將銜。1952 年 4 月轉任總統府參軍長。1954 年 7 月任參謀總長。

3　羅友倫，原名又倫，號思揚，廣東梅縣人。1950 年 8 月，出任陸軍軍官學校校長。1954 年 9 月，接任憲兵司令部司令。

二月二十一日　星期三　氣候：晴

雪恥：一、軍醫擔架衛生與軍法教育應特別加強。二、游泳訓練，每人必須學會，並定今夏競賽。三、勤務兵與火伕人數問題之解決。四、建軍之設計研究會。

世局：一、美國與澳洲、紐絲綸[1]締結三國同盟之宣傳，此乃白人太平洋之先聲，為英國所策動無疑。二、聞美國對三月間四強會議，以中國政府未參加，故不討論遠東及中國問題，此為宣傳作用乎，抑果誠意乎。

六時半起床，朝課，記事。全日審閱卅八年日記及每月反省錄，感慨無窮。在此一年之中，不僅歷盡辛酸苦辣，不僅全世人所唾棄，而且污衊侮辱，竭盡人世悲慘之境遇。其間所可聊解悒鬱者，惟在家鄉重度幼年難得之生活與兒孫之孝孫〔順〕，此外，在重慶愁城之中，羅倫[2]夫婦來訪，給予以無限之溫情而已。午、晚課如常。

二月二十二日　星期四　氣候：晴

雪恥：昨晚在月光下與妻聚餐，潮聲波影，風光無邊，領受大自然之聲色，不覺憂心盡消矣。尤其在晡時，東月初升，西日將沉之時，左月右日，備覺愉懌，實為難得之佳景良辰也。惟國楨未能誠服，不無系念耳。晚觀「海盜」影劇有感，難怪英國之精強不落，以其本身受海盜之經驗，至少有八百年以上之歷史也。十時前後在西子灣與妻散步，月光濤聲恍如仙境矣，入浴。

本廿二晨，朝課後記事，處理業務，重閱卅八年日記，更覺當年環境與形勢之可怕，至於悲慘與侮辱之經歷則不足道矣。下午午課後閱讀總理著「中國

1　紐西蘭。

2　即諾蘭（William F. Knowland）。

存亡問題」開始。申刻見美國海軍司令史樞波將軍[1]後，續讀存亡問題未完。晚課後約陳納德[2]來談，匪船又有一艘將抵粵，設法逮捕辦法。晚觀美國影劇「牧童」完，在海濱觀月消遣，十時半寢。

二月二十三日　星期五　氣候：晴

雪恥：一、共匪宣布懲治反革命罪二十一條[3]，可知反共勢力之高漲，共匪非此無法維持其偽政權之危機矣。惟被其殺害之同胞及優秀愛國主義者，誠不堪設想矣，因此又不能不提前反攻矣，奈何。

朝課後記事，補鈔卅八年九月在粵日記，感慨無已。十時半與妻往遊鵝鑾鼻，在途中聞空襲警報，乃在小莊停車道傍小店前休憩約卅分時，前往屏東機場。據報雷達發現敵機六架向基隆行進後忽不見云，此必初次施用雷達之錯誤。乃乘機飛恆春，下機直赴鵝鑾鼻，周遊風光，眺望遠海，更比上次周詳，其風景實偉大美麗也，甚願擇地建屋三間，惜無暇詳磁〔勘〕耳。餐畢，登塔眺望後，回途經石帆船[4]附近沙灘上，觀潮取石而回。到四重溪入浴，稍憩，起行。此為舊遊之地，尚有依戀之念。

1　史樞波（Arthur D. Struble），時任美國第七艦隊司令。

2　陳納德（Claire L. Chennault），曾任駐華美國陸軍第十四航空隊司令。1945 年 12 月，在上海與盛子瑾合股，開設「中美棉業公司」。1946 年 10 月與魏勞爾（Whiting Willauer）成立民航空運隊並參與經營，1950 年任董事長。

3　《中華人民共和國懲治反革命條例》，1951 年 2 月 9 日中央人民政府政務院第 71 次政務會議通過；2 月 20 日中央人民政府委員會第 11 次會議批准。第一條強調「根據〈中國人民政治協商會議共同綱領〉第 7 條的規定，為懲治反革命罪犯，鎮壓反革命活動，鞏固人民民主專政，特制定本條例。」

4　今名船帆石。

二月二十四日　星期六　氣候：晴

雪恥：昨晡仍乘機回屏東返高雄，晚餐後晚課。月下納涼，與妻擬答記者問稿後，十時寢。

朝課後手擬反共復國歌，及官長與士兵分別規定口號。接雪艇信，乃知財經小組以國楨不願參加，故行政院不敢提名下令召集，其無膽無識，何能負責任事，豈必欲余代其下令強制而後可乎。重審閱卅八年日記，甚覺當年用心努力與設計反省之切，足為今日之師也，故不肯釋卷耳。下午午課後仍審閱日記畢，續讀中國存亡問題至英國之基礎章完。晚課，餐後得報，昨派海軍至香港西南截留匪貨之那威艦，已由我海、空軍發現，但英國飛機在我艦上監察行動為慮。觀影劇後十一時寢。

上星期反省錄

一、對人察言觀色仍如往昔疏忽粗心，不能精深窮研，此習不改，其將何以復國救民，完成抗俄大業耶。每日讀「知言養氣」與「窮理知言則知止，集義養氣則有定」句，豈毫無心得乎，何不長進乃爾。國楨未能多讀古書，辭修器小量狹，恐皆不能成事，然國楨或可教導成材也，本週為此不能無慮，故未能安心休養耳。

二、電力公司債已核準〔准〕發表，暫可彌補財廳與臺銀額外秘密發行之缺失矣。

三、國防部長已任命郭寄嶠，延期已久，而今始實行，此亦一要案也。

四、俄共以韓戰不逞，與美、英積極備戰，或有和平攻勢之發動，俄之同意四強會議之預備會，可以知其端倪矣。

本星期預定工作課目

1. 撰卅九年反省錄。
2. 讀中國存亡問題完。
3. 參加陸軍射擊比賽運動。
4. 修正積存講稿。
5. 召見師長以上官長（八十七軍團長）。
6. 巡視陸、海軍官學校。
7. 標準師各區各自指定。
8. 先指定三個軍為準預備隊。
9. 黨政高級班課目與方針之研究。
10. 副總長與第三廳長人選之決定。
11. 五月份校閱計畫之指示（校閱戰鬥團）。
12. 約美記者參觀臺灣。

二月二十五日　星期日　氣候：晴　風浪

雪恥：一、召見軍、師長名單之準備。二、教導總隊與裝甲大隊之查明。三、傘兵總隊長人選。

朝課後記事，記反省錄與本週工作表，重閱卅八年日記後，看中國存亡問題至申刻方畢。回憶承認外蒙古之獨立，乃為我政府對國內民族及對國際重要政策之一，而完全出於我主動，決非為外力脅迫，稍有被動之情勢，惟未能堅持待東北主權完全收回後，方予其獨立為憾。今後反共抗俄戰爭之外交政策，應以收回外蒙古或由我托管為最主要之方針也，惟恐舍之易而收之難矣，奈何。然既可由我舍之，自可由我收之，惟在能否自強奮鬥耳。午課如常。晡與妻到半壁山下鍊油廠附近散步。晚課，餐後觀影劇（美國第二任總統時代國情之歷史劇）。

二月二十六日　星期一　氣候：晴　晨風浪

雪恥：一、外蒙古與本國疆界線尚未劃定，此乃上帝為我保留收復外蒙歸還祖國懷抱之伏機，應加注重。二、俄國覆英抗議照會，又予俄國宣傳和平及挑撥英、美之機會而已。

朝課後記事，甚想再擬一個反共軍歌，無暇深思也。上午見桂總司令，乃知美國去年所提不合理之聯防臺灣之建議，史樞波來臺會商，已由其自動撤消，惟仍限我海軍行動範圍也。上午修正對改造委會講稿一篇，午課後又修正一篇畢。入浴後晚課，餐後納涼，妻在此休息，精神活潑，身體強健，甚覺自得也。九時後觀影劇，人獸之鬥、善惡之爭、深淵壁山，危局險境，繪聲繪影，維妙維肖，其美劇藝術可謂極矣。十一時寢。

二月二十七日　星期二　氣候：晴

雪恥：一、士兵初步戰術和組宣服務、情報偵察、判斷分析、調查研究等技術之訓練。二、訓練新幹部，組織基層群眾的要領。三、打倒特權特級與不平。四、召見高雄黨委及議長。五、獎勵自我檢舉，自治民治。

朝課後記事，見立人，批閱公文。指示國防體系海、空軍補給必須統轄於聯勤總部，及陸、海、空各總部平時皆以教育訓練為專務，戰時由總統授權指揮其各軍種。至柔對此似甚不願也，應令切實改正。上午修正建國必先建立制度與改造風氣講稿兩篇。午課後到壽山司令部，召見高級將領與地方官員二十餘人後回寓。晚課，約桂之夫婦[1]觀影劇，十時半寢。據匪廣播，張伯苓[2]先生已於廿三日病逝津寓，共匪又迫害一個正人，痛悼無已。

1　桂之夫婦即海軍總司令桂永清夫婦。

2　張伯苓（1876-1951），名壽春，字伯苓，天津人。南開大學創建人、校長。1948 年出任行憲後第一任考試院院長。

二月二十八日　星期三　氣候：晴　寒

雪恥：一、臺灣軍馬集中交軍校管訓。二、已痊病兵出院。三、高雄消防設備之加強。四、六十四師急造營房與配田。五、陳恭範〔藩〕[1]、刁培然[2]。

朝課後記事，上午修正講稿（主管人員的責任篇及改正機關部隊之急務篇）。下午午課後續修講稿，召見師長、副師長、政工處長、參謀長等卅餘人後，晚課，約菲律濱作者萬立明[3]晚餐，此人頗有理想與政治經驗，尤其對美國人心理更有研究也。十時後入浴，十一時寢。

國楨堅欲辭職之動機：甲、與陳、嚴[4]勢不兩立。乙、以為我厚信陳、嚴，而有袒護之意。丙、有美國為他後援，故要脅請辭。丁、與顯羣共進退。戊、違反意旨，破壞大局亦所不恤也。處理方針：一、慰留，說明利害：甲、如其辭職，非與陳、嚴爭意氣，而與我對敵。乙、今後准彼可對余負責，直接秉承意志。丙、應保持其已往勞績，不忍掉以輕心。丁、尊重意旨，不宜違忤。戊、重國家，輕個人。

1　陳恭藩，浙江鎮海人。原任中國銀行總秘書，1950 年 1 月來臺，任中國石油公司董事。8 月出席國際貨幣基金及國際復興開發銀行理事會第五次年會，任中華民國代表團顧問兼秘書。

2　刁培然，時任中央銀行發行局局長。

3　萬立明（Vicente Villamin），又譯韋納明、萬立民、費立明、魏拉敏，菲律賓記者、作家。

4　陳、嚴即陳誠、嚴家淦。

上月反省錄

一、國楨恃外淩人，不肯降心相從，以致中央行政院與省府形成對立不能相容之勢，此乃余對人、對政不能確定方針，以致一着錯誤，全盤皆錯之象，將何以復國成事。以後應審慎持重，不以一時之利害，而動搖基本政策也。辭修量窄器小，不能容人，不顧大體，奈何。此為本月最大之不幸，當力圖補救。

二、財政與金融主管不睦，金鈔至月杪高漲，應速決定人選與處理方針。

三、電力公司債發行以後，臺銀額外秘密發行之數額已可彌補矣。

四、國防部長與副參總長已如期發表。

五、太平洋公約之聲浪漸起，菲律濱輿論對中國之重視特為高漲。

六、聯合國對共匪調解小組與懲處委會總算成立，但此時全為消極行動，而妥協之危機仍隨時可以發作也。

七、共匪在閩、浙、粵沿海防務加強，其果為侵臺、金而作乎，抑為防守其沿海而設乎。

八、韓戰共匪攻勢又被擊敗，其傷亡慘重自在意中。今後匪非降伏受懲，似無和平可言，而俄帝亦決不許匪之罷兵，投降聯合國也。

九、審閱卅八年日記數日，自覺得益甚多也。

十、臺灣各縣市改造委會成立。

十一、重讀遺箸〔著〕「中國存亡問題」，甚覺與卅年前所讀者，執信文句之費解矣，自悟抗戰勝利前後不讀此書為憾也。

三月

民國四十年三月

本月大事預定表

1. 設計與研究機構及人才之組織（江杓[1]）。
2. 國防次長楊業孔[2]、賈幼偉〔慧〕？
3. 駐美武官與購料委會主任。
4. 黨政高級研究班課業之籌備。
5. 各區標準師之指定及競賽辦法。
6. 國民反共公約之公布。
7. 步、砲、工、甲協同訓練之開始，編制三種之研究。
8. 軍人高尚崇敬之要義，在為國犧牲之決心。
9. 傘兵部隊之整頓。
10. 情報工作檢討會（通信、交通工作加強）（偽造、偽裝）。
11. 謀略室與設計室之籌設。
12. 美員視察游擊隊應慎重。
13. 充實美國武官室。
14.（改組臺灣銀行人事）。總體戰方案之督導。

1　江杓，字星初，上海人。1946 年起，任行政院物資供應委員會秘書長，兼物資供應局局長。1950 年 12 月，任國防部常務次長。

2　楊業孔，字聖泉，山東禹城人。1950 年 4 月，調任國防部戰略計劃研究會委員。1951 年 11 月，調任國防部常務次長。1954 年 7 月，接任國防部軍事工程委員會主任委員。

15. 師長以上之高級主官隨從秘書之準備。
16. 各軍演習教案與觀募〔摩〕團報告，交軍訓團研討。
17. 搜索、遠探與化裝、偽裝之特訓。
18. 建立軍隊之信仰與宣傳要旨。
19. 軍隊腳踏車與鐵絲剪刀之加多。
20. 空總帳目之清查。
21. 大陸游擊工作與情報業務。
22. 幹部人事制度之實行。
23. 考試院部長之人事。
24. 臺灣銀行之人事。
25. 財經小組之成立。
26. 中央與省府人事之調整。
27. 臺防工事加強之督導。

三月一日　星期四　氣候：晴

雪恥：一、處理財經人事方針：甲、尹崇〔仲〕容[1]與任顯羣對調。乙、國楨自兼財廳。丙、先換臺行人事，陳恭範〔藩〕、刁培然充任總董與經理。丁、財經小組之成立。

本日為復職第一週年紀念，感謝上帝賜我臺灣安定進步，予以轉危為安之機，奠立復國雪恥基礎。果能如期消滅共匪，完成統一，建立基督教理、三民主義新中國，則一切榮[2]皆歸於我慈悲天父，惟一之主宰也。

1　尹仲容，本名國鏞，1949 年任臺灣區生產事業管理委員會常務委員，旋升副主任委員。1950 年 5 月任經濟部顧問，11 月改任中央信託局局長。

2　原文如此。

朝課，默禱感恩後，八時一刻與妻到鳳山軍官學校，舉行幹訓班十九期畢業典禮，及陸軍射擊比賽訓詞。忽見全期幹部生效忠刺血之宣誓簽名，不覺熱血奔騰，未知如何達成我忠勇幹部之期望矣，不禁熱淚盈眶，此實平生被誠感動之一也，應特記之。巡閱各射擊場後回寓，途遇群眾遊行列隊，長徑數里，又被感動矣。正午召宴。

三月二日　星期五　氣候：陰

雪恥：昨午餐後與萬立民談話，聞菲政府要求日本賠償八十億美金，殊堪駭異，彼對余不要求日本賠償，亦甚為駭異。余屬其轉告政府「遠親不如近鄰」，對鄰國之仇恨應設法解除，務使遠東各國今後能永久和平相處，則比之金錢之利益，更不可以道里計矣。午課後召見官長卅餘人，回寓。晚課，入浴，觀群眾提燈會與煙火後，觀影劇，十一時前寢。

朝課後記本月工作預定表，審檢上月工作後記事，修正講稿造成革命風氣的起點一篇。下午午課後召見黨政軍人員卅餘人，日本海軍教官中無航海專科者，應加補充。審閱中心理論稿開始。晚課後閱工商及中央日報。餐後觀影劇，十一時前寢。

三月三日　星期六　氣候：雨　高雄晴　地點：臺北

雪恥：一、訓戒國楨：甲、彼我歷史之關係。乙、辭職對彼過[1]人之前途，人將以其藉外力驕慢與要脅。丙、保全他即應暫去任某[2]。丁、如果為國家任

1　原文如此。

2　任某即任顯羣。

職，即應忍辱與從命。戊、為政之道，體用與內外言行應特別審慎。己、此事非辭職可了，最後必將公開，余不能違反國家紀律，而為外人關係而有所遷就。如其再不了解，惟有實行最後一着：子、改組省府。丑、公開處治，執行紀綱也。

朝課後批閱公文，清理積案，記上月反省錄後，到第六十兵工廠視察。工人愛戴之熱忱，其所表現者，誠非筆墨所能形容，在此恥辱重重之中，惟見此聊足自慰耳。回寓，召見馮庸[1]與憲兵團長畢，餐完起程到岡山。起飛途中，看中心理論稿。四時回蒔林，約見鴻鈞、雪艇，又起憤怒，應切戒之。經國來報近情後，入浴，晚課，餐完續閱中心理論稿完，十一時前寢。

上星期反省錄

一、本週修正講稿八篇之多，又讀中國存亡問題完畢。名雖旅次休養，其實工作亦忙，惟不覺為苦耳。

二、手擬反共復國歌及修正官兵口號完成。

三、召見黨政軍民主管，此次最為完備。

四、重新視事一年紀念，軍民歡騰，官兵刺血簽名，表示效忠精誠，更增余之責任，令余熱淚盈眶，熱血沸騰，情不自禁矣。

五、俄國對美、英、法覆照，已允巴黎預備會議，未知其結果究為何如。

六、菲人萬立民特來訪問，而菲之華僑愛戴最力，堪慰。

七、在高雄休養十二日，所預定之工作大部完成為快。

---

1 馮庸，曾任東北航空處參謀處長、航空司令、東北行轅政務委員會常務委員。1949 年遷臺，擔任空軍警衛部隊高雄分隊指揮官，執行海峽關閉政策。後因軍機誤擊美國外交官私人飛機一事，受牽連而自請退伍，改任臺灣電力公司顧問。

本星期預定工作課目

1. 指定農、工、商、學、司法與外交、經濟人才，物色專員。
2. 臺銀之改組與財廳問題之解決。
3. 傘兵總隊與裝甲步兵大隊之整頓。
4. 黨政高級班組訓之方針會報。
5. 閻[1]箸〔著〕保衛西南與臺灣之方案及其兵農合一，皆可作為高級班研究資料。
6. 中興故事與各國共產黨慘史之編輯。
7. 憲兵裝備與經費之增加。
8. 代馬輸卒[2]與腳踏車及機槍車之製造。
9. 中心理論稿之修整。
10. 臺銀與財廳及財經小組問題之解決。
11. 空軍儲存現金之處置。
12. 何世禮[3]職務。
13. 軍事科學與哲學。
14. 高級班之籌備與會談。

---

1 閻錫山，字伯川、百川，山西五臺人。1949 年任行政院院長兼國防部部長，1950 年任總統府資政。

2 「代馬輸卒」，係因民國初年軍隊原來養有軍馬，負責拉大砲、軍糧等重物。後因經濟困難，軍馬難以維持，只能編兵，代替馬來扛砲、拉砲，負責運輸任務，編制上即稱「代馬輸卒」。

3 何世禮，原籍廣東寶安，為香港富商何東爵士第三子。1949 年隨政府遷臺，歷任國軍東南補給區司令兼基隆港口司令、國防部常務次長。1950 年 6 月任駐日軍事代表團團長兼盟軍對日理事會中華民國代表。

三月四日　星期日　氣候：雨

雪恥：一、國防體系之參謀系統應研究。二、總體戰方案之督導。三、幹部人事制度之督促。四、三種編制之研究。五、何[1]代美國武官。

朝課後記事，記預定工作表及上週反省錄。十時召見國楨，討論其本身辭職問題之利害得失甚詳。十一時禮拜。正午再約國楨談其本身事，余以為任顯羣必須撤職，方得全成國楨免人攻訐，否則無法轉變今日殭〔僵〕局也，彼仍甚固執其辭意也。考慮陳、吳[2]二人既不相容，則不能不准其一人辭去，以法以勢論，則則[3]吳去為順；而以理論，則留吳為有利也，當以此定其去取乎。下午午課後記事。晡往草廬，入浴回。晚課，餐後與孟緝及希聖先後談話，十時半寢。

三月五日　星期一　氣候：陰

雪恥：一、四國外長預備會，本日在巴黎開會。二、國楨梟張跋扈，於今為甚，應作最後調換之準備，惟可再令張、任[4]轉為警告一次：甲、處置此事之方針，全由余一人之意見，決未受任何人之影響。乙、以余為目標，對余指責脅制，想我屈服之錯誤。丙、他重外輕內之事實。丁、貫澈余之方針，應皆遵循。戊、不得已時，法律解決之手續，及其責任解除之後，方准去職。己、服從上官與法令，與將就部下之公私利害如何。庚、臺銀改組人選「徐、

1　何即何世禮。
2　陳、吳即陳誠、吳國楨。
3　原文如此。
4　張、任即張其昀、任顯羣。

尹、王、刁[1]」任一人。辛、財經停頓，軍費審核小組不能開會之影響。

朝課後記事，到研究院紀念週與王、黃[2]談臺銀事。下午修正講稿。晡召見日藉〔籍〕教官。召見陳恭範〔藩〕，問其與外國人談秘密發行事，彼茫然不知，可知國楨之謊妄也。

三月六日　星期二　氣候：陰雨

雪恥：昨晚往草廬沐浴後，晚課畢，調閱臺行發行帳目及調查報告後，國楨之罪責與顯羣之關係甚重，彼尚不自知也，應明白訓示其錯誤與刑法之罪名，使之愧悟可乎。

今晨四時醒後，考慮國楨問題，決定令其財廳長任顯羣來見，明示其此案內容，與余所以必欲撤換其廳長之用意所在，完全出自主動，並無受人影響之事；萬一其吳提出辭呈，余將如何處置之方法詳告之，蓋此事關鍵全在顯羣也。六時後起床，朝課，記事。九時後訪右任院長病畢，入府辦公，見客與一般會談。正午召見顯羣，照所考慮者嚴正面示，令其轉告國楨自定去取。下午午課後心神傍徨。往浴後晚課，餐畢閱黨史，觀影劇，十時處理要務後就寢。

1　徐、尹、王、刁即徐柏園、尹仲容、王崇植、刁培然。徐柏園，1949 年抵臺，任臺灣區生產事業管理委員會常務委員兼主任秘書，1951 年 3 月至 1952 年 2 月任臺灣銀行董事長。王崇植，號愛培，江蘇常熟人。1949 年 6 月任臺灣區生產事業管理委員會常務委員，1950 年 5 月任行政院美援運用委員會委員兼秘書長。

2　王、黃即王世杰、黃少谷。

三月七日　星期三　氣候：陰

雪恥：一、孫克剛[1]之調職。二、空軍賬目及其儲金之提存。

朝課後召見任顯羣，報告其與國楨談話大意，彼已自知認錯，但尚須勸慰也。記事。入府辦公，召見十餘人後批示。與王、黃[2]二同志討論國楨問題，彼見不堅辭，則照岳軍之意，對於財經小組，增加其為第二召集人。臺銀人事仍照余意解決，惟財廳人選，余仍不變更前言，須撤換顯羣，但其時間與人選，則准其與行政院直接商洽，不限其期而已。下午午課，批閱後右手關節作痛更沉重，此病在去年此時亦已發生，但數日即痊，而今年更劇。入浴，晚課。約洪、鄭[3]等聚餐，報告其香港邀約閒人與游離者詳情。十時半寢，以右手作痛不能安眠，服安眠止痛藥後，二時方睡。

三月八日　星期四　氣候：陰

雪恥：一、謀略室與設計室之籌備。二、研究與設計課目及主任之指定。三、參謀次長人選與第三廳長之人選。四、傘兵總隊與警衛團長之人選。五、憲兵裝備之經費。六、腳踏車與機槍車之籌製。

昨日妻以精神不佳，為陳、吳[4]咀唔〔齟齬〕而傷憂，乃在樓梯跌跤，背部受傷，幸未大害。今晨朝課後審閱要公，胡璉實為一將才也，可愛。上午到中央黨部開改造委會，聽取第七組以下，本年度工作計畫報告。正午宴評議委員，決為張伯苓先生開追悼會。下午午課後記事，往浴，晚課。巡視研究院，

1　孫克剛，原名至道，字克剛，號養吾，又號象乾，安徽廬江人，孫立人的堂侄，時在陸軍總部工作，1951 年 4 月准調革命實踐研究院受訓。1953 年 12 月任陸軍總司令部辦公室主任。

2　王、黃即王世杰、黃少谷。

3　洪、鄭即洪蘭友、鄭彥棻。洪蘭友，江蘇江都人。時任第一屆國民大會秘書長。鄭彥棻，時任中國國民黨中央改造委員會委員。

4　陳、吳即陳誠、吳國楨。

在實踐亭眺望景色。晚宴雪艇，為其六十祝壽也，商駐日代表團及駐美武官室充實辦法，十時半寢。

三月九日　星期五　氣候：晴

雪恥：最痛心者為將領無常識，不惟希冀挾外自重，而且密告內部之事，原其心跡，乃為討好外國，而其影響，則無異詆毀政府、誣陷上官，其弊害所至，將致賣國亡身而有餘。毛邦初與孫立人之無識至此，可痛。

朝課後記事，入府辦公。本日又遭內外嫉忌與壓力紛至突來：第一，澳、紐此次與杜勒斯商談太平洋公約，以摒棄中國為主要條件，美其言日如中國重興，則亞洲新興各國遭受危機，豈不可笑。其實最近澳、紐與美國聯防之陰謀，不過英國欲將白人澳洲擴張為白人太平洋而已，使黃種在亞洲永無自由之日也。第二，為至柔以不肯報帳，乃以辭職脅之，可痛。

三月十日　星期六　氣候：晴

雪恥：昨午情報會談後，午課如常。下午為清查空總帳目事，研究甚切，至柔態度驕横跋扈，可憐。往浴，晚課。晚與雪艇、辭修商談駐日代表團人選方針與至柔事，十時半就寢。

本晨朝課後決定對空總查賬辦法，由雪艇直告至柔，查賬及應明報兩項由紐約中國銀行匯回帳目。據其報告，第一項已在其空總財物公開委員會內有案，惟此款存港，但其未報告政府，此不能為合法也。第二項須待其工業局帳查明後再核辦。會客與軍事會談如常。下午午課後到研究院，召見學員廿人畢，入浴。晚課後與雪艇談空總保管款，至柔處理不能無責也。十時後寢。

上星期反省錄

一、伊朗總理[1]被刺隕命，此為俄國對中東侵略陰謀實現之開端也。

二、臺灣政客與外力引誘，離心組黨之醞釀。

三、孫、毛[2]等勾結外力、要脅上官之防制。

四、英、印、澳、紐協以排華滅蔣之毒計，昔以陰謀，今已公開無忌，能不加緊奮勉，自力更生以求獨立乎。忍耐堅定，勿忘勿助，毋急毋躁，沉機待變，以求有濟耳。

五、觀美前國務副卿威爾斯[3]最近之論文，乃可證實雅爾達會議之賣華，其發起者乃為英、美之參謀團，而馬歇爾乃為英國之傀儡，實為英之陰謀也。

六、吳國楨與臺銀之危機，所謂陳、吳[4]之爭持已告一段落，此實為臺政安危所係之大事也。

本星期預定工作課目

1. 沿海匪部不及防地區登陸之設計。
2. 謀略室與設計室之主持人選之研究。
3. 總體戰方案之督導。
4. 幹部人事制度之督導。
5. 情報降傘人員之訓練（全般行動計畫）。
6. 高級研究班之籌備會（課目之規定）。
7. 設計委員之召見與談話。

---

1 拉茲馬拉（Haj Ali Razmara），伊朗軍事領袖，1950 年 6 月 26 日成為伊朗總理，1951 年 3 月 7 日遭暗殺。

2 孫、毛即孫立人、毛邦初。

3 威爾斯（Sumer Welles），美國外交官，曾任駐古巴大使、國務次卿。

4 陳、吳即陳誠、吳國楨。

8. 加強工事與副防禦及防空設備。

9. 對周[1]、對孫[2]誥誡，使之警覺自重。

10. 對空總保管金之處理方針。

11. 整軍宣傳與經過實際困難內容。

12. 去年整軍經過之紀錄。

三月十一日　星期日　氣候：晴

雪恥：一、謀略人選（侯、鄭、唐、經、季[3]）以上對共；（張、王、沈、吳、汪[4]）以上外交（又軍事、內政各課）。二、召見外交、財政二部次長。三、汪公紀、卜道明[5]。

朝課後詳閱空軍總部財物公開會之帳目，舞弊不法之點甚多，至柔之愚為不可及矣。記事，記上週反省錄與本週工作預定表，研究對日外交進行方法。聞幣原[6]逝世，是日本外交家最難能之一人也。又接朱經農[7]逝世，甚悲悼。禮

1　周即周至柔。

2　孫即孫立人。

3　侯、鄭、唐、經、季即侯騰、鄭介民、唐縱、蔣經國、季源溥。侯騰，字飛霞，湖北黃陂人。來臺後，任國防部副部長，1952 年 4 月調任國防大學校長。鄭介民，原名庭炳，字耀全，廣東文昌人。1947 年 12 月至 1950 年 3 月任國防部常務次長。後改任參謀次長，兼大陸工作處處長。1952 年 10 月，任中國國民黨中央委員會第二組主任。唐縱，字乃建，湖南酃縣人。1950 年 9 月，任中國國民黨中央改造委員會第六組主任。1952 年 10 月，調任中國國民黨中央委員會第一組主任。季源溥，字匯川，江蘇沭陽人。1946 年當選國大代表，1949 年 3 月，撤退至廣州，接任內政部調查局局長。到臺灣後，仍任國大代表、光復大陸設計委員會委員。1952 年 2 月，復任內政部調查局局長。

4　張、王、沈、吳、汪即張羣、王世杰、沈昌煥、吳國楨、汪公紀。汪公紀，1945 年任新聞局駐法國辦事處處長；1952 年任駐日代表團副團長。

5　卜道明，字士畸，湖南益陽人。曾任航空委員會秘書、軍事委員會處長、外交部西亞司司長。1951 年 4 月，任革命實踐研究院講座及教育委員。

6　幣原喜重郎（1872-1951），日本第四十四任內閣總理大臣，歷任日本駐荷蘭大使、外務次官、外務大臣、眾議院議長等職。

7　朱經農（1887-1951），名有畇，浙江浦江人。1948 年 11 月任中國出席聯合國文教會議首席代表，後留在美國從事譯著。1950 年後在美國哈德福神學院任職。逝於美國。

拜如常。下午午課後靜默半小時，提早晚課也。五時後往草廬沐浴。與岳軍談對日外交，商討進行方針及外交人才，甚苦無人也。晚約世禮、彥棻聚餐，談日本外交與黨務，聽取鄭報告遊美洲經過情形，十時半寢。

三月十二日　星期一　氣候：雨

雪恥：一、去年整軍經過之記錄，查明未整前之單位、數目，及匪諜隨軍混入臺灣，與駐臺各軍內之匪諜案情。二、情報降傘組織與訓練計畫（地區、人選、職務、聯絡）。三、外交謀略組。

朝課後處理要務，記事。十時到研究院，舉行總理逝世廿六年紀念，說明總理國防計畫之要旨，即在實業計畫中之鐵道與海港建設為基礎；其外交政策之要旨，即在中國存亡問題一書最後之四章也。講畢，對軍訓團第六期生點名五百餘人畢，訓話。下午午課後閱學員自傳，召見二十人畢，入浴，晚課，十時後寢。近日臺北治安，盜劫與綁案發生數次，此或臺省人有政治作用乎。

三月十三日　星期二　氣候：雨

雪恥：一、軍訓團學員自傳，前廿名者呈閱。二、研究院高級班課程之研究。

朝課後記錄學員優秀者名藉〔籍〕、成績，頗費心力。十時入府辦公，約見美國退伍軍人會會長柯克[1]少校，其年僅廿九歲，天真爛熳，更覺美國青年之可愛也。召集一般會談，討論省、縣地方自治案，立法院第二讀幾乎近於完畢，急止之，使之延擱，以此案關乎建國與革命之成敗太大也，切屬其再以總理「地方自治」之精神，由行政〔院〕另提議案以制之。下午午課後審閱

1　柯克（Erle Cooke Jr.），為美國退伍軍人協會（American Legion）會長。

學員自傳後，召見學員二十人，足有二小時之久，不覺其倦也。入浴，晚課。近日寫作太多，右手關節又作痛楚。

三月十四日　星期三　氣候：雨

雪恥：一、共匪軍力如何消滅。二、共匪全面控置〔制〕之法術如何鏟除。三、共匪滲透之戰術與組織如何抵消。四、共匪中傷離間之劣行如何防制。其在思想、行動、技術、策略方面為根本之計，即由理論、教育、紀律、法制、組織宣傳、各種業務之精進與更強，方能制勝共匪也。

朝課後批閱軍官任職任官之權責，及黨政高級班教育方針等要公數件，手力甚覺疲乏，故未敢記事。入府辦公，召見十餘人，與至柔談話，加以慰勉。下午午課後審閱學員自傳，召見學員二十人。入浴，晚課，閱黨史，十時半寢。

三月十五日　星期四　氣候：雨

雪恥：高級班應參考書藉〔籍〕：甲、兵農合一[1]。乙、保衛西南草案。丙、中國之命運。丁、主義實施程序[2]。戊、實物證券與公共倉庫。己、競賽書。庚、新縣制。

朝課後閱讀雜誌。上午到中央黨部改造會，開會討論對海外工作方針與辦法。正午約宴行政院與省政府各部廳長、委員，以本日為陳行政院成立一周年也，予以勉勵，切屬中央與地方通力合作，使去年功績更能擴充也。下午午課後

1　《兵農合一》，閻錫山編著。
2　《三民主義之體系及其實行程序》，蔣中正著。

審閱學員自傳後，召見學員二十人畢，入浴，晚課。約美國退伍軍人會會長柯克晚宴，此人年僅二十九歲，其腦筋清楚，事理明白，而且謙遜自修，誠一模範之青年軍人也，相談一小時餘辭去，十時半寢。

三月十六日　星期五　氣候：雨

雪恥：高級黨政訓練方針：一、辯證法。二、地方自治實施辦法。三、民生主義具體化：甲、平均地權。乙、耕者有田。丙、錢幣革命。丁、合作事業。戊、保險事業。己、社會安全法。庚、水利、農業、造林。辛、救濟與工賑。壬、農、工、礦業。癸、國營、公營、私營事業之分別。子、財政金融與貿易方針。丑、交通與運輸事業。四、五權憲法與運用。五、自治要項：子、警衛。丑、衛生。寅、鄉道。辰[1]、公倉。己、合作。午、保甲。己、教育。庚、解訟。辛、養育（老、幼、病、廢）。六、組織宣傳。

朝課後記事，十時入府辦公，會客十餘人，財經會談。正午約黨政設計委員聚餐，指示設計要領。下午午課後審閱學員自傳，召見廿人。入浴，晚課，閱報，就寢。

三月十七日　星期六　氣候：晴

雪恥：一、高級班各科主任人選及科目：甲、政治。乙、經濟。丙、軍事。丁、黨務。戊、教育。己、法律。庚、文化（理論）。辛、兵農合一與平均地權及國防生產、土地、勞力、兵民與文化。壬、財政金融生產與貿易幣制匯兌。癸、交通、水利。

1　原文如此，下同。

朝課後記事，近日右手關節作疼，寫作維艱。上午入府辦公，召見四人後，軍事會談對於臨時軍費無着，只可先充實食、衣、住、行四項，次序為先後。第一步應先安頓軍官眷屬之生活，決定每一眷口不論老少，皆月給卅元為補助費也，以最近士兵生活之充裕，實已超過廿年來之任何時期也。下午午課後領妻車遊淡水，以其背傷已十餘日不出門也。入浴，晚課後閱中心理論，十時半寢。

上星期反省錄

一、至柔由美匯回公款，而以私人名義存於商行，雖其對空總財物保管會有所報告，名曰公開，而其實私存，且對政府並無報告，何稱合法。彼尚不知錯誤，反梟張跋扈，徒怪他人，其愚實不可及，因憐其愚拙，而免予追究以保全之，使之自悟，以期有以改過也。

二、共匪已退出漢城，完全是自動撤退，美軍於週末收復漢城矣。

三、沈[1]等有計畫排斥國楨，而其行動實為可笑，沈非能成余所想像之才，可歎。

四、研究院第十一期學員召見完畢，多有可取之才，惟此聊以自慰耳。

本星期預定工作課目

1. 大陸工作派員之計畫與訓練。
2. 降落傘之學習與整個計畫。
3. 派員之假降來探（回臺）及化裝。

---

1 沈即沈昌煥。

4. 沿海登陸地點之布置。
5. 高級班課目之研究與組織。
6. 中心理論之初審。
7. 王〔黃〕雪村〔邨〕[1] 與徐傅林〔霖〕[2] 事。
8. 毛邦初事。
9. 謀略室與設計室之準備。
10. 總體戰方案之督導。
11. 國防次長賈幼偉〔慧〕、楊業孔？
12. 讀五權憲法與中國青年之路[3]。

三月十八日　星期日　氣候：晴

雪恥：一、競賽運動方法。二、教育設計之重要。三、錢幣革命之研究。

朝課後審閱中心理論草案，禮拜如常，記事，審閱受難節廣播稿。下午午課後與妻車遊基隆附近，沿途各村莊比前整潔矣。入浴後晚課畢，為夫人祝壽，經兒預訂臺灣餐，多為海味，妻不能食，餐味亦不高明，可知臺灣生活程度之遠離內地矣。姪女華秀之婿[4] 突亦同來，事前未有所知，此人品性甚不良也。兄嫂今亦由港來臺，與其婿同來也。武孫智慧似較前增進，可愛。十一時前，夫妻晚禱後就寢。

1　黃雪邨，1947 年 3 月 4 日北平行轅軍簡三階秘書，1949 年 1 月 27 日任總統府第二局局長。來臺後曾任《中華日報》主筆。

2　徐傅霖，字夢巖，廣東和平人。1950 年 3 月，組織中國大陸災胞救濟總會，9 月創《民主中國》半月刊發行人。同年任中國民主社會黨代理主席。

3　《中國青年之路》，楊玉清著，重慶「北斗書店」出版，三民主義半月刊社叢書，1943 年初版。

4　蔣華秀，蔣中正姪女。曾任安徽立煌縣中正小學校長兼教員，時從事教育工作。其夫韋永成，1948 年當選為立法院立法委員，參加內政及地方自治委員會，任召集人。到臺灣後，續任立法委員，並參加外交委員會。

三月十九日　星期一　氣候：陰晴　夜雨

雪恥：一、革命失敗之原因，在朝野軍民皆不能信奉總理遺教，尤其是本黨，不僅不能實現遺教，而且不能宣傳與研究總理遺教，以致人民無所適從。今爾後更須於反共抗俄國民革命第三時期間，無論言行，一切皆須以總理遺教為根據也。

本日為夫人五十二足歲生日。朝課，禱祝後記事，審閱中心理論第二次稿。到研究院舉行第十一期畢業典禮，訓話未能預備，故語言多無倫次，而且憤激失態，戒之。屬史〔施〕局長[1]建築第二批院的教員室。正午聚餐後回寓，陪客食麵，再餐。下午午課，午睡，濡滯懶起，重閱理論完，入浴。晚課，宴女客廿人，觀影劇，十一時寢。

三月二十日　星期二　氣候：陰晴

雪恥：一、香港地下工作布置：甲、男女傭工。乙、混入內地。二、空軍解回之罪犯處置如何。三、謀略室之組織。四、軍事高班之地點。

朝課後批閱公文，讀五權憲法遺教。十時入府，檢討機槍車輛之式樣，較前改良得用，山地小徑亦可行矣。辦公，召見四人後，一般會談研究對日政策與留港反動組織之策略。清理積案，修正致舊金山教會開會詞。下午午課，續讀五權憲法完，約見蔣廷黼〔黻〕代表團長，聽取其報告國際情形，彼等認為世界大戰本年不致發生，又稱印度得北平情報，本年八月大戰將起云。巡視軍訓團，指示高級班住宿必須分間自修，以便研究也。入浴，晚課後與希聖談理論問題完，十時半寢。

1　施季言，江蘇海門人。1948 年起擔任武嶺學校校務長，1949 年 8 月出任草山（陽明山）管理局局長，1952 年 8 月任東吳大學校長。

三月二十一日　星期三　氣候：雨

雪恥：本日心神悒鬱無聊，幾乎不能自制，幸能強勉持修不懈，養神保體不敢自棄，勉為國家自愛也。近日氣候不佳亦與有關。

朝課後記事，入府辦公，召見十餘人，從前駐外武官如培養有道，多可成才也。正午面屬經國，布置香港地下工作計畫要領後，到臺北賓館，約研究院院務會議委員聚餐，指示後期訓練方針，喉又作疼矣。下午午課後修正復活節廣播稿，覺甚費力也。入浴，晚課，偷閒自憩，十時寢。

伊朗內政動搖，實為俄國攫奪波斯灣陰謀之顯露。南斯拉伕之狄托[1]，俄國志在必得。孰謂世界大戰今年不能起也，外交家之觀察如此而已。

三月二十二日　星期四　氣候：雨

雪恥：外交人才難得而且難養，廷黼〔黻〕在國際已有聲望，但其行其性不適於革命政治生活，其惟在於善導而使之漸入革命正軌，深感革命歷史之難得而可貴也。

朝課後記反省錄（上週），記事。入府接見高雄市參議員，訓示後辦公，手擬研究院後期課程要領，右手又作疼矣。葉部長[2]來報，美國務院獲得我政府中通共匪之名單二百餘人，聞之可怪，姑托其要此名單，閱後再斷其是否其為共諜所欺，而轉來欺余也。到改造會聽取黨員從政管理意見。正午宴蔣廷黼〔黻〕。下午午課後修正明日受難節講稿，閱讀四福音受難各章，準備明日證道也。入浴後晚課，閱報，準備證道章句，十時半寢。

1　狄托（Josip Broz Tito），南斯拉夫共產黨總書記、總理、國防部長。二戰後倡導與蘇聯不同路線的共產主義，被稱為狄托主義。

2　葉部長即外交部部長葉公超。

三月二十三日　星期五　氣候：雨

雪恥：一、電胡[1]，注重射擊。二、十八軍長召見。三、電高[2]。四、電毛[3]。五、問空總賬款。

朝課後記事，修正受難節廣播稿。入府辦公，召集情報會談，指示情報部署與方法，及傘兵游擊隊華南各省分布計畫，此為反攻之先最重要之一着也。十二時半到蒔林禮拜堂讀經證道，未及誦讀預定文稿，乃在七時重作灌片廣播也。下午三時後禮節方畢回。憩後往浴，閱報。六時晚餐畢，灌片後晚課畢，與武樵[4]談話，對研究院後期訓練課程列為二十問題，提出院會討論設計也。本日自晨至十八時禁食。

三月二十四日　星期六　氣候：雨

雪恥：一、第六軍長人選。二、第一組長及改造委員增補人選。

朝課後記事，批閱，辦公，召見十人，召[5]軍事會談，續擬後期訓練課題共廿四項。正午妻宴女客聚餐。下午午課後到介壽堂，聽講防禦潛艇戰術二小時半，回寓與美公使談話畢，往浴，晚課。餐時經兒來談黨務與軍情，下級官長自殺者續出，以連長級不能舞弊而虧空之故為最多也，亟應設法補救。晚記錄優秀人員十餘人，十時半寢。

戰鬥心理學之訓詞：甲、秘密動作。乙、對峙不退。丙、突擊與潛伏。丁、滲透與威脅、中傷、誣蔑。

1　胡即胡璉。

2　高即高魁元。

3　毛即毛邦初。

4　萬耀煌，字武樵，湖北黃岡人。時任中國國民黨中央改造委員會幹部訓練委員會主任委員、革命實踐研究院院務委員兼主任。

5　原文如此。

上星期反省錄

一、美國軍政要員仍信毛澤東可變成狄托，又信匪方空軍之噴氣式機，將為其運動，偷飛來歸者，彼等自以為偵探，奇巧必能奏效，殊不知其軍政機關皆為匪諜滲透，專事反間，以誤其軍政大計。尤其是國務院，凡報我軍政惡劣者，無不深信；凡可破壞我反共計畫者，無所不用其極。以艾其生政治之生命，只有寄在毀蔣滅華之一途，如我政府果能轉敗為勝，則彼之前途斷絕矣；而對彼之國家利害關係如何，則自不計也，豈止賣華，而賣美亦在所不恤矣。美國要人其幼稚與膚淺有如此也，世界不幸極矣。

本星期預定工作課目

1. 共匪面的控制戰術（機警、機密、負責、數字）。
2. 社會潛伏滲透及造謠戰術（自治）（警覺）。
3. 社會破壞及慘殺裹脅戰術（自衛）（準備）。
4. 經濟、交通毀損與清野堅壁（合作）。
5. 武裝鬥爭及政治工作（防奸、保密、自衛）。
6. 恢復家族倫常及保持地方秩序。
7. 訓練要旨：甲、精熟。乙、整齊（重實）。丙、堅實（準確）。丁、嚴密。戊、迅速（機動）。己、秘密。庚、忍耐（站定）。
8. 訓練方法：甲、調查（資料）。乙、研究（分析）。丙、綜覈。丁、審定。戊、立案（設計）。己、推動。庚、考核。
9. 政策路線、戰略、戰術、技術（分配工作、指導作戰）。
10. 組織宣傳情報（調查）、統計、考核、競賽。
11. 養成實踐風習。

三月二十五日　星期日　氣候：晴

雪恥：一、派駐法武官，加強武官室。二、駐日團黨務工作的人選。三、二廳專研史地，陸大加強史地科。四、通信假符號與假密碼之運用。五、參次徐培耕〔根〕[1]、趙家驤[2]、楊業孔、賈幼偉〔慧〕。六、第六軍長徐汝成〔誠〕[3]廳長，第六七軍由副升。

朝課後記本週工作表，記事，閱報，曾寶蓀[4]製復活[5]，意義甚佳。十一時禮拜。正午約曾氏姊弟[6]午餐。陳譚祥夫人等五人今日同受洗禮。下午午課後閱戰鬥心理舊講，擬重編印。與妻車遊淡水回。往浴，晚課後約廷黼〔黻〕及美友等聚餐，談衛生、醫務問題，臺北市甚不清潔，應督導改革。上午與孟緝談軍訓團日本教官問題與住室之建築。

三月二十六日　星期一　氣候：晴

雪恥：一、各室家具記錄及書藉〔籍〕目錄。二、海外黨部之派員指導。三、各使館對黨務負責人之指定。四、陸總余伯泉[7]履歷。五、考試院部人選。六、機砲車輛辦法之改正。七、改委之增派與各組人士之調整。

1　徐培根，字石城，1947年當選第一屆國民大會代表。1951年4月任國防部作戰參謀次長。1954年7月任陸軍副參謀總長，8月任國防大學校校長。

2　趙家驤，字大偉，時任陸軍總部參謀長。

3　徐汝誠，字午生，浙江餘姚人。1950年6月任國防部第三廳廳長兼國防部業務法規整理委員會委員。1951年4月調任第六十七軍軍長。

4　曾寶蓀，字平芳，號浩如，曾國藩曾孫女。創辦藝芳女校，歷任湖南省立長沙第一師範及第二女中校長。1947年當選第一屆國民大會代表，曾任聯合國婦女地位委員會中華民國首席代表。

5　原文如此。

6　曾氏姊弟即曾寶蓀、曾約農。

7　余伯泉，字子龍，廣東台山人。1950年12月，任陸軍總司令部高級參謀。1951年5月，任國防部總聯絡處總聯絡官、美軍顧問團聯絡處處長，9月調任國防部參議。1952年5月任國防大學教育長。1954年8月，任國防部副參謀總長。

朝課後記事，閱戰鬥心理舊稿，擬予重印。十時入府辦公，召見十餘人，批閱文件。下午午課後清理積案，審閱要件，得益殊多，直至黃昏始完。往浴，晚課，餐畢閱報，審閱去年五月陸大講稿，十一時寢。

美國務院三月來不發給我購油出口證，使我空軍不能作戰，至今空軍訓練勢亦停止。跡其用心，非使我空軍不能起飛，以防我轟擊大陸匪區也。彼艾仍信毛匪可成狄托，始終受匪諜之愚弄，以反對我政府之動作，凡其可破壞我國之事，無所不用其極也。

三月二十七日　星期二　氣候：晴

雪恥：一、實業計畫地圖之擴印。二、海上突擊隊之查究。三、中央黨部對訓示之檢討與實踐。四、戰爭最後，俄匪躲避於中央亞細亞及烏拉山地區，其殘餘力量集中於我西北邊境時，英國必置之局外，而使亞洲民族永無安定之日，共匪餘孽必將死灰復燃，此為我國最大之隱患。言念前途，不寒而慄，「英國為害於亞洲，比俄更甚。」麥帥之言，不勝同感。

朝課後修正陸大去年講稿。十時入府辦公，召見十人，尹俊[1]毫不注重學術，而且其人言誇心粗，不可用也。午後午課，午睡濡滯懶起，戒之。記事後往浴。晚課後約柯克[2]、陳納德等聚餐後閱報。

1　尹俊，字杰夫，湖南邵陽人。曾任第十八師第五十三團團長、副師長、師長。1950 年 9 月，調升第十八軍副軍長。1954 年調任第七軍軍長。

2　柯克（Charles M. Cooke Jr.）。

三月二十八日　星期三　氣候：雨

雪恥：「有生命即有希望。」此西人格言；而國人俗語亦言：「不死總會出頭。」其意義實相同也。明日為黃花岡七十二先烈殉難節，又為青年節，對青年勗勉廣播，感想無窮。

朝課後記事，陳訓畬〔悆〕[1] 持代擬廣播詞來見，比之希聖所擬者為佳，但仍未能表達我之內心欲言者，以時間急促，只可據其代稿加以修正，使青年對國民革命之責任，更能切實認識了解也。九時乘火車往新竹陸大，舉行廿二期學生畢業典禮。車中閱報，擬訓詞要目。正午典禮後點名訓話，聽取陸大工作報告。十四時後聚餐攝影。檢閱新竹自衛隊後登車休息，在車中修改廣播稿，回寓續修至廿時方脫稿，其意未盡。晚課後灌音畢，原稿再加補修，廿三時後寢。

三月二十九日　星期四　氣候：大雨

雪恥：一、各部隊（陸、海、空）禁用收音機，一切報導由各級政工負責辦理。

朝課後修正青年節文告。十時到圓山忠烈祠主祭陣亡先烈後，回寓重新廣播。午後二時到總統府廣場受青年歡呼，五萬餘人在雨中鵠候，殊為可感，增加文告末尾「今年我已六十五歲，這樣年老人」一段，自覺使青年自有準備之必要也。記事，批閱後往浴。回寓接周以德[2] 為空軍舞弊案，此乃毛邦初之劣性，可痛極矣。晚課後閱競賽運動書目，覺有印發之必要也。約專機空軍人

1　陳訓悆，字叔兌，浙江慈谿人。陳布雷之弟，民國時期著名報人。1948 年當選自由職業團體新聞記者公會選出之立法委員。政府遷臺後，1950 年 10 月出任中央通訊社總編輯，1953 年 4 月調任《中央日報》社長。

2　周以德（Walter H. Judd），美國共和黨人，1943 年 1 月至 1963 年 1 月為眾議員（明尼蘇達州選出）。

員晚餐，昨日空軍又叛飛一機，且為周[1]之坐機，幸被上海匪砲擊毀，人機全亡矣。空軍腐敗，周不覺悟也，可痛。

三月三十日　星期五　氣候：雨

雪恥：革命建國之要務：甲、基本精神即物窮理，一切業務應先求其本，從本做起。二[2]、澈底習性，從頭至尾，從面到底，自始至終，貫澈到底。三、忍耐精神，不屈不撓，百折不回，有恆持久。四、務實性能，精益求精，實事求是，精熟準確。五、嚴密手段，周到貫注，機警慎密。六、競賽。
五時半起床朝課，妻同起，讀經禱告畢，記事。八時乘火車，九時半到湖口，冒雨督導卅二師團的戰鬥演習，注重陣內戰，各種動作皆能從根本做起，對於匍匐前進尤為新倡，照此訓練乃為真正之軍事訓練也。正午與團長以上及日藉〔籍〕教官聚餐，嘉勉之。十五時半回寓，途中修正總理逝世紀念日講稿，殊覺重要也。往浴後晚課畢，閱報，審核張[3]製黨史稿，九時後就寢。

三月三十一日　星期六　氣候：晴

雪恥：一、月會講目：甲、此後一切工作都要從頭做起。乙、反攻大陸時艱難前途之預想。丙、臺灣司法應澈底改革。丁、教育之前途與計畫。戊、臺灣衛生與競賽。己、立法、監察兩院之職責與臺灣性質。庚、去年成績之評定。辛、黨政軍工作與教育皆應求實、求真、求數字。

1　周即周至柔。
2　原文如此。
3　張即張其昀。

朝課後記事，九時半主祭張伯苓先生追悼會後，入府辦公。十時半到軍訓團第六期結業典禮訓話畢，聚餐，讀神秘性與戰鬥心理。下午十三[1]半，到各軍競賽簽字會訓示後回寓。午課畢，十六時遊覽中山橋畔動物院後，到機場起飛到岡山，下機直到高雄港口住宿，休息。晚課後入浴。途中與晚間皆閱張鐵君[2]所製理則學未完，十時半寢。

1　原文如此。

2　張鐵君，雲南昆明人。歷任政工幹校、輔仁大學教授，著有《理則學》、《原思》、《國父思想》等書。

上月反省錄

一、韓戰共匪又自動退出漢城，麥帥發表招降文告，引起聯合國與美政府國務院之激急反動，認為麥帥有意破壞其對中共之妥協政策也，甚為麥帥危矣。

二、伊朗總理被刺殞命，此全為俄對波斯灣攫奪陰謀之暴露，從此中東成為三次大戰暴發之第二要地矣。

三、英國集團提倡太平洋公約，而以美、澳、紐為軸心，不僅對華排斥，而且對菲亦擯棄之。推其用意，不過以白人澳洲之範圍，擴充而變為白人太平洋而已。遠東各民族能不警惕、互助、求存乎。

四、本月對宗教信心似又進一步矣。

五、考慮研究院後期訓練，與軍訓團高級班教育之方法、要領以及其課目，可謂切矣。

六、陸大二十三期、軍訓團第六期，以及卅二師初期校閱皆前後完畢，此為今後復國之主要基業也。

七、修正講稿與清理舊時重要積案，自信於今後復國事業大有貢獻也。

八、陳、吳[1]之爭漸息，已告一段落。而空軍周、毛[2]之爭又起，周之愚拙、自作聰明，殊為可歎。而毛之行動等於叛亂，挾外自恃更為可惡，幸而空軍不交毛而交周，此亦先德後才，用人之一教訓也。

1　陳、吳即陳誠、吳國楨。

2　周、毛即周至柔、毛邦初。

四月

蔣中正日記
Chiang Kai-shek Diaries

民國四十年四月

本月大事預定表

1. 各公館機構勤務兵之召訓。
2. 軍士教育之實施。
3. 各部門人才主持物色，領導者指定。
4. 步、砲、工、裝協同訓練之實施。
5. 各軍演習教案，及觀募〔摩〕團報告之統計，與研究及改正方案。
6. 軍人高尚被敬之原因，在為國犧牲。
7. 三種編制與搜索遠探及化裝。
8. 改委增派與第一組改組。
9. 軍訓團高級班之成立。
10. 研究院高級班之成立。
11. 競賽訓練之提倡（戰鬥心理）。
12. 軍事科學、哲學與藝術之研究。
13. 高級班訓示要領之準備（十四、十五、十六各日記雪恥及第四週工作表）
14. 各防區演習場及兵棋室之設置。
15. 空總及毛案之處理。
16. 國防部次長與軍、師長之調整。
17. 軍眷待遇與辦公費之增加。
18. 臺北衛生清潔與警察待遇之督導。
19. 各部會之設計與考核改革工作之督導。

22.[1] 軍隊鋼盔與腳踏車之發給。

23. 駐美各機構人事之調整。

24. 美援之督促。

25. 考試院部人事之研究。

上星期反省錄

一、麥帥對共匪警告與停戰，不以臺灣及聯合國代表權為條件之宣言，又引起國務院與英國反蔣賣華人員之指責，益見若輩不可告人之陰謀，仍積極進行其妥協與妄想，無所不用其極，其受共愚弄與被俄玩弄於股掌之上，非死不醒悟，而實為其非滅蔣亡華，則其死不甘心耳。艾其生誠不愧為美奸矣。

二、陸大第廿三期學員畢業，軍訓團第六期結業，第卅二師演習已有效果，可慰。

三、告青年書修正講稿及清理積案，指示黨員守則講解，閱讀辯證法，皆有心得。

四、對高級班課目及軍政之基本設計，自覺於革命建國之前途，必有功效也。

本星期預定工作課目

1. 軍校廿四期開學典禮訓示：甲、革命歷史與使命。乙、軍生入校之志節與目的及其決心。丙、立志之要旨，在自信、自立與自強。丁、決心要做一

---

1 原文如此。

個旋乾轉坤、頂天立地的革命信徒。戊、打破生死關頭與自私觀念，殺身成仁，以報黨國。己、反共抗俄，復興中華民國，拯救大〔陸同〕胞，達成國民革命軍之使命。

2. 總統府月會。
3. 角畈山休息五日。
4. 兩高教班課程之決定。
5. 徐傅霖借款案。陸總余伯泉召見。
6. 各軍長、師長人事之調動。
7. 競賽方法之編印。

四月一日　星期日　氣候：晴

雪恥：一、預製民船機器之研究。二、經國入軍訓團高級班傍聽。三、各防區演習場。四、軍士教育計畫。五、高級班兵棋室。

朝課後記事，續閱理則學。十時到軍校開學典禮，訓話約一小時。校閱本校訓練各種測驗方法，尤其對士兵各個戰鬥動作之測驗，在實地作戰之表現大有進步，可說軍事基本戰鬥教育，為一畫時代之躍進，較之已往之方式，不可同日而語，心竊安慰。十三時半閱畢，聚餐後回行館休息。午課後十六時到校校閱兵棋設備，亦大進步。晡校閱野外演習，十九時方畢。晚約羅[1]校長、白鴻亮等聚餐。晚課畢寢。

1　羅即羅友倫。

四月二日　星期一　氣候：晴

雪恥：一、高級班課程之督導。二、徐傅林〔霖〕借款。三、各軍、師長人選。
朝課後閱張[1]製辯證法與理則學完。其說理頗明，而對辯證法應用方式則未能列舉，是一缺點耳。記事，朝餐，記本月工作預定表及本周工作表，記上周反省錄，研究月會講稿要旨，口授令稿數通，以了結上月所預定應辦各件也。正午會客，指示軍校教官，注重講授與口令受授之態度、方式及言行之標準，使知此為外國官長不注重之事，亦不肯教督之課目，全在本國師生之學習與自修，以養成現代軍官之儀容與動作也。下午十五時後回臺北，閱黑格爾辯證法。晡與妻往浴，晚餐後晚課，閱辯證法。十時寢。

四月三日　星期二　氣候：雨

雪恥：一、胡璉參加反攻設計會。二、李大為[2]不宜出國。三、劉培緒[3]案。四、五十軍人事。五、各防區演習場。六、軍士教育。
朝課後記事，修正軍校開學講稿。十時到總統府月會訓話達一小時半，對五院及省府與民意機關，及革命環境與反攻大陸之預想未來艱苦情勢，皆加以詳切指明，未知聽者果能其覺悟十一否。會畢，會客後，批閱公事十餘通。下午一時半回寓，令傑自美來報告一切子文[4]言行，至為可痛。午課後修正講

1　張即張鐵君。
2　李大為，1947 年至 1948 年任天津市外事處處長。1949 年任國防部駐美代表辦事處處長，赴美採購軍事物資。1951 年 3 月為裝甲兵旅裝備零件事，申請辭職，獲准假退役。
3　劉培緒，1947 年春與中共北平地下工作人員取得聯繫，組織「華北民主促進會」從事反蔣活動。1948 年 8 月從事對國軍的策反工作。1951 年因在北京暗中支援搶劫活動被捕，1954 年被中共處決。
4　宋子文，原籍廣東文昌，生於上海。曾任外交部部長、行政院院長、廣東省政府主席等職。1949 年 1 月蔣中正下野後辭職移居香港，1950 年起寓居美國。1950 年初，兩度拒絕返回臺灣，1953 年，被開除國民黨黨籍。

稿，至七時方完，往浴。晚餐後與胡璉談話，乃知劉培緒之奸詐可惡，幸能追問發覺也。晚課後十一時寢。

四月四日　星期三　氣候：晴　陰

雪恥：一、某大使館來往華人之注意。二、答記者問。三、約見臺大校長[1]。

朝課後記事，手擬令稿三通。入府辦公，召見十餘人，與至柔、雪艇談話，批閱公文。下午午課後審閱從政黨員與幹部份子管理辦法各草案，批答甚費心力，今後黨政總須使之一元化，再不可以黨制政，而必須以黨主政，為訓練黨員組織、統御之技能加強也。最要使各級主黨幹部，以爭取人才為黨所用，而不成派系也。美軍協助游擊人員及器材已到，據報此為馬歇爾所主持也。往浴，晚課，與張、陶[2]談話，十一時前寢。

四月五日　星期四　氣候：雨

雪恥：一、俄軍集中東北與俄空軍大批向聯軍出擊之報導，料其必然，否則共匪對韓戰只有送死之結果，此雖極蠢之漢奸及其一群玀玀，亦所不肯也。故俄大量空軍非參加韓戰不能維持其俄帝命令之威信也。二、美政府已准麥帥對東北空軍基地作隨時應戰出擊之準備，自可信也。三、第三次大戰乃有隨時爆發之可能無疑。

四時半起床，朝課，惟朝操與唱頌贊歌未能舉行，以急於修正星二日之講稿，

1　錢思亮，字惠疇，生於河南新野，籍貫浙江餘杭。1949 年由北京經南京至臺灣，隨即被臺灣大學校長傅斯年聘為化學系教授及教務長，1950 年 12 月傅斯年辭世後，1951 年 2 月即接任校長一職。

2　張、陶即張其昀、陶希聖。

除正午先到改造會，再宴評議委員之外，自朝至晚全神修正講稿也，亦未午睡。申刻擬赴角畈休息，以雨中途折回，續修稿完，往浴。晚課畢已廿二時。晚餐。

四月六日　星期五　氣候：雨

雪恥：一、美鈔與黃金價格暴漲，應即制止。二、邦初抗命不歸，其覆電之意，不顧一切將毀損至柔名位，以洩其憤，且有七百萬美金存其空軍辦事處手中，希圖擅交其自派之代理人，更為可惡。惟至柔之愚亦實不可及，其驕橫跋扈令人難堪，乃咎有自取。但此事必須使毛聽命回臺，一面必須保全至柔信譽，不可讓其毀損，應忍耐鄭重處之。

朝課後補記前、昨兩日事，入府辦公，召見八員，重審講稿，批閱文件。十四時回，午餐。午課後考慮邦初事處理之道，約至柔、雪艇、宏濤[1]共商其事，乃決以嚴正覆示，仍命其回臺覆命也。往浴，晚課。妻擬電話邦初，令其遵命回國，保其安全，未知其果能醒覺否。商討答記者問，廿二時寢。

四月七日　星期六　氣候：雨

雪恥：一、開學訓詞要旨：甲、實踐。乙、文化。丙、心理－無形、戒慎恐懼、莫現、莫顯。丁、方法－人心、道心，精一執中。戊、天職－為天地立心……立命，繼絕開往。己、科學物有本末，事有終始，知所先後，則近道矣。二、

1　周宏濤，浙江奉化人。1950 年 3 月任總統府機要室主任，8 月兼任中國國民黨中央改造委員會副秘書長。1952 年 10 月，專任中國國民黨中央委員會副秘書長。1958 年 3 月，出任財政部政務次長。

約蘇時[1]與玉章[2]見。

朝課後記事，預備軍高班講稿及課程日期。十時入府辦公。十一時後，召集財經會談，商定對金鈔狂漲取締辦法，決禁自由賣買及各種經濟措施，防止走私舞弊辦法，十二時後決定乃畢。批閱公文，下午二時回寓。午課後診察喉痛病源，未有所得，認為少說話、多休養為惟一辦法也。往沐，晚課。經兒來談，令其注重反情報組織與研究之重要，十時半寢。

上星期反省錄

一、毛邦初來電背謬，顯露其非倒至柔、不顧一切之情緒，此本小人也。

二、麥帥致馬丁[3]函，贊同我國軍反攻大陸之函件發表以後，美、英政府合謀倒麥，美國輿論亦為其政府操縱，多數攻麥。此即英國以間接滅蔣賣華之狡計，若非對英允其權利，則彼必出其全力以阻我反攻大陸，決不許我政府恢復大陸，以妨礙英國將來侵華之陰謀也。

三、以色列與敘利亞又起衝突。

四、最近兩篇講詞修正完畢。

五、兩高級班課目設計完成。

六、美國對日和約，將琉球與小笠原群島有交還日本之提議，此為美之求好日本，無微不至矣。

1　蘇時，原任第六軍軍長，1951 年 8 月改任金門防衛司令部副司令官。

2　劉玉章，字麟生，陝西興平人。1948 年任第五十二軍軍長，1949 年 5 月任舟山防衛副司令官，1952 年 2 月任臺灣北部防守區司令部副司令。

3　馬丁（Joseph W. Martin Jr.），美國共和黨人，1925 年 3 月至 1967 年 1 月為眾議員（麻塞諸塞州選出），時為眾議院少數黨領袖。

本星期預定工作課目

1. 令研討月會講詞和行政三聯制。
2. 約見鄭子文、蔣廷黼〔黻〕、李世傑[1]。
3. 外交團遊園。
4. 各中學校長軍教之準備。
5. 黨政高班人選，各區政工主任與舊員。
6. 土耳其、西班牙速派使節。
7. 聯合陣線問題之研究。
8. 對日和約研究會之人選。
9. 黨政軍聯合作戰與陸、海、空、勤之協同。
10. 對英外交進行之研究。
11. 接見美國議員與記者及日記者。
12. 對美宣傳如何有裨於麥帥。

四月八日　星期日　氣候：雨

雪恥：一、國軍恥辱：甲、不學無術，捨本逐末。乙、膽大心粗，好高騖遠。丙、虛為輕浮，妄上欺下。丁、朝三暮四，寡廉鮮恥。戊、不能擬訂具體方案，不了解動員補充，不注重聯勤業務，不考驗戰鬥技術、軍士教育。二、過去教育之缺點：甲、學術與技能（軍事科學）。乙、品性與修養（軍人道德）。丙、心理與（論理）精神（軍事哲學）（精神武裝）。丁、方法與藝術。戊、實踐與力行。己、歷史與地理。

朝課後記事，閱讀中國一周所登月會講稿後，閱讀黨史。十一時禮拜，下午

1　李世傑，曾任調查局第一處副處長，後來與蔣海溶同案被捕。

午課後審閱美國對日和約初稿。本日報載琉球、小笠原群島皆將歸還日本，可知美國政府之無政策也。晡商談禁止金鈔自由賣買案，此次研究與準備，比已往金圓券之辦法周到矣。往浴，晚課，晚會客。十時半寢。

四月九日　星期一　氣候：雨

雪恥：一、管理教育。二、統御方法及教育方法，教育與合群（服務）互助教育之補充。三、防敵引誘，投你所好。四、令各界檢討月會訓詞。

朝課後記事，手擬高級班開學訓詞要目。十時舉行軍訓團開學典禮，訓話一小時十五分，已覺疲倦，但較前為勝矣。召見劉玉章、蘇時、尹俊三軍長畢，巡視高級班學員宿所、講堂、飯廳，雖甚擁擠，但亦比前統室疊床則勝矣。正午回寓，約曉風〔峯〕談蔣廷黼〔黻〕態度與心理。午課後審閱答記問稿，多與美政府與麥帥目前糾紛案間接有關，而與麥並無助益，故決不發表。晡見廷黻，談約一小時餘，此人自負不凡，忘其所以乎。往浴，晚課。約美記者范某[1]便餐，明知其不便明答其所問之意。十時前寢。

四月十日　星期二　氣候：雨

雪恥：一、邦初決不敢來臺，當準備此事之處理辦法：甲、電周以德，簡告其待清查後詳告之意。乙、令傑回美勸告。丙、令仁霖[2]或緯國往美接收毛事。丁、暫不撤其軍事團任務。

1　范智華（Claude A. Farnsworth），美國霍華德報系記者。

2　黃仁霖，江西安義人。1948 年 2 月，任聯合勤務總司令部副總司令，1954 年 7 月兼代總司令，1955 年 6 月真除。

朝課後記事，手擬對日新聞記者青木繁[1]談話要旨。十時入府辦公，召見記者後，召集一般會談，聞立院對余在月會訓示多表不滿，其實少數不良份子心理必起恐慌與不安也。提對日和約研究主持人選，由岳軍召集，注重我政府至不得已時，不參加訂約之利害如何一點。照美最近所提約稿，對南庫頁島與千島明定歸俄，而臺、澎則只日本放棄，並不明定歸我，此與其最初約稿對俄完全不同，可知其對俄立求妥協，並以臺澎地位不定以誘共匪，且將以此為停止韓戰之餌物，英國之陰、美國之昧，可謂險矣。

四月十一日　星期三　氣候：陰

雪恥：昨下午午課後閱競賽運動小冊及研究邦初案後，約見舊金山紀事報社長史米斯[2]，談話一小時餘畢，往浴。晚課。十時寢。

朝課後記事，閱科學管理小冊，入府辦公。召見十餘人後，心身疲乏，出汗不支，舊症復發，休息後復元辦公。下午午課後忽接杜魯門免除麥帥本兼各職之消息，只覺此又是共產國際陰謀在東方進一步之進，更見英國陰險，而美國愚昧之可哀，從此西太平洋區更使赤禍橫決，無法抵止，而日本之赤燄滔天矣。然內心滋安並不憂愁，惟對麥帥之如何助力與慰勉，甚費心力也。往浴後召岳軍，屬其赴日慰麥，並願請其來臺任最高顧問也。

1　青木繁，日本東京《每日新聞》特派員。

2　史米斯（Paul C. Smith），舊金山紀事報總編輯。

四月十二日　星期四　氣候：陰

雪恥：昨晡約辭修、雪艇等，商討對麥帥慰電要旨，最後決定只言派員赴日懇洽，而未提請任顧問事，修稿後已九時矣。晚餐後，甚為麥帥不平，而對大局前途之變化則樂多而憂少也，十時半寢。

朝課後巡視軍訓團高級班，本擬聽三軍協同作戰講課，以別課未完，故未聽而回。閱科學管理小冊，到中央黨部改造會議（以後概稱中央會議），商討麥帥撤職事，及金融與銀行制度設計草案。正午得杜魯門發表撤麥及遠東政策聲明之廣播，無新異之點。下午午課後閱書，往浴。晚課畢，美下議員阿姆斯脫郎[1]來談，留餐。晚約商派員往東京訪麥帥及致函內容，十時半寢。

四月十三日　星期五　氣候：陰

雪恥：一、令白鴻亮聘軍事機構顧問。二、經國應注重人事與情報組訓。三、吳文芝[2]考核學員。四、功權回侍從室。五、駐美購料處之組織。六、游擊工作與美員之關係。七、對美人員招待之組織與譯員。

朝課後手擬致麥帥函稿後，入府辦公，決派董[3]一人赴日訪麥。十時半召集情報會談。十一時半見美艦隊司令馬丁中將[4]後，手書致麥帥正函。下午午課後閱競賽運動小冊，見美記者後往浴，晚課。妻為游擊工作空洞與外員不易合作憂也。晚審閱高級班開學講稿，十時三刻寢。

1　阿姆斯脫郎（Orland Kay Armstrong），又譯阿姆斯托朗、阿姆斯壯，美國共和黨員，1951 年 1 月至 1953 年 1 月為眾議員（密蘇里州選出）。

2　吳文芝，四川宜漢人。1950 年 3 月任裝甲兵旅設計室主任，7 月調任總統府參軍兼侍從武官。1951 年受訓於美國陸軍參謀學校特別班。1952 年 7 月任陸軍指揮參謀學校教育長。

3　董即董顯光。

4　馬丁（Harold M. Martin），美國海軍將領，曾任第一艦隊司令，1951 年 3 月至 1952 年 2 月任第七艦隊司令。

四月十四日　星期六　氣候：晴陰

雪恥：一、編輯競賽運動綱要。二、資料處與第一組大陸經費統支。

朝課後記事，清理積案，巡視軍訓團高級班，已上軌道矣。入府辦公，召見土耳其記者與印尼黨部人員（丁伯文[1]）及將領二人，又南投縣長及參議會員畢，召集軍事會談，發現國防部缺點與各單位無能事實，憂喜交集矣。下午午課後審閱工作競賽緝〔輯〕要小冊畢，甚歎往日幹部之拙劣糊塗，而未能詳切考核，所以有今之失敗。此書內容之官樣與投機，例之可見一般矣，應重加編審。晡往浴，晚課，閱報，十一時前寢。

上星期反省錄

一、十二日聯合國以急件通告會員國，速將其預定參加反侵略軍部隊詳報。此項行動係根據去秋聯大所謂艾其生反侵略案之決定者，今又重提舊案，應特加注意。

二、麥帥免職後，英又提議准共匪參加對日和約，並准共匪接受臺灣之謬舉，向美提出。

三、伊朗油田暴動，殺傷英國軍民，共黨示威遊行，英派軍艦雲集波斯灣頭。

四、禁止金鈔自由賣買，實為金融經濟之一大進步，今後必須繼續努力貫澈也。

五、軍訓團高級班如期開學。

六、空軍駐美辦事處，邦初雖來電遵命不辭，但其事正未了也。

1　丁伯文，時任中國國民黨駐印尼日理直屬支部候補監察委員、《新中華報》總經理。

本星期預定工作課目

1. 征募勤務與臺兵二萬名之辦法，及補充各師以營為單位之計畫。
2. 軍事機構每週研究軍訓團之課程與考績。
3. 研究院對各級學校校長及教員之培養計畫。
4. 民眾組訓金融與市場管理，及清除貪污舞弊、肅清匪諜等辦法。
5. 辯證法與競賽運動，為思維與行動功效之二大工具。
6. 聘日本教官與各機關之業務員。
7. 駐美空軍辦事處與邦初事。

四月十五日　星期日　氣候：晴　陰

雪恥：一、對日和約之研究與決策。二、軍法摘要。三、總理國防計畫目錄。四、副防禦鐵絲網之木柱指定，不規則森林與記明不得伐之木材，限期實施（一月內）。五、合作社與直接稅之研究實施方案。

朝課後記事，記本週工作預定表，閱讀抗戰時期精神總動員綱領[1]，今日仍可適用也。審閱中國一周黃埔建軍章後禮拜。正午與妻車遊淡水，商討美員對於遊〔游〕擊協助機構之組織系統，彼等心急好功，不易相處，應慎忍之。下午午課後審閱總理晚年講演與偉大的總理人格兩章，甚有所感。往浴，晚課，約見美記者史米斯後，繪溪口建橋地圖。

1　〈國民精神總動員綱領及其實施辦法〉，1939 年 3 月 12 日頒布，內容提出總動員共同目標為「國家至上，民族至上」；「軍事第一，勝利第一」；「意志集中，力量集中」等。

四月十六日　星期一　氣候：陰

雪恥：一、防空工作之督導。二、審查每月手令實施之情形。三、傘兵分布游擊計畫。朝課後記事，手擬鐵絲網木樁採伐辦法令稿，閱報。十時前到高級班紀念周，監誓軍隊最高黨部委員就職典禮，訓示、痛斥黨中游離分子，軍隊不設黨部，以為爭取聯合陣線之組織，若輩仍不知此次革命大失敗之禍根所在也。點名後，與白鴻亮講話，以彼告假回國也。巡視高級班各講堂後，回寓。午課後接董、何[1]由日電告，麥帥未接見彼等，並對我夫妻各函轉交後，亦無反響。此乃美國民族之特性，必以為余此次對彼之表示冷淡，不夠誠懇也，甚至以余為非道義中人，故不屑續交乎。此種誤會亦惟有聽之，終有解釋之日也。約見周錦朝[2]後，往浴，晚課，閱報。

四月十七日　星期二　氣候：陰雨

雪恥：昨恐麥帥誤會，心滋不悅，但自反而縮，求心而不動心，故仍泰然自若，如余照當時之熱忱，派大員歡迎其來臺，而為美政府所誤會，則國勢更為孤危，此時決不能再動剛腸，以國家殉情矣。本晨四時醒後，默想育才之難，國家前途之險，乃在人心頹廢，欠缺自動與積極精神，此全在於廿七年來，文武教育失敗之所由致也。故切思矯正積習、變化氣節，對於思維之理則與方法之實際，使之增強行動之效果也。

朝課後寫國華[3]匯瑞士購械費函。研閱總理十年國防計畫目錄，九時到婦聯會周年紀念會訓話後，入府辦公，召見十人後，商討對日和約方針，十三時後

1　董、何即董顯光、何世禮。

2　周錦朝，美國舊金山華僑，與美國民主黨關係密切。1949 年 10 月古寧頭大捷後赴金門勞軍。1950 年 5 月曾將蔣中正函件轉交杜魯門總統。

3　俞國華，浙江奉化人。1947 年至 1950 年，出任華盛頓國際復興開發銀行副執行董事。1951 年 1 月，任國際貨幣基金會副執行董事。

方畢。午課後記事，閱日教官空軍訓練計畫。

四月十八日　星期三　氣候：陰晴

雪恥：昨晡與孟緝談聘日教官及對日和約，屬鴻亮在其國內發動，須與我政府為對象簽約，而反對與共偽訂約之指示後，往浴，晚課。審閱開學講稿，與侃甥[1]談話後，修稿，十時半寢。

今晨五時前醒後，考慮對日和約方針：甲、只要不反對我政府參加簽約，不動搖我政府地位。乙、不干涉我臺灣主權之下，應即參加和約之簽訂。至於臺灣地位問題，事實上已為我收回統治，則無爭執之必要矣，決照此進行。朝課後記事，審閱對日和約稿。十時後入府，約見錢思亮臺大校長等十餘人，批閱文件。午課後修正為何而戰講稿。晡見美國游擊助手，往浴，晚課。約宴周錦朝，慰之。晚續修講稿，右手又作痛矣。十一時寢。

四月十九日　星期四　氣候：陰晴

雪恥：一、心理學之講解。二、農、兵、工、商、學大聯合問題。三、各機關、部隊、學校應設研究設計部。四、研究院後期訓練方針與方法之研究。五、黨的改造之方針。六、約道藩[2]等談話，崔書琴[3]談和約。七、宣傳會談之人選。

1　孔令侃，孔祥熙與宋靄齡長子。曾任中央信託局常務理事、中國訪美代表團秘書長，為宋美齡文膽，時寓居美國從商。

2　張道藩，原名道隆，字衛之，貴州盤縣人。1950 年 1 月，任中國廣播公司董事長，3 月創辦中華文藝獎金委員會，7 月任中央改造委員會改造委員，10 月兼《中華日報》董事長。1952 年 3 月，任立法院院長。

3　崔書琴，隨政府遷臺後任教於臺灣大學、政治大學。1950 年奉派中國國民黨中央改造委員兼設計委員會主任委員。1952 年出任中國國民黨中央委員會設計考核委員會主任委員。

朝課後修正為何而戰講稿完，入黨部開常會（改造委會），得悉中委到期不登記者二十六人，李宗仁、孫科[1]、孔祥熙[2]、熊式輝[3]、張發奎[4]皆在其列，應照決議開除黨藉〔籍〕，不必顧慮矣。對改造委員無革命積極精神與行動，加以講評。正午評議員聚餐，徵求對日和約意見。午課後記事，召集和約專委，商決對美照會條文。往浴回，晚課，閱報，十時後寢。

四月二十日　星期五　氣候：晴

雪恥：一、對日和約稿之覆照，應注意之點：甲、和約未簽訂期間內之時局，與日本之變化。乙、俄國之阻礙，使之延宕不能簽訂。丙、如臺灣地位不在約中明定，則將來我對臺灣地位是否補充修訂，抑從此確定，不必重訂乎。

朝課（五時半起床），記事。對將來本黨分為兩黨之準備，已作初步之考慮，本年似不召開全國代表大會為宜也。閱麥帥在其國會演詞，心神為之一振，此實亞洲十優〔億〕人心共同之公言也。繼閱杜魯閱〔門〕與艾其生各演詞，自不足敵麥帥之至理名言矣。入府辦公，會客，召集財經會談後批閱。午課後批閱。四時約見美參議員孟達生[5]，談一小時畢。巡視高級班後，視察陽明山新平大操場及研究院新建築後，入浴，晚課，十時寢。

1　孫科，字哲生，孫中山哲嗣。1948 年 11 月，任行政院院長，1949 年 3 月辭職，移居香港。1950 年遊歷巴黎、西班牙等地，1952 年定居美國洛杉磯。

2　孔祥熙，字庸之，曾任中央銀行總裁、財政部部長、行政院副院長等職。1945 年辭去行政院副院長及中央銀行總裁職務。1947 年赴美國定居。1948 年辭去中國銀行董事長職。

3　熊式輝，字天翼，1947 年 1 月任國民政府戰略顧問委員會委員。1949 年寄居香港與澳門，並在曼谷經營紡織廠。1954 年到臺灣。

4　張發奎，字向華，廣東始興人。1949 年 9 月，舉家定居香港。1950 年與左舜生等組織「第三勢力」，成立民主戰鬥同盟，任召集人。

5　麥紐生（Warren G. Magnuson），又譯孟達生、麥納生，美國民主黨人，曾任眾議員，1944 年 12 月至 1981 年 1 月為參議員（華盛頓州選出）。

四月二十一日　星期六　氣候：陰晴

雪恥：一、任職期限令公布。二、調整部隊及補充方法。三、決派令侃赴英遊說，作準備工作，先使英國在美不破壞我國外交之計畫也。四、人才為一切事業的基本，以目前幹部之精神、心理習慣之頑固、混淆、散漫、複雜之情勢，如何能使其領導革命耶。一在加以矯正訓練，一在專注重於青年教育也。朝課後補修為誰而戰講稿，約三小時方完。入府辦公，會客，召集軍事會談，嚴予訓誡，期使機關為學校，能使成年職員成材也。往日機關各級主管官不知此道，故政府職員總無自動與負責能力和精神也。正午，接美政府宣布其派軍事技術組來臺，協助防衛也。下午心神疲乏，午課後校閱自製汽車，遊覽蘭圃。見土耳其記者，往浴，晚課。十時後寢。

上星期反省錄

一、麥帥在其國會發表之演說，可表現其雄才大略，對挽救亞洲民族不分種色之大志，認為其才勝於羅斯福[1]多矣。惜乎其時不遇，以致小人道長，君子道消，不僅為美國一國惜，而實為世界人類悲也。惟此一演詞對我中國之影響，實足抵消其艾奸對華白皮書之誣衊而有餘。美國民族性之尚義好俠，斷非一、二奸邪所能掩盡其國人之耳目也。

二、接美國派軍事顧問團來臺協助之正式公文，內心實無所動也。

三、對日和約方針決定，對美覆文已發矣。

四、對邦初案及駐美辦事處之處理已定。

五、為誰而戰之講詞修成，頗費心力，右手又作疼矣。

1　羅斯福（Franklin D. Roosevelt, 1882-1945），美國民主黨人，1933 年 3 月至 1945 年 4 月任總統。

本星期預定工作課目

1. 研究院十二期開學講稿要旨：甲、事實材料。乙、對象實際。丙、領導處事之各種方法。丙[1]、教育人才第一。
2. 對美顧問團組織與規約之準備。
3. 對美游擊助理組織之開始。
4. 競賽要領之編審。
5. 三種編制與遠探搜索及化裝之注重。
6. 各處及各部隊勤務兵之征集訓練。
7. 整補計畫之督導。
8. 人事委任權責之發布。
9. 規律與法則邏輯之提倡。
10. 觀募〔摩〕團報告及各軍演習教案之研究。

四月二十二日　星期日　氣候：晴

雪恥：一、約見劉毅夫[2]等。二、文武幹部辦事之病根：甲、散漫越軌。乙、含混不清。丙、籠統大約。丁、本末不分。戊、輕重（前後緩急）（要點中心）不解。因之養成無規律、無系統、無條理、無範圍、無重點、無階層，不澈底、不清楚、不解決、不精密、不具體、不實在，以致粗枝大葉、傍馳騖外、好高務〔騖〕遠，無數字可記，無結果可言之不科學、不實際之惡根性，以致國家危亡至此也，如何糾正之。

朝課後記事，核定為誰而戰，閱讀一篇後付印。禮拜如常。正午與妻巡視淡水海濱政治訓練班。午後午課畢，整記研究員優生記錄約三小時之久。往

1　原文如此。
2　劉毅夫，來臺後，曾任《中央日報》記者、《青年日報》主筆、軍事新聞研究會會長。

浴，晚課。宴美參議員麥納生，戲嬉失言。本日心神漸散，應切戒之。十時後客散。

四月二十三日　星期一　氣候：雨

雪恥：一、近日對於一般幹部「無所謂」與無可無不可的神態與習尚，更覺可怕、可歎，未知如何能與共匪作最後殊死戰矣。軍政之壞，壞在模糊不清、模稜兩可的「差不多」三個字；革命之敗，敗在不知死活、不負責任的「無所謂」三個字，嗟乎！中國民族豈真永無翻身之日乎。心神打擊，莫此為甚。

朝課後記事，閱報。到軍訓團紀念週，對人事制度訓示，不禁憂憤失聲。入府商討對美顧問團聯絡者之組織與人選，殊費心力也。今日經兒生日，三男孫來府辦公室，遊玩片刻而去。午課後批閱研究院十二期課程與教育方針。晡召集中美混合游擊組織會議。召見霍寶樹[1]。往浴，晚課。

四月二十四日　星期二　氣候：雨

雪恥：一、現實與玄妙（虛幻）。二、偏差與正軌。三、正則與規律。四、放蕩與踰越。五、範圍系統、節目層次、關係與特性，乃為考慮與處事最重要之要領，故事先應加以分析與判明也。

昨今二日心緒沉悶，右手又疼，而對於一般幹部思維不正、敵我不分、精神恍惚、漫不在乎之習尚，更為憂惶。昨日共匪在韓大舉反攻，聯軍全線被其突破後撤，甚以麥帥免職，予匪良機、而為美軍危也。艾其生之肉不足食矣，

1　霍寶樹，字亞民，1949 年底，辭去中國銀行副總裁職，往美國任中國技術團主任，不久兼任國際貨幣基金會中國候補理事。

更為世界人類悲也，艾奸不除，人無焦〔噍〕類矣。朝課後批示研究院十二期以後教育方針與課程後，訪丁鼎丞[1]先生病。入府辦公，一般會談，言行褊激，戒之。午餐後養魚、整書。三時前起飛，四時到岡山，進駐高雄港口休息，心神漸寬舒矣。永清與經兒先後來談。餐後晚課，十時前寢。

四月二十五日　星期三　氣候：晴

雪恥：一、發周錦朝、胡適之、陳立夫各款。二、約見江杓和警局長。三、如何加強內部組織，和改變幹部氣質及辦事精神和方法。

昨夜十時前就寢，直至本朝七時起床，其間熟睡七小時，實為近來最能安眠之一宵也。朝課後在海濱臺上閒坐，優游自得，先朝餐、閱報，而後記事。上午校閱廿二年十月下旬記事，及十一月十二日對侍從人員訓示記錄。下午續校對調查設計委訓示，極適於目前形勢與激勵幹部之指示也。晡與妻車遊左營海濱及半壁山麓，正當夕陽映壁，紫光輝煌，其景其色，黃州赤壁不足道矣，晚課，餐後觀影劇（三姊妹）逍遣，十一時前寢。

四月二十六日　星期四　氣候：晴

雪恥：一、幹部之無能，在於已往教育之無方，今後訓練應特別注重思維之理則與工作行動，尤其是領導管理之方法，使之能發生和提高各種工作之效率：甲、思維之理則，應以辯證、歸納與演繹為主。乙、行動之方法，應以科學合理管理與競賽方法為主，無論文武幹部，為訓練必修之課目。朝課後

1　丁惟汾，字鼎丞，山東日照人。1949 年到臺灣後，任監察委員和中國國民黨中央評議委員會委員。

重審閱調查設計會講詞，加以修正，定其目錄為（革命成敗的機勢和工作方法的要領）。續校對第三師訓詞（廿二年十一月）。午課後續校記事。召見陳麓華[1]、邱〔丘〕梅榮[2]後，在海濱臺上消遣。晚課後觀影劇。十時半寢。

四月二十七日　星期五　氣候：晴

雪恥：一、近日重校二十二年冬季事略，甚覺對人不校與用人無方，貽誤國家為害，革命罪莫大也。以李濟深[3]、陳銘樞[4]、白崇禧[5]、李宗仁之背黨叛國，不止一次、二次；宋子文、張學良[6]等陰謀不軌、希圖篡竊之行動，路人皆知，而余毫不戒備，反引用加重，此不僅獎惡而實自殺，所謂不問恩怨、不念舊惡者，果如此乎。何怪人之忘恩負義、違法亂紀，以致演成今日共匪竊國害民之大亂，是誰之咎，今後用人處事應如何哉。以我之拙性蠢才，至今猶得生存，而未致為人根除，豈非上帝在冥冥中有以護之乎。若再不痛悔自愛，天亦誅之，能不戒悟乎。朝、午、晚各課如常，終日校閱事略與修正人事班講稿。晚觀影劇，十時半寢。

1　陳麓華，1949 年 8 月任陸軍訓練司令部參謀長，1950 年 11 月任國防部作戰署署長，1951 年 4 月任陸軍傘兵總隊總隊長。

2　丘梅榮，字岱橋，廣東蕉嶺人。1953 年 4 月任陸軍總司令部第一署第六組組長。

3　李濟深，字任潮，廣西蒼梧人。1948 年 1 月在香港成立「中國國民黨革命委員會」，任中央委員會主席。1949 年 10 月任中華人民共和國中央人民政府委員會副主席、全國政協副主席。

4　陳銘樞，字真如，1948 年加入「中國國民黨革命委員會」，任中央常務委員。1949 年 10 月後曾任中華人民共和國中央人民政府委員、人大常委、政協常委等職。

5　白崇禧，字健生，廣西桂林人。1949 年底來臺，任總統府戰略顧問委員會副主任委員。

6　張學良，字漢卿，奉天海城人。1936 年 12 月 12 日，與楊虎城向蔣中正「兵諫」，爆發西安事變，12 月 25 日，釋放蔣中正，並隨蔣回南京。12 月 30 日被判刑十年，五日後即被特赦，但一直遭到軟禁。1946 年 11 月起居住新竹縣五峰鄉清泉溫泉。

四月二十八日　星期六　氣候：晴

雪恥：一、思維的規律。二、工作的方法實為革命教育之急務。三、不離現實。四、不越規律。五、不出範圍。六、認識地位。七、明辯〔辨〕本分。八、尋着中心。九、站穩基點，而後可以談方法矣。十、今日不患無技術專才，而患無革命通才。通才者何領導與管理，就是通達事理、明辯〔辨〕利害，能因時、因地與解決困難，排難解紛，獨斷專行，不避勞怨，負責盡職之才也。今日研究訓練之目的，莫急於此也。

朝課後續校事略，記事。午課如常，清理積案，審閱軍事教育制度等要案，對於傘兵訓練、游擊幹部降落各地，計畫不妥，又起愁悶，幹部不負責如此也。晚課後與羅又倫校長談話，觀影劇。

上星期反省錄

一、西藏達賴代表一由西康、一由印度分途抵平，而班禪[1]靈童亦由青海抵平。共匪挾班禪以脅制拉薩之達賴，使達賴歸附。此次達賴派遣代表毅然赴平，不受英、印之阻擋，此乃印奸對藏陰謀不逞，尼赫魯失敗之開始乎。

二、共匪在韓向聯軍發動春季攻勢，聯軍撤出卅八度以南，而且漢城亦岌岌不保，此乃杜、艾[2]撤換麥帥之後果。今後日、韓變化必益加激烈，東亞局勢如艾奸固執不調，將有不可收拾之一日。

三、二十二年十月至十二月紀事校閱完畢，感想與經歷益增，自覺有益也。

1　班禪，原名貢布慈丹，生於青海循化。藏傳佛教格魯派第十世班禪額爾德尼大活佛。

2　杜、艾即杜魯門（Harry S. Truman）、艾其遜（Dean G. Acheson）。

四月二十九日　星期日　氣候：晴

雪恥：一、美顧問來後之注意：甲、對立人應否愷切警告，毋依賴、毋驕矜、勿作挾外自重。乙、通告各主管不作越分、親外自賤，以能交接外人自豪，應要自力更生。丙、我國傳統習慣最鄙視重外輕內、以夷亂華，而軍人尤應自重。丁、惟以精誠待人，本合作互助之精神，不亢不卑、互尊互敬，勿予人以排外傲慢之影象。戊、要在運用顧問，而不為顧問所用；要能自身研究、切實學習，先求自身學識見解予以平等，而後才得見重於人，求得平等也。

朝課後手擬五一勞動節廣播詞畢，清理積案數十件，要案甚多也。午課後續修稿。六時飛回臺北，巡視研究院。入浴，晚課，閱報，十時半寢。

四月三十日　星期一　氣候：陰

雪恥：一、重申連坐法與實施。二、黨政軍統一制度之重心研究。三、消滅共匪之主要工具是什麼？最要比他優勝的是什麼？可以超勝過他的是什麼？四、共匪如再拆毀鐵路的故技，如何對策。五、美國需要於我的是什麼？六、如何發揮全體幹部力量。七、提高忠義之氣。

朝課後手擬本日講稿目錄二小時，以思維、規律與工作方法為結論。十時到軍訓團，舉行研究院第十二期開學典禮，講話一小時半方畢，尚不覺太倦也。午課後記事畢，修正高級班開學講稿，直至十時方畢。十一時寢。今晚為明日勞動節廣播灌片，文稿修正以後，始覺安心也。

上月反省錄

一、禁止美鈔與黃金自由交易，與禁止奢侈品之購售，實為臺灣金融與經濟穩定最大措施，已見大效。

二、大陸人民慘受共匪屠殺者日增一日，而美國與聯合國不僅坐視不援，而且全力阻制我反攻，未恐不及，以此浩劫終將延及於全體之人類，而今日則先由我中、韓兩國同胞之單獨承當矣。誰為其階之厲，英、美當局永不能辭其咎也，悲乎痛哉。

三、美國對南韓預備隊五十萬人，不僅不予補給裝備，而且解散其十五萬人，未知其究何用意圖。不能自立，受人宰割，如何能不戒懼乎哉。

四、麥帥各職被罷免以後，英國與艾、馬[1]倒麥滅蔣之陰謀，又得進一步之實現。但自麥帥回美後，對其韓戰意見與東方政策作公開之討論，此為六年以來，美國最黑暗與最失敗、不可告人之所為，獲得辯論最難得之機會，或反於我有益，而英、艾之奸計陰謀亦將由此揭發，而艾奸政治之命運或即告終乎。

五、對日和約之方針已經決定，吾國參加簽約之政策，或不再為英、艾所破壞乎。

六、軍訓高級班已如期召集，是一進步也。

---

1 艾、馬即艾其遜（Dean G. Acheson）、馬歇爾（George C. Marshall）。

五月

民國四十年五月

本月大事預定表

1. 高級指揮官戰場之位置，軍、師長必在其砲兵陣地，團長必在預備隊位置。
2. 駐美空軍辦事處毛邦初抗命，對周至柔攻訐事之處理。
3. 三軍駐美聯合購料會之組織。
4. 各軍缺額補編及整征計畫與軍費增加之確數決定。
5. 美顧問團之聯繫辦法及組織。
6. 全島鐵絲網木柱採伐之解決。
7. 精神武裝方法之研究。
8. 精神總動員綱領之重申。
9. 工作競賽規章之審定。
10. 行政三聯制[1]之考察與示範。
11. 對麥、馬[2]關係之注意。
12. 對美軍援、經援之配合計畫。
13. 宣傳職責與系統之改正。

---

1 行政三聯制，乃蔣中正於 1940 年 12 月 1 日，在重慶講演，提示行政三聯制大綱，指出「行政三聯制即是計畫、執行、考核三聯制。這三個部分，在意義上是有其相互之關係的，尤其是三者聯繫上整個的作用，極其重要，萬不能絲毫忽略的。」並舉造房子為例，略述其必須經過設計繪圖、勘測施工、監督驗收三個程序。其目的在決心革除當年政府機關行政積弊，提高行政效率，使各部門切合科學的辦事方法。

2 麥、馬即麥克阿瑟（Douglas MacArthur）、馬歇爾（George C. Marshall）。

14. 中心理論之審定。

15. 發適之、立夫經費。

16. 反攻方案之催促呈報。

17. 戰爭指導機構之研究。

18. 戰術思想統一之理論與根本規律。

19. 游擊訓練班之開始。

20. 工作競賽訓示之頒布。

21. 用間學術與心理作戰之講稿。

五月一日　星期二　氣候：雨

雪恥：一、忠義之氣、奮勵之行與中心思想及基本道德。二、日藉〔籍〕教官地位與對外之方式。三、陳克文[1]之事查究。四、阮清源[2]事之查究。

朝課後入府，對五一勞動節大會致詞後辦公。到總統府月會畢，批示文件。午課後美國「考雷池」雜誌派專員來臺照相約半小時。到高級班召見班附九人，李良榮[3]好高自大、不切實際，可歎。袁樸[4]、趙家驤、彭戰存、趙桂森[5]

1　陳克文，廣西岑溪人。第一屆立法委員，1948 年 12 月至 1949 年 10 月任立法院秘書長。1950 年後移居香港，參與創辦香港《自由人》報，後與雷嘯岑合編《自由人》雙週刊。

2　阮清源，1949 年到臺灣，曾入陸軍指揮參謀大學將官班受訓，後任國防部大陸工作處游擊幹部訓練班教育長。

3　李良榮，號良安，福建同安人。1949 年 10 月率軍參與金門古寧頭戰役，29 日第二十二兵團撤銷，改任東南公署訓練團副團長。1950 年 9 月，調任國防部參議。擔任光復大陸設計研究委員會委員。參議任滿兩年後，於 1952 年退役。

4　袁樸，字茂松，湖南新化人。1948 年 9 月任胡宗南部西安綏靖公署幹部訓練團教育長。1949 年到臺灣，出任國防部參議，隨即奉調革命實踐研究院軍官訓練團高級班受訓。1952 年任臺灣東部防守區副司令。

5　趙桂森，字君粟，江蘇江都人。1950 年 4 月，調任國防部戰略計畫研究委員會委員、行政院參事兼第三組組長。1951 年 4 月入圓山軍官訓練團高級班第一期受訓，7 月結業。1952 年 10 月，調任總統府參軍。

皆為可用之才也。晚宴菲國華僑球隊九十餘人後，往浴，晚課，閱報，十一時寢。本日起改為夏令時刻，提早一小時也。

五月二日　星期三　氣候：晴

雪恥：一、弱小者不可忘了在帝國主義矛盾中，求得生存與出路，在此鬥爭激烈之中，如何取得主動與操持自如之機勢為第一要務，不必過慮暴俄最後敗退，困守於中亞、西亞與新西比利亞之我國邊境，為我後患也，但不可不先為之計耳。

朝課後記事，經國來商組織與防奸問題，情報與游擊及部屬關係不能一致與整肅，殊為憤悶。十時入府，召見美顧問團長蔡斯[1]，約談三刻時。此人或為一單純之軍人乎。會客，辦公，批閱情報，共匪之反面情報，其技巧與作用令人不測也。午課後召見學員十人，並審閱其自傳，約六人有望也。往浴，為邦初事甚為憂憤，至柔之愚亦極矣，晚課後寢。

五月三日　星期四　氣候：晴

雪恥：一、各級軍政機構應設立黨部，加強人的組織，為第二期主要之業務。二、余一生弱點：甲、粗淺而不能深湛。乙、疏忽而不能精密。丙、散漫而不能凝一。丁、遲鈍而不能（銳利）警覺。戊、急促而不能遠慮。此其所以無成也。

朝課後記事，校閱高級班開學講稿完。到中央黨部會議，商討中央委員到期

1　蔡斯（William C. Chase），美國陸軍將領，曾任第一騎兵師師長、第九軍軍長、第三軍團參謀長，1951 年 4 月至 1955 年 6 月任援華軍事顧問團團長。

未登記者，開除黨藉〔籍〕問題，有人以張發奎、顧孟餘[1]二人暫不開除，免其加入第三勢力，余力持反對，以若輩叛黨不只二次、三次也。又討論余講演中提倡幹部「獨斷專行」一語，胡健中[2]等以為驚駭，甚感本黨幹部之思想已成為共匪之俘虜，至死不悟也。午課後召見學員十人，審閱其自傳，多可取者。

五月四日　星期五　氣候：晴

雪恥：昨晡巡視研究院十二期後，往浴，晚課後閱中心理論稿始，十一時前寢。一、對外員、對美顧問之規則與方式，及各部分之關係職任須詳訂，通令不得自由交涉與擅自允諾，對外言行皆要記錄與憑證，不可輕言輕諾。二、美公使與葉部長所談游擊合作辦法之追究，勿使以後造謠亂說。

朝課後閱報，記事。入府辦公，召見十餘人，堯樂[3]從新疆反共游擊，不能立足，萬里來臺。羅列[4]在西昌游擊，死而復活，認為絕望已經殉職，而今能復見，皆足自慰。此皆轉危為安，九死一生之象也，自信前途無量。批閱，聞葉[5]與經兒談話經過過[6]，美員之幼稚無信，不勝痛憤，應加澈究。午課後召見十員，並審其自傳畢。往浴，晚課後審訂廿二年冬閩變討逆講稿完，十一時半寢。

1　顧孟餘，字兆熊，河北宛平人。1948 年 5 月任行憲後第一任行政院副院長，未就職。1949 年定居香港，創辦《火道》雜誌，後定居美國，並受聘為總統府資政。

2　胡健中，原名經亞，原籍安徽和縣，寄籍浙江餘杭。1949 年 4 月到臺灣，1950 年 8 月至 1952 年 10 月為中國國民黨中央改造委員會委員。

3　堯樂博士，字景福，新疆哈密人。1947 年任新疆哈密區督察專員，兼哈密區保安司令、哈密區國民黨黨務指導員。1949 年 9 月新疆附共後，仍率部襲擊共軍，1951 年越過中印邊界，輾轉至臺灣。

4　羅列，原名先發，號冷梅，福建長汀人。1950 年至西昌，受任西南軍政長官公署參謀長。西昌失守後，轉進川康山區。1951 年抵臺，奉派國防部參議。1952 年任國防部第三廳廳長。

5　葉即葉公超。

6　原文如此。

五月五日　星期六　氣候：晴

雪恥：一、上午與葉公超談話，憤怒嚴厲，不能持志養氣，乃至喉痛精疲，所謂存養省察之工夫安在。今日對於每晨箴言首句澹泊沖漠與末句克念作聖應特自修為要。二、美國務部〔院〕令其公使以私人名義，要求余供給其對國務部〔院〕共產分子勾結中共有關之材料，殊為可笑，早知如此，其不應有對華白皮書之發表乎。余尚獨立自在，而彼艾與馬將受其國民與國會審罪矣，惟天父有以施之。

朝課，記事，閱讀麥帥在其國作證報告書。入府辦公，與公超談話後軍事會談。午課後召見學員畢，往浴，晚餐，校正講稿。晚課，十時半寢。

上星期反省錄

一、麥帥在其參議院，為其韓戰及遠東政策作戰，連續三日，其證詞可以摘發其政府自杜魯門繼任總統以來，鑄成大錯、貽害美國、以害世界之鐵證。而其對於我十年以來之巇陷與枉曲，亦得一旦湔雪盡淨，是猶其小者也。惜乎其懷才不遇，豈僅為美一國悲乎。

二、最近認為年來奮鬥，臺灣幸存未陷，是否極泰來之象，只要此一種子不絕，屼〔兀〕立不搖，黨國已轉入復興之機。孰知馬歇爾姑息共匪，以臺灣與聯合國代表席為餌之陰謀始終不變，必欲斬斷中國一線命脈，以售其賣華滅蔣之罪惡，是誠何心哉。此馬如不早死，則美國與世界必為其一人之私所殉矣，能不戒懼乎哉。

本星期預定工作課目

1. 駐美空軍辦事處毛邦初抗命，不肯交代問題之處理與決心。
2. 兵員補充與部隊整編問題。
3. 美顧問聯絡辦法與人事組織之注意。
4. 聽講柯克「諾孟地」登陸戰史。
5. 空軍配屬陸軍作戰問題。
6. 變化氣質與精神動員關係。
7. 約道藩談黨部人員問題。
8. 參觀第四廳行政三聯制示範。
9. 軍費臨時費之撥付。
10. 鐵絲網木桿之砍伐計畫。

五月六日　星期日　氣候：晴

雪恥：午課後續修講稿，往浴。晚課後再修講稿，並審閱抗戰時期精神動員綱領。

朝課後記事，閱讀麥帥在其參院作證第三日報告書全文畢。記上周反省錄，修正講稿第十二期開學詞未完，禮拜。正午約宴莫勒[1]夫婦，彼問美國必將派員來臺與我協商共同反共計畫，並指明其遠東司長「拉斯克」[2]來商時，是否可以合作無間。又問世人多為史大林永不會先行作大戰之啟釁者，或有謂以韓戰發生，美國備戰以後，史不能不對民主陣線先取攻勢者，余意云何。余答贊成第一說也，除非史以其年老，如不再發動戰爭，恐其本身不能目見共

1　莫勒（Edgar A. Mowrer），美國專欄作家，曾參與組織遊說團體「美國民主行動」。
2　魯斯克（David Dean Rusk），又譯拉斯克，日記中有時記為美魯、魯丑，1950 年 3 月至 1951 年 12 月為美國國務院東亞事務國務助卿。

產帝國之征服世界，或以美國經濟已形崩潰跡象時，則其發動爭戰方有可能，但此為假定而已，約談三小時之久。

五月七日　星期一　氣候：晴

雪恥：一、今日教育如何能使受教之腦筋醒覺，以便武裝其腦筋，而成為精神戰爭之鬥士，勿使其長眠於昏迷醉夢之中，以袪除消沉混淆、淫靡麻木之惡習，而創立其新生蓬勃之氣質耶。

朝課後記事，閱報。到軍訓團紀念週，讀解二十二年十二月對調查設計會講演錄，甚覺有益也。召見臺省各縣市主任委員後，對第十二期學員點名。午課後召見學員九名，審閱其自傳。往浴，晚課後修正第十二期研究員開學講稿未完，十一時寢。

昨日午課後讀經，修正講稿，往浴，餐後晚課。

五月八日　星期二　氣候：風雨

雪恥：一、近日觀魚養鳥，更覺得涵泳自得之樂，此乃真實無機之好友也。二、馬歇爾到其參議院對麥帥控訴之辯，否認其有臺灣讓予共匪，及聯合國代表席次贊助共匪加入之主張，惟其不反對其他國家有此提案之討論，可知其對共匪妥協之內心，並未澈悟改變也，但其既能否認，亦非無益耳。

朝課後記事，記上月反省錄未完，以右手作疼不能多書也。入府辦公，會客六人，召開宣傳會談，討論麥帥證詞之影響，與軍事代表團之方針及宣傳組之權力問題。午課後聽柯克講「諾孟地」登陸戰史三小時未完，回。記昨日事，修正講稿。晚課後，續修講稿，十一時寢。

五月九日　星期三　氣候：晴

雪恥：一、令學員對諾孟地登陸戰聽講後之心得報告書。二、文武高級幹部之無常識、無志氣，以外為內，以敵為友，此種媚外為榮、自卑自賤之習性不能改變，則國亡無日矣。應如何變化氣質，恢復我民族自重自愛之德性，以期自力更生、救亡圖存耶。此為存亡關頭，不可稍忽，文武幹部之能操外語者，其頭腦只有外國而不知愛國，奈之何哉。

朝課後，知外長對外討好失言，陸長通外要脅[1]，無知至此，憤悶異甚。入府辦公，見申翼熙[2]韓議長，召見十餘人。審閱白總教官[3]對編制與戰術裝備報告，殊堪嘉勉。午課後聽柯克講戰史後，往浴。

五月十日　星期四　氣候：晴

雪恥：昨晚課後續修講稿，頗費心力也，十一時寢。一、自製美械彈藥之籌備。二、每想及白崇禧之無恥越職，挾外自重，且以其個人名義電賀埃及王[4]婚禮，得覆為榮。此逆終為國家之患，必無悔禍之望也，奈何，應再加以警誡乎。

朝課後續修講稿。十時到改造會議，聽取臺省各級黨部之組織，以及小組一萬餘單位已組織完成，及如何加強方法之檢討，此為從來所未有之佳象，殊足自慰。正午評議會餐。午課後召見學員十四名，審其自傳，評定優劣。往浴，晚課後約宴游擊助手「皮也生[5]」等後，續修講稿，十二時前寢。

1　外長為葉公超，陸長為孫立人。

2　申翼熙，字汝耉，號海公。流亡中國之韓國人，曾在上海共組大韓民國臨時政府。1948 年 8 月被選為國會議長。1949 年為韓國民主國民黨委員長。1950 年當選第二屆國會議員兼國會議長。

3　白鴻亮。

4　法魯克一世（Muhammad Fārūq），1936 年至 1952 年任埃及國王。

5　皮雅士（William R. Peers），又譯皮也生、皮也斯、貝也司，美國中央情報局成員。時任西方公司臺北辦事處主管，實際訓練游擊隊，策劃突擊中國大陸及蒐集情資。

五月十一日　星期五　氣候：晴

雪恥：一、幹部對此次亡國的刺激與親滅家破的大仇恨，仍未肯警覺奮起，而一意怨天尤人，矛盾磨擦，勾心鬥角，保全個人生命，互相詆毀誣蔑，各行其是，甚至以國殉身，以公濟私，污衊政府，諂媚外人，以固權位為得計，試問政府被賣、國家受侵，你的個人權位安在。除非你做漢奸傀儡，何況漢奸必滅，決難久存乎。二、當此天涯海角流亡悽慘之境域，尚有權利、意氣可爭乎。三、鼓勵旺盛蓬勃朝氣。

朝課後增補開學（十二期）講稿。十時入府，召見沈錡[1]等，召集情報會談後批閱公文。午課後召見學員班十四人畢，往浴，晚課，餐後閱報，十一時寢。

五月十二日　星期六　氣候：晴

雪恥：一、編製再矛盾、再鬥爭，爭到最後的結果之電影。二、黨的小組為當地政治、經濟、教育、警衛之核心動力，即自治、自給、自衛之堡壘。三、心理學之重要。四、高級將領必須參加黨會，否則應視為藐視主義，無志實行主義。五、加強黨性與統一集中的觀念。六、高才應對（下愚）低級學習。七、清潔調查之警告。

朝課後記事，入府辦公，會客六人，經兒赴南部指導軍隊黨部之組織來辭行。召集軍事會談，征募補充兵事，以經費無着仍未決定。午課後召見學員十九人。蔡斯（美顧問）想借圓山軍訓團為他們辦公寄住之地，今日之圓山，實已成為十三年之黃埔，苦心經營，略具規模，再無其他地點可為我教育之地，烏乎可，美人幼稚皆如此也。往浴，餐畢，晚課，修稿。

1　沈錡，號春丞，浙江吳興人。1951 年 3 月，任政府發言人辦公室第一組組長。1952 年 4 月，正式奉派為總統英文秘書，11 月兼機要秘書。

上星期反省錄

一、美國會不通過貸麥濟印案之後，俄國乃貸印麥十萬噸為餌，尼赫魯必認為其（中立）騎牆外交之勝利，此豈啻飲鴆止渴，實為吸餌上釣耳。

二、馬歇爾對其參議院足足一星期之供詞，其對麥帥東方戰略與政策之證詞，只有仍唱其老調，而不能作有力之反駁，其最後一日則曰：對蔣總統品格極高，余甚喜歡之遁辭，以掩飾其罪惡，在此功過是非大白之時，而彼猶對余作藐視之言行，豈非增加一層侮辱乎。但其對余品格不能抹煞，可知其內心已有澈底覺悟，未始於我無益耳。

三、邱吉爾[1]對工黨袒共政策之錯誤已開始攻訐，去年英國在匪區與香港商業數字有三億六千萬美元之多，可謂駭聞。

本星期預定工作課目

1. 征補經費之督籌。
2. 捕獲各艦之處置。
3. 製訂反共抗俄公約。
4. 培養技術人才，提高技術水準。
5. 提高警惕保防，加強政治學習。
6. 黨政業務演習（管教養衛與新縣制）。
7. 地方行政機構與黨的關係及其中心。
8. 自信與自立自強心之建立。
9. 地方黨部之性質及其人員資歷銓敘之方法。
10. 反攻方案之督促呈核。
11. 新縣制之研究。

---

1 邱吉爾（Winston Churchill），英國政治家，保守黨成員，曾任首相，時為國會議員。

五月十三日　星期日　氣候：晴

雪恥：一、戰術思想之統一的根本規律，要在熟慮斷行，而非輕妄慌忙，即為攻勢與機動之戰術思想，也要在情報偵察事先有詳密之資料為根據耳。二、戰術具體口號之撰述。

朝課後補充十二期開學講稿，期使目前一般麻木不仁之精神，予以深刻刺激，而有以振作也。禮拜，聽陳牧師[1]講母親節歷史及母愛與感化之力量，實難想像所得，而形容子女如不能孝其母親，是誠非人矣。午課後閱曉峯撰思想戰之展開一篇未完。與妻巡視淡水游擊班後，往浴，晚課。約宴韓國議長申翼熙等畢，談話後續閱思想戰篇完。

五月十四日　星期一　氣候：晴

雪恥：一、大陸游擊傘兵分布計畫。二、觀摹團報告之呈閱。三、駐外舊武官之訓練。四、戰鬥心理與群眾心理之研究。五、指導即服務，為他解決困難與解答問題。

朝課後重閱新縣制編制，與研究其內容應充實之項目，最要者為農業與水利。十時在研究院紀念周，講演約一小時，喉又疲乏，本不擬講話也。對於縣以下各級黨政業務之演習方式，指示其要領。午課後補記反省錄畢，往浴，清理積案與閱讀對麥、馬[2]作證案之各報社評約十餘篇，並閱清黨之役篇。餐後審閱高級班自傳十篇。晚課後十一時寢。

1　陳維屏，南京凱歌堂牧師、臺北士林凱歌堂牧師、中華民國基督教協會理事長。
2　麥、馬即麥克阿瑟（Douglas MacArthur）、馬歇爾（George C. Marshall）。

五月十五日　星期二　氣候：朝雷雨

雪恥：近日黎明起床，自然氣色一如幼年朝起，往讀早書時一樣情景，此種清氣明光，惟有早起者始能享受也。去年此時在新竹附近郊遊時，偶聞子規之聲，頓起思親、思鄉之念。昨、今在蒔林所聞子規啼音含混不清，未如家鄉所聞者之清徹〔澈〕者，何哉，豈不是真子規乎。

朝課後記事，審閱學員（高級班）自傳完。入府辦公，會客四人，召集一般會談，商討臺省臨時參議會改為臨時省議會案，應否交立法院審議問題，最後主張不交審為宜。午餐前後修正精神總動員綱領文。到研究院召見十二期學員二十人，其中半數思維與理想都不清楚者，不勝憂悶。往浴，晚課後十一時前寢。

五月十六日　星期三　氣候：雨

雪恥：今晨四時醒後，深思馬歇爾在其議會作議時，明言韓戰就可和平結束，並似極有把握，成竹在胸之心算。再三考慮，必不出於受史魔內間所算，馬氏之昏庸，全為史魔玩弄於孤掌之上，可悲可痛。惟巴黎所開之所謂外長預備會議，至今已將三月，仍在糾纏不息，其中必有作用所在，此一作用除試談韓戰停戰以外，再無其他重要作用，是不能不加注意。因今日之勢，美艾政治生命全在於韓戰能否停戰與蔣某能否自亡，故彼非拚命促成此二事不可也，天父乎。

朝、晚課如常。入府辦公，約見美駐菲軍事顧問與聯合社常務董事，分別相談二小時，語直而恐有觸怒美當局之憂。會客十餘人。

五月十七日　星期四

雪恥：昨午課後召見學員二十人，多有可取之士。往浴，晚課，為對聯合社記者談話不妥之句，深夜二時起而電屬更正，但其電報已發出，更正不及矣，惟自反而縮，仍能泰然也。

朝課後記事，修正精神總動員綱領，脫稿付印。十時前到中央黨部，討論全國代表大會日期與方式，多主張雙十節太迫促應展期，但必須於反攻大陸前召開也。此事重要，未敢輕率結論，待征求中央委員意見後再定。午課後到研究院審閱學員自傳，見美聯社記者，召見二十人畢。往浴，晚課後得東京電，知其政府不要我簽訂和約為怪。

五月十八日　星期五　氣候：雨

雪恥：軍訓班戰術思想之檢討：（一）橫斷電線趕築情形如何。（二）駐外武官之重訓。（三）指導考核之任務，在服務解決當事者之困難。（四）缺乏實際鬥爭經驗。（五）講座結論歸納時，必須歸結於實踐與民生主義。（六）實踐與創造並重。（七）小組組員互助與互保、互證之責任。（八）[1]

朝課記事後，入府辦公。到第四廳聽取宋[2]廳長對行政三聯制實施業務之講解，其間尚有未臻完善之處，但已甚可觀，宋達為建設不可多得之人才也。會客後召集經財會談，甚覺財經皆有進步，可慰。再召集對日和約會談，甚以美國被英國牽涉於我不利為慮也，應令外交部設法補救。午課後召見學員廿人，審閱其自傳，優者較多為慰。往浴，晚課，修講稿。

1　原文如此。

2　宋達，字映潭，湖南湘潭人。1950 年 6 月，出任國防部第四廳廳長。

五月十九日　星期六　氣候：朝雨　晴

雪恥：一、用間與心理作用之講稿。二、組織要領之講稿（人、事、時、地、物）：甲、內容條件。乙、性質作用。丙、方法與運用。三、接收業務之要領。朝課後修正（幹部自反、自修之要領）之講稿。十時後入府會客，約見意大利記者。召集軍事會談，征兵經費與副防禦經費皆已籌得為慰。午課後召見學員廿人，審閱其自傳如昨畢。往浴，晚課後續修講稿，十一時後寢。

上星期反省錄

一、日本政府對其國會說明締訂和約時，中國代表權問題以中國二個敵對政府之下，很難決定那一個政府是合法代表參加訂約，其意不予我政府訂約，此乃美國對我外交政策又一大改變，其中必為英國作祟，殊為可痛，但尚有時間可以運用，上帝當能默佑也。

二、共匪最近之殘殺，實為不忍想像之事，如不能急起直追，積極反攻，則民無焦〔噍〕類矣。

三、馬歇爾在其國會作供時，吐露俄共對韓戰有求和之意，且其表示者似確有把握之勝算。最後據倫敦消息，數星期來俄國頻提結束韓戰的建議，可知其事非無因，但料其必無結果，只有馬氏昏庸心情，以為成竹在胸也，可笑。

四、本周對合眾與美聯社兩次談話，已引起美國輿論之重視。而美國遠東司長等亦在中美協會中發表親華之演說，此為五年來所未有之舉也。

五、聯合國通過對共匪禁運戰略物資案。

六、美國會通過停止資匪國家之經濟援助案。

本星期預定工作課目

1. 總體戰與總動員之分別意義。
2. 講稿要旨：甲、大家應搶回大陸鬥爭。乙、為黨服務。丙、每人識十人。丁、文化宣傳第一。戊、講座重複之弊。己、自信心與共匪中傷造謠之滲透戰術之對策。
3. 戰鬥心理與心理戰。
4. 全面控制與拆斷鐵路之斷線戰術。
5. 社會改造：甲、公廁、公墓、公倉、公學之建立。
6. 土地、工廠、錢幣、實物、證券、公共倉庫。
7. 兵農合一制，保衛西南草案。
8. 反攻時期省縣政府之組織及黨政軍之合一制。
9. 行政與業務之分別。

五月二十日　星期日　氣候：晴

雪恥：一、重點建設（交通與水利）。二、自信與互信心之建立。三、合作與服務。

朝課後記上周反省錄與記事，審閱幹部教育訓練的要領稿。十一時禮拜如常。午課後研究組織之要領頗切，但未得具體之內容，條件應加詳考。晡與妻車遊郊外，視察基隆市，似已較前進步矣。往浴，晚課，在前草廬浴後，靜觀明月，心神怡然自得之至。近日右手又疼，有時幾乎舉筆惟艱，奈何。餐後閱中心理論，十一時前寢。

五月二十一日　星期一　氣候：晴

雪恥：一、禁止私人介紹補缺，以後保舉必須公開。二、外交人才之物色。三、組織與宣傳。

朝課後手擬改正講座教授方法，與研究院應研究急要問題。十時到研究院紀念週，宣讀中心理論即國民革命之本質與目的之草案，約二小時，征求意見以便定稿，雪艇以為只要問答體語句，而不要文字的理論，殊屬錯誤，焉有理論而可不用文字能表達其真理者耶。正午約集院務委員與講座，說明遴選學員辦法，以後必須特別慎重與負責也。午課後約見申翼熙，致李承晚[1]總統及其副總統函，召見學員二十人，審閱其自傳。八時往浴，晚課，閱史料，十一時寢。

五月二十二日　星期二　氣候：晴

雪恥：一、改造社會，注重公墓、公廁。二、反共抗俄之公約。三、地方行政機構與黨政軍之關係。四、小機構不要專設人事室。五、學員效果在能影響別人與社會。六、各使領館應寄日報與周刊。七、第一廳美老顧問。

朝課後記事，與俞大維君談話，彼自美回來，認為美國務院對華第三勢力之培養與臺灣中立化二政策仍未改變，而其對毛匪狄托化[2]一點之幻想，已為事

1　李承晚，號雩南，韓國黃海道人。長年推動韓國獨立運動。1948 年任韓國制憲國會議長，同年當選韓國大統領。1951 年創立自由黨，自任總裁。

2　1948 年，蘇聯與南斯拉夫領導人狄托衝突公開化，6 月 28 日共產黨在布加勒斯特集會，決定將南斯拉夫共產黨開除出情報局。美國受此鼓勵，期望在中共新政權與蘇聯之間，打進「楔子」，可以發展出「狄托主義」傾向。美國國家安全會議 NSC 34 號文件指出，「莫斯科在試圖完全控制中國共產黨方面，就面臨著相當艱巨的任務……，因為毛澤東掌權的時間，將近是狄托的十倍」。10 月 11 日，政策設計室主任肯楠在講演中，公開表示：「我今天無法告訴你們，狄托是否將在歐洲蔓延；……我幾乎可以肯定，它將在亞洲蔓延」云云。「狄托主義」遂成拉攏中共的代名詞。

實所消滅云。可知近日魯斯克等發表親華言論仍為形式，不得已應付其人民心理之所為，如艾其生一日未能去職，則彼美奸終是設法毀蔣賣華，決不一日改變其政策也。入府召見白鴻亮，彼自日本回來也，召開宣傳會談後批閱。十四時後回寓，午課後召見學員廿人後，往浴，晚課，審閱史料。本日美顧問又設計開始反對經兒政治部職務矣。

五月二十三日　星期三　氣候：晴

雪恥：一、召見外交部司長以上人員。二、召見國立銀行副經理與信托局長。朝課後記事，入地圖室研究實業計畫新圖。入府辦公，召見立法委員各委會之召集人，開始審核國防體系法案，及清理積案多種。聽取柯克美國對政治部制度極懷疑，認此為俄國之制度也，乃屬宣傳組擬議答案，使其息疑也。彼國務院以此時攻余不成，乃轉而攻擊經國，認政治部乃為其攻擊我父子，毀蔣賣華之重要資料也，可痛。午課後召見學員與審閱自傳二十人畢。往浴，晚課，餐後見希聖，商談土地國有之意義與今後土地政策，及政治部歷史與職權之說明。閱克勞維治[1]戰爭論目錄。

今日喉痛，以昨在研究院受冷，今日說話太多也。

五月二十四日　星期四　氣候：晴

雪恥：一、定現在大陸情形為新殖民地之名詞比較相宜。二、實踐須能影響社會與群眾，不能獨善其身。三、凡在軍事機關文職人員皆應服兵役。四、

1　克勞塞維茲（Carl von Clausewitz, 1781-1831），又譯考勞維治，普魯士將軍、軍事理論家，著有《戰爭論》。

儀容重要，不可頹唐自棄。五、清潔檢查之虛偽。六、國民弱體為最憂。

朝課後清理積檔，記事。到中央開會，研討臺灣省参議會重選與變更名稱問題，未作決定。又研討中心理論問題，此時國民革命仍應以民族為基礎，民生為目標，而以民權為方法也。正午評議會談，午課後召見學員廿人，多有可取者也。往浴，晚課。本日心身疲倦，體重由百卅磅減為百廿二磅，五月間體力最弱，往年亦如此，應加保養。晚閱時事，十一時寢。

五月二十五日　星期五　氣候：晴

雪恥：近日審閱檔案，整編文件至二十年初止，甚覺對各種叛逆處置寬容過甚，為害黨國，罪莫大也。

本日傷風初起，心身疲倦，幾不能支，惟仍強勉自持，照常辦公。朝課後記事，經兒來談政治部業務工作編成小冊，使外人能了解政工職權與性質，並非如外傳之無限權力也。入府辦公，召見立法委員八人及王冠英[1]等畢，召開情報會談完。正午回寓，審閱學員自傳。午課後召見學員十三人，研究院第十二期學員全部見畢，如釋重負，但心身亦疲倦幾病矣。往浴後與妻車遊淡水消遣，回寓。晚課，餐畢，體溫微升覺有熱度也。閱黨史後，十一時寢。

五月二十六日　星期六　氣候：晴

雪恥：今晨傷風增劇，故停止朝操，其他朝課各目如常。

近閱二十年前檔案與戰史，發現幾種感想：（一）已經一次投降敵人者，其

1　王冠英，江西南昌人。1946 年當選制憲國民大會代表，1948 年 10 月任善後事業委員會黃氾區復興局副局長。1949 年到臺灣，後定居美國。

必二次、三次乃至無數次皆可投降，決不能望其誠服感化也，此傅作義[1]、張治中[2]、吳化文[3]、陳儀[4]之流；而盧漢[5]、龍雲[6]等則不與也。（二）凡已經一次叛變之將領，其必二次、三次乃至無數次無不叛變，無論如何開誠與寬容待之，一至局勢動搖，則必爭先叛變，此張發奎、白崇禧、馮玉祥[7]、李宗仁之流最箸〔著〕者；而熊式輝、劉斐等則不與也。然而黃埔將領中，投降與叛變者除被俘屈辱不計外，究無自動叛降之人，惟有在徐蚌會戰中旅長廖運周[8]（皖藉〔籍〕）一人而已。

朝課後記事，入府辦公，約見日本記者島田[9]與川崎[10]二人後，對留日華僑觀光團致詞、攝影畢。軍事會談畢，午課後獨登角畈山，晚課如常。

---

1 傅作義，字宜生，山西榮河人。1947 年 12 月，任華北剿匪總司令部總司令。1949 年 1 月 22 日率北平守軍投共。9 月當選中共第一屆全國政協委員、中央人民政府委員。

2 張治中，字文白，1949 年初蔣中正下野，李宗仁代總統時，出任和談代表團團長，於 4 月 1 日到北平進行和談。其後談判失敗，於 6 月宣布脫離中國國民黨。

3 吳化文，1948 年 9 月 19 日，時任整編第九十六軍軍長，在濟南戰場率部陣前投共。10 月 29 日，改編為共軍第三十五軍，任軍長。次年 4 月，參加渡江戰役，攻佔南京總統府。

4 陳儀（1883-1950），字公俠，後改字公洽，自號退素，浙江紹興人。曾任福建省政府主席、國防最高委員會中央設計局臺灣調查委員會主任委員。1945 年 8 月任臺灣省行政長官，後兼臺灣省警備總司令部總司令，任內發生二二八事件。1948 年 6 月調任浙江省政府主席，1949 年 2 月被免職，1950 年 6 月 18 日以匪諜案在臺槍決。

5 盧漢，原名邦漢，字永衡，雲南昭通人。1945 年 12 月接替龍雲為雲南省政府主席。1949 年 12 月 9 日，宣布雲南投共。

6 龍雲，字志舟，雲南恩安人。主政雲南十七年。1945 年 10 月在重慶就任軍事參議院院長，1946 年在南京就任戰略顧問委員會副主任。1948 年 12 月離南京轉香港。1949 年赴北京，加入中共新政府。

7 馮玉祥（1882-1948），字煥章，安徽巢縣人。曾任國防最高委員會常務委員，第三戰區司令長官。1946 年以考察水利專使身分赴美，1947 年底撤銷名義。1948 年 8 月 22 日，以所乘船隻在黑海海域起火，逃生不及遇難。

8 廖運周，安徽鳳臺人。1927 年成為中共秘密黨員，後在國軍長期任職。1948 年 11 月間，任第一一〇師師長，於月底率部投共。

9 島田巽，日本《朝日新聞》論說副主編。

10 川崎正雄，日本共同通信社東亞部長。

上星期反省錄

一、大陸匪情殺人如麻，此乃由恐怖而進入瘋狂狀態，並與印度訂立貸糧四十萬噸之契約，嗟乎。大陸同胞如不戰死、殺死，亦將餓死殆盡。天父乎，盍不縮短此空前浩劫，使之遺留殘種乎。

二、共匪在韓戰又是一次被擊大敗，撤退矣。

三、美國參謀總長[1]在其國會作供，稱大陸游擊隊皆對余反對如反對共黨之說，此必由第三勢力溫應星[2]之流所供給之謊〔荒〕唐材料，而美國參謀部居然信以為真，幼稚盍極。而第三勢力者實漢奸之不如也，可痛之至。

四、伊朗反對英國石油公司，並反對美國坦〔袒〕英。

五、召見研究員十二期生完畢，疲倦而病矣。

本星期預定工作課目

1. 檢討原有行政制度與改正最為重要。
2. 剪山腳附近採伐之墾山及至角畈一帶間有墾山，應嚴令限期造林。
3. 沿途軍用雜線竹桿應改正。
4. 研究克勞塞維治戰爭論。
5. 重讀孫子十三篇研究用間之道。
6. 研究組織要領及其內容與性能（生機）。
7. 研究心理戰。

---

1 布萊得雷（Omar N. Bradley），又譯白來得雷、布來德雷，美國陸軍將領，曾任第十二集團軍司令、陸軍參謀長，1949 年 8 月至 1953 年 8 月任參謀首長聯席會議主席。

2 溫應星，歷任財政部稅警總團總團長，全國傷兵管理委員會主任，全國戰地政務委員會主任委員，行憲前立法院立法委員等職務。1949 年不願前往臺灣，以中將軍銜退伍，輾轉至美國定居。

8. 美參議院自麥、馬、布[1]作證後，對俄共心理及其與今後韓戰策略之結果如何。
9. 對美軍事當局勿誤聽第三勢力謠諑之忠告。
10. 與大維商駐美機構問題。

五月二十七日　星期日　氣候：晴

雪恥：一、令董[2]轉告邦初勿受愚弄，應即遵令交代，尚可保全歷史。

今晨以傷風未痊仍覺疲乏，故未朝操，但其他朝課均如常未輟。上午記事後重讀千家詩，讀李白詠：「眾鳥高飛盡，孤雲獨去閒，相看兩不厭，只有敬亭山」句，及張栻詠：「便覺眼前生意滿，東風吹水綠參差」及杜甫詠：「顛狂柳絮隨風舞，輕薄桃花逐水流」等句，皆有所感。閒閱港報，心神閒暇，不似在臺北之緊張匆忙。前昨微有熱度，今已退盡矣。下午假眠至十六時後方起床，午課畢，審閱黨史清黨之役與訓政開始各章。浴後在南廊下休息，晚課後觀回鄉及校閱電影，十一時後寢。

五月二十八日　星期一　氣候：陰雨

雪恥：一、近日極想對於組織原理及其內容與功效，有大要的解說，使一般幹部有所領會與重視也：（甲）內容：子、主體（屬心）即領導。丑、調查考核（屬目）。寅、情報偵察（屬耳）。卯、訓練宣傳（屬口）。辰、評判（申訴）黜涉（紀律）（呼吸）（屬鼻）。（乙）功效：子、集中統一。丑、融

---

1 麥、馬、布即麥克阿瑟（Dougalas MacArthur）、馬歇爾（George C. Marshall）、布萊得雷（Omar N. Bradley）。

2 董即董顯光。

會貫通（聯絡）。寅、共同一致。卯、分工合作。辰、新陳代謝。巳、防邪衛生（保健）即防諜保密（警戒滲透侵犯）去腐生新。（丙）以身體全部整個之組織（有機體），外而五官四肢，內而五臟六腑（細胞）與神經脈胳〔絡〕之系統，說明其運用之原理。

今晨八時起床，略得避煩忘事之舒意，惟咳嗽仍未痊也，朝課而停操。上午記事，記上周反省錄，手繪蒔林右山頭建亭地圖。閱報，共匪已與西藏訂立和平條約，其與印、巴、緬交界處皆由中共派兵駐防也。午課後重讀幹部教育的要旨印成之講詞，自覺足慰，並閱黨史統一的完成章，其對桂系與閻、馮叛變之事實皆敘述在內，未知閻、白讀後之感想如何。晚課後看惡夢初醒[1]影劇，國產中進步之作，應獎勉之。

五月二十九日　星期二　氣候：上晴　下雨

雪恥：一、召見中訓團高級班學員。二、只有地方自治組織健全與小組會議健全，方能消弭共匪滲透與全面戰術。三、江康黎[2]、曹翼遠[3]、甘乃光[4]之召見。四、共匪在重慶設立治安小組，及在西北各級組織設立對社會民眾之報告員制，應加研究。

1　「惡夢初醒」是 1951 年由中國電影製片廠出品的一部反共電影，由宗由導演，黃宗迅、傅碧輝、盧碧雲、常楓等主演。

2　江康黎，美國西北大學政治學碩士，曾任中央政治學校教授，講授「市政學」與「人事行政」等課程，著有《行政學原理》，上海民智書局 1933 年出版，是為中國人寫作的第一本公共行政學著作。

3　曹翼遠，字子羽、劍萍，浙江蕭山人。1949 年 2 月來臺，先任警備總司令部辦公室主任，旋改任東南軍政長官公署辦公室主任。1950 年 3 月，改任行政院參事。8 月並兼中國國民黨改造委員會第五組副主任。後任銓敘部參事。

4　甘乃光，字自明，廣西岑溪人。1948 年 5 月 18 日，奉派駐澳大利亞首任大使。7 月 19 日到任，8 月 16 日呈遞到任國書，1951 年 5 月 2 日離任。

朝課後在院中遊覽，相度在西南角林中建亭觀景聽泉也。審閱史料二章後記事。午睡，十六時方起，頗得幽閒爛漫之趣，惟咳嗽頻作為苦。審閱去年日記，感想萬千，更覺三月一日復職之重要，否則英、美指使賴伊[1]在聯合國排除我政府代表，而為共匪奪取，則美國對共匪雖不承認而承認矣，豈不危殆極乎。晡妻冒雨來山，精神甚佳也。晚課後觀影劇，十一時寢。

五月三十日　星期三　氣候：上雨　下晴

雪恥：一、標語之糾正：甲、衝毀鐵幕。乙、為國家自由而戰等字句與意義太深，無效。丙、標語應分軍事、工人、農民、山地、街市、經濟、社會、教育、家庭等各種不同之程度，予以分別審定。二、佈告格式與文字之糾正。

今日恢復朝課，傷風漸痊矣。朝課後閱果夫著機關組織論第五、第六章畢，記事。午課後審閱去年五、六月份日記，感想千萬，國際形勢協以謀我之陰險與內部派系之紛爭，立法院黨內委員之無法無天，不知亡國之慘痛，而一以勾心鬥角是尚也，若不斷然改造則死亡無日矣。晡觀西天金色晚景，心神頓覺暢快。晚課後觀紅色多腦〔瑙〕河[2]影劇，描寫俄軍在奧國之殘忍兇橫，社會人民生不如死之情景，痛憤盍極。

1　賴伊（Trygve H. Lie），挪威外交官，時任聯合國秘書長。

2　電影「紅色多瑙河」（*The Red Danube*），1949 年出品的愛情戰爭片，由喬治・希德尼（George Sidney）執導，沃爾特・皮金（Walter Pidgeon）等主演。

五月三十一日　星期四　氣候：晴

雪恥：一、菲國對日和約忽提臺灣托管之主張，此非美國務院之指使，菲必不能有此意想不到之提議，可知艾奸賣華佔臺之陰謀毫未變更，而菲國之卑劣心理，毫無人格可言，則更無論矣。

朝課後記事，重閱機關組織論完，手擬組織要領之講稿目錄未完，閱報。午課後續擬講稿要目，據美陸軍參長柯林斯[1]在其國會作供，稱三月下旬杜魯門本擬發表對共匪搆和之聲明，其大意為：北韓、中共已被驅回至卅八度線非法進攻一帶地區，因此抵抗對韓國侵略之主要目的已告達成云。可知英、美對共匪求和之切，無所不用其極。惜乎俄國不為其所動，對之決不放鬆耳。晚課後觀影劇空谷蘭[2]完，十一時後寢。

1　柯林斯（J. Lawton Collins），又譯柯倫斯，美國陸軍將領。1947 年至 1949 年擔任陸軍副參謀長，1949 年 8 月 16 日至 1953 年 8 月 15 日擔任陸軍參謀長。

2　「空谷幽蘭」（*The Valley of Decision*）是 1945 年出品的美國劇情片，由泰．加內特（Tay Garnett）導演，葛麗爾．嘉遜（Greer Garson）等主演。

上月反省錄

一、美國軍援至今仍未到來，其必仍待共匪允和消息，抑或準備臺灣托管，以便驅蔣滅華，而不肯運送武器來臺，深恐吾軍抗拒其托管之武力侵入乎。

二、英國政府將不簽訂有國民政府參加在內之對日和約要求，美國在遠東未獲得一般解決之前，保留態度。即對臺灣命運，在目前仍有疑問，其意對日和約應規定日本放棄臺灣及其他領土，而不具體指明此領土究應誰屬也，此乃英國自開羅會議時，始終一貫之政策，決不令臺灣歸我也。

三、美國會對撤換麥帥案之辯論已經一月，除麥帥以外，其他作供者皆為國防部及其參謀首長，會議乃皆偏袒杜魯門之一方者。一般輿論，為政府操縱者皆側重於杜，其他皆甚冷淡。而對我反攻大陸可停止中共侵韓之意見，亦觸馬歇爾等之怒。然民間則多重視今日美國會之辯論，乃自八年以來，美政府容共賣華政策實施後之總辯論。現時雖仍為其政府方面之優勢，但最後真理必然勝利，馬、艾[1]自歸失敗殆無疑義。然而中國人民之被殺害，與世界人類以及其美國軍民之遭殃，將不堪數計矣，誰為厲階，豈非馬、艾之頑固拙劣，有以召之乎。

四、西藏與中共協定已於五月杪發表，俄國對印度洋與波斯灣之野心，已有雙管齊下之勢。

五、伊朗與英伊石油公司之衝突，俄在伊朗之勢力突飛猛進，勢在必得矣。

六、聯合國通過對共匪禁運戰略物資案，及美國會通過對濟共國家停止經濟援助案。

七、魯斯克等在中美協會發表親華反共講詞，美對俄覆文稱開羅會議宣言，臺、澎歸還中華民國之聲明，是為數年來所爭取之公法正義。而今美國

1　馬、艾即馬歇爾（George C. Marshall）、艾其遜（Dean G. Acheson）。

務院向欲賣華毀蔣者，亦不能不出此言，實為公理自在人心，真理必獲勝利之明證，然而艾其生猶辯正其對華政策如故未變也。總之，馬、艾之流，其內心雖覺惶愧失敗，而其毀蔣滅華之目的始終如一，否則彼之政治生命由此斷絕，永無翻身之道矣。

八、軍訓高級班一期、研究院十二期各學員個別考察完畢，心身最覺疲乏，不知果有大效乎。

九、美軍事顧問團來臺，其對我政治部懷疑甚多，此乃其國務院、國防部毀蔣之一貫手段也。

十、本（上）月對幹部教育方法已費盡心力，以期一般幹部能盡其職也。惟身心時覺疲憊，右手疼痛加劇矣。修養工夫覺未有進也。

十一、軍事、政治、經濟皆有進步，而黨務成效漸著矣。

十二、中心理論尚未定稿，辯證法要旨似應重加申明也。

十三、工作緊張，心身疲弱，以文武幹部不明事理，罔信多疑，以致憤激成疾矣。

六月

蔣中正日記
Chiang Kai-shek Diaries

民國四十年六月

本月大事預定表

1. 鋼盔分發部隊。
2. 問菲提議臺灣托管之用意何在。
3. 研討英國反對我參加日約之結果如何。
4. 橫斷公路之建築。
4.[1] 指揮道德與戰鬥紀律之申明。
5. 生活戰鬥化。標語之改正。
6. 毛邦初案。
7. 情報機構與業務之加強。
8. 宣傳業務之統一。
9. 游擊與傘兵訓練之督導。

六月一日　星期五　氣候：晴

雪恥：一、英國反對我參加日約之結果，如我不能參加，其惡影響究竟至何程度，是否事後單獨簽訂，以謀補救之道。二、共匪控制西藏後，將對我恢

1　原文如此。

復大陸時之影響如何，其對國際關係利多於害也。三、增修角畈小學教室。
朝課後測定妙高臺地甚〔基〕及房室圖樣，以其對山地名為溪口臺，故定新基為妙高臺，以想慕雪竇風景也。重閱去年日記及記事。巡視角畈小學，見其房舍不足，故決捐款重建也。午課後續閱去年日記，感想更甚，在此十二月之中，臺灣不為艾奸所賣，黨國僅存之根基，其不為美、英與聯合國協謀所毀者，若非上帝佑護之神績〔蹟〕，誰能致之。晚課後觀影劇（欽差大臣[1]）。

六月二日　星期六　氣候：晴

雪恥：一、第三處檔案與各組長之查明。二、吳俊才[2]之召見。
朝課後，修正妙高臺房間圖樣。記上月反省錄未完，審閱去年日記，擬記反省錄也。一年間，經過外交之險惡內容，最近更有發見其陰險，殊為可怖。艾奸之賣華毀蔣政策，已成其為終身事業、生死關頭矣，若不有上帝護佑中華民國，則其奸計早成矣。閱報，美參議院為調查麥帥撤職案，已於昨日傳艾作供，其狀無異囚犯受審也。午課後續閱去年日記，自反錄之目次已成矣。入浴，晚課。遊覽妙高臺新基，循環不嫌也。觀影劇火窟鴛鴦[3]，十一時後寢。

1　「欽差大臣」（*Inspector General*）是 1949 年根據尼古拉・果戈爾（Nikolai Gogol）劇本演出的美國彩色音樂喜劇電影，由亨利・科斯特（Henry Koster）執導，丹尼・凱伊（Danny Kaye）主演。

2　吳俊才，字叔心，湖南沅江人。1949 年入倫敦大學政治經濟學院攻研國際關係。1951 年受命督辦《中央日報》香港航空版，任香港出版社社長、主筆。1952 年起任臺灣省立師範大學、臺灣大學教授、國防研究院講座，政治大學教授。

3　「火窟鴛鴦」（*The Man from Colorado*）是一部 1948 年的美國西部片，由亨利・萊文（Henry Levin）執導，威廉・荷頓（William Holden）、格連・福特（Glenn Ford）等主演。

上星期反省錄

一、英、美、法提照會於俄國，提議七月廿三日在華〔盛〕頓召開四國外長會議。

二、自上月卅日起，越共大舉向河內進攻，法司令塔西義[1]攜其子屍返法云，殊為可怪。

三、艾其生在其國會受審，對於卅八年十二月廿三日臺灣必敗之宣傳指令，艾與民主黨本不願發表其內容，不料民主黨有三分之一投反對票，與共和黨議員一致，竟以十五票對九票通過發表此一制〔致〕命打擊，艾其生如不再辭職，則其後果更不堪設想矣。此乃民主精神所在，真理終必申張之又一證明，惟必須忍耐待時，靜候上帝之成全耳。

四、去年自反錄要目編成，組織要領講稿要目亦已擬定。

五、來山一周休息後，身體已漸康復矣。

六、李彌[2]已由泰國進入滇西耿馬，實行游擊戰矣。

本星期預定工作課目

1. 記述去年自反總錄。
2. 擬組織原理講稿。
3. 清理積案。
4. 調查地方黨政實地情形。
5. 注意艾其生在其國會供詞。

---

1 塔西尼（Jean de Lattre de Tassigny），又譯塔西義，法國陸軍將領，時任駐印度支那高級專員兼遠東軍司令。

2 李彌，字炳仁，號文卿，雲南騰衝人。1950 年率部撤往緬甸、寮國、泰國交界地，任雲南省政府主席兼雲南綏靖公署主任，繼續於雲南江心坡地區帶領滇緬孤軍與中共對抗。1952 年 1 月，受任為雲南人民反共救國軍總指揮。

6. 研究辯證法。
7. 督築臺灣橫斷公路。
8. 捐修角畈山小學校舍。
9. 設計本山妙高臺房舍圖。
10. 杜勒斯訪英，商談我參加對日和約情勢，預料其非至簽約之日必無結果也。

六月三日　星期日　氣候：晴

雪恥：一、據艾其生前、昨兩日之供詞，及其臺灣必敗之密令觀之：甲、艾之卑劣外交違反其美國利益與傳統精神，似必不能戀棧立足乎，照理其政治生命亦已斷絕矣。乙、艾雖口說自韓戰以後，對臺政策已轉變，此其不能不承認其錯誤。然而事實上無時不想倒臺毀蔣，以貫澈其賣華縱共目的，以求其最後之戰勝也。丙、彼至此不能不明言，臺灣為國民政府所有矣。二、顧[1]與杜勒斯談話之結果，對日和約各國分別簽字之方式，英國或不能反對乎，此要看三月內訂約以前國際變化如何，還在最近簽字之際方能決定，此時無須多慮耳。

朝課後遊覽。記事，記上月反省錄，閱報。午課後記去年反省錄開始。入浴，晚課，觀影劇（夢裡情人）。午前經兒來見，稱臺中、雲林仍有共匪重要組織破獲，可知匪之地下組織正在積極發展，孰謂其將肅清無遺乎。

1　顧即顧維鈞。

六月四日　星期一　氣候：雨

雪恥：一、美軍司令（胡立德[1]）二日聲明對追擊戰告一段落，其實對共匪明告其不再追擊，亦即希望共匪從此停戰言和也。二、希臘王撤換其軍事統帥[2]，自掌軍權。三、倫敦公開承認，對韓和平運動早在不斷進行中。四、今晨妻在夢中痛哭，問之，則曰孫夫人[3]與其作別，恐其被害矣。

朝課後遊覽片刻，記事，記上周反省錄，口授組織原理講稿後，批示公文畢，審閱張鐵君辯證法應用講稿[4]未完。正午巡視小學屋基。午課後記去年反省錄，黨務與經濟、修養各條尚未完稿。入浴後審閱臺灣橫斷公路實測圖，據經兒面報，其間重要山洞，日人大體完成云，故急思有以促成之。此為五年來對臺建設第一之要務工作，如能實現，則欣快必不減於往年築通陝、川、滇、黔、湘、桂之幹道公路也。晚課後觀影劇（騾子能言），十一時前寢。

六月五日　星期二　氣候：雨

雪恥：一、地方基層行政之改革與調查：甲、村鄰組織與職責。乙、教育、衛生、交通、通信機構之設備如何。丙、合作社與金融機構。丁、黨的小組。戊、公廁與公墓場所。二、警察之改革與加薪。三、自衛隊與青年服務隊之組訓情形。四、地方動員工作之重點，勞動服務與工役制。五、橫斷公路之

---

1 胡立德（Henry I. Hodes），美國陸軍將領，時任第八軍團副司令。

2 1947 年 4 月 1 日，希臘國王保羅一世登基，遭逢希臘內戰，英美支援的政府軍，與希臘共產黨領導的希臘民主軍，歷經數年混戰，1949 年 10 月始以政府軍獲勝告終。但戰後國內政局仍不穩定，1950 年 3 月的大選，有十個政黨取得國會席位，接下來十八個月中，更換了五屆政府，最終在 1951 年再舉行一次大選。軍隊總司令亞歷山大．帕帕戈斯辭去軍職從政，在美國的支持下，才在 1952 年 11 月組成了穩定的政府。

3 孫夫人即宋慶齡，中國國民黨總理及中華民國國父孫中山遺孀。1949 年 10 月年中共建國後曾任中華人民共和國中央人民政府副主席。

4 《理則學與辯證法》，張鐵君著，中央改造委員會文物供應社出版，1951 年初版。

督建。

朝課後審閱張鐵君箸〔著〕辯證法應用剖釋篇，頗合我心也，又審閱黨史南京建都章，記去年反省錄外交部分完。午課如常。入浴後晚課，觀影劇（古巴革命），又閱王民[1]著三民主義的理則思想未完。近日對於辯證法與理則學之研究更感興趣，認為非此不能革命與創造也。十一時寢。

六月六日　星期三　氣候：晴

雪恥：一、人才缺乏與幹部低劣，德性培養之不足，實為革命失敗、建國不成惟一之原因。抗戰勝利後，派陳儀主臺灣，熊式輝主東北，最後復以張治中主西北，又以李宗仁主華北，盧漢主雲南，張發奎主廣東，此無異自撤屏藩，不僅養癰貽患，而且引狼入室也，能不為之切戒乎。二、令高級幹部看曾、胡[2]全集，印送曾公家書[3]，此為培養德性之道。

朝課後閱王民箸〔著〕三民主義理則思想及黨史國民會議章，又閱政治部編印史大林論政略和政策小冊完。與任顯羣談臺灣自花蓮經霧社至臺中全程橫斷公路籌款辦法，決定後，預定於明年二月完工，寸心為慰，此為臺灣最重要之建設，亦為最艱難之工程也。午課後記錄去年反省錄十則完，遊覽舊神社遺址。晚課，觀影劇。

1　王民，字嘯生，安徽合肥人。1950 年 9 月任行政院參議，1952 年 11 月任《臺灣新生報》總主筆。

2　曾、胡即曾國藩、胡林翼。曾國藩（1811-1872），初名子城，譜名傳豫，字伯涵，號滌生，清湖南湘鄉人，官至武英殿大學士、兩江總督，同治年間封一等毅勇侯，謚文正。與胡林翼並稱曾胡。胡林翼（1812-1861），字貺生，號潤之，湖南益陽人。道光丙申進士，官至湖北巡撫，晚清中興名臣之一，是湘軍前身湘勇重要首領。

3　《曾文正公家書》是曾國藩的書信集，成書於清末，記錄了曾國藩自清道光 30 年至同治 10 年，前後達三十年的翰苑和從武生涯。所涉及的內容極為廣泛，是其一生治政、治家、治學之道的生動反映。

六月七日　星期四　氣候：晴

雪恥：一、敵我戰術口號與方式之制定。二、印刷曾、左、胡[1]全集及家書。三、高級將領學術之提倡。四、軍隊偵探影片之提倡。

朝課後記事，審閱組織意義與功效之講稿。與鄭〔陳〕質平[2]談話，彼對季理諾[3]仍相信其為對華有感情協助者也。菲律濱黨部應澈底整頓，不宜延誤。今後南洋黨務應以菲島為主心也。午課後修正組織講稿開始，甚費心力也，對組織的作用，及其防害保健的要旨說明之重要，應特強調。晚課後觀影劇（英軍奸細），十一時半寢。

六月八日　星期五　氣候：雨

雪恥：一、最近研究辯證法，又參考史大林的工作方法及其所論政略和政策小冊，更覺共黨引用辯證法之牽強與不通，擬在論組織原理與功效時，依據生理學原則加以批駁，使吾黨理論思想有所憑藉也，此實為今日幹部教育最迫切之舉也。

朝課，記事。審閱史料後續修組織原理講稿，直至深夜尚未能脫稿，只可待諸明日再修。午課、晚課如常。晚觀影劇（四騎士）後，十二時方寢。

1　曾、左、胡即曾國藩、左宗棠、胡林翼。左宗棠（1812-1885），字季高，湖南湘陰人。清朝大臣，著名湘軍將領。親歷討伐太平天國、洋務運動、陝甘回變、新疆之役等事件。官至東閣大學士、軍機大臣。

2　陳質平，1949 年 8 月升任駐菲律賓全權大使，1954 年 10 月辭職。

3　季禮諾（Elpidio Quirino），又譯紀利樂、季利祿、季里諾，菲律賓政治家，1948 年 4 月至 1953 年 12 月任總統。

六月九日　星期六　氣候：雨

雪恥：一、美共和黨參議員摩斯[1]，昨在艾其生作供時，提詢「中國遊說組織」的傳說問題，民主黨議員伊格爾[2]提議組織「專調查遊說組織問題」委員，此無疑艾其生對華政策被審，無言可答，圖窮匕見時，另一個毀蔣滅華之陰謀。此種卑劣無知的行為，自為其美國一般人民所鄙棄，惟不料共和黨摩斯亦竟為其通同附和，至此實為美國議員人格悲也，摩斯之言荒誕無知極矣。

本日為舊歷端午節，山中終日淫雨不息。朝課後乃即續擬組織最後一段講稿，及至正午方完。午課後修正講稿，至晚完全脫稿，自覺尚未完妥耳。聞馬歇爾已到東市〔京〕，乃致電約其來臺，表示無怨而已。晚課，晚觀影劇（賽馬），十一時寢。

上星期反省錄

一、六日托管委會中，俄國反對中國政府代表資格案，英國竟對俄案投票反對，此為英自承認共匪政權以來第一次也，應加注意。

二、俄覆英、美、法召開四外長會議於華府之提議，以討論大西洋聯防公約為必要議題，聞英、美、法不允也。

三、馬歇爾抵日、韓視察。

四、艾奸在其國會作供時，最後指使麥克馬洪[3]與摩斯，誣衊我政府在美國有金錢運動其輿論，為中國作游說之謠傳，借此以攻訐我政府，轉移對艾

1　摩斯（Wayne L. Morse），又譯茅廝、毛斯，美國共和黨人，1945 年 1 月至 1969 年 1 月為參議員（奧勒岡州選出）。

2　伊格爾（Clair Engle），美國民主黨人，1943 年 8 月至 1959 年 1 月為眾議員（加利福尼亞州選出）。

3　麥克馬洪（Brien McMahon），美國民主黨人，1945 年 1 月至 1952 年 7 月為參議員（康乃狄克州選出）。

之目標，可謂卑劣無恥已極，此又艾奸毀蔣賣華最顯著罪證之一。美國如果有道義之民主國家，當不容此等無恥而又無賴之政客任職在位，消遙法外，以污辱其國體矣。

五、臺灣橫斷公路經費已有着落為慰。

六、卅九年總自反錄完成。

七、組織原理與效用講稿草擬已畢。

八、臺灣銀行鈔券已達其發行定額矣。

九、大陸上南北皆有水、旱、蝗災，人民更不了〔聊〕生矣。

十、對韓戰和談傳說，十日來最為高潮，何耶。

本星期預定工作課目

1. 研究孫子兵法。
2. 研究克勞賽維治戰術。
3. 清理積案。
4. 情報原理與方法之研究。

六月十日　星期日　氣候：大雨

雪恥：一、唯物辯證法三律，最不通的莫過於突變律，既言質變是突然和迅速發生，而不是逐漸發生的，又言由一個狀態突變為另一個狀態時，並非偶然發生，而是成規律式的，乃由許多不明顯的逐漸數變累積而引起的結果，這就是自相矛盾的唯物史觀。彼既言不是偶然，而是成規律式，又說由許多不明顯的逐漸數變累積而引起的，而又說質變是突然迅速的，不知其所謂突然與偶然，以及成規律，與逐漸數變累積而成的解說，其有異乎，抑無異乎，其哲學混淆顛倒至此，此其黨徒所以非人非獸，終身迷誤，而不能解脫其羈絆也，可痛。

朝課後研究組織原則甚久。批閱，手擬反共戰爭標語。午課後閱報，剪報，批閱，晚課。

六月十一日　星期一

雪恥：一、對組織原理講稿謄〔謄〕清、審閱時，擬將軍隊與機器比喻勾去，只引用生理原理。下午幾乎完全為此研究，三易其稿不能解決，最後仍以原稿為準，增加軍隊與機器為例也。

朝課後記事，記上周反省錄後，批閱與處理公事。馬歇爾覆電尚講私人交誼也，甚覺其年來對非正式的言行中，表示其關切與情義未忘，而在正式公開場中則表示反對態度如故未變，總欲其失敗責任，歸之於我領導無方之上也，此種態度果政治家之所應有乎。午課後重修組織原理講稿。晚課後觀影劇（女偵探），十一時半寢。

六月十二日　星期二　氣候：陰

雪恥：一、本晨三時醒後，考慮生理組織原則之標題習語，以期駁斥唯物論之突變及否定律，輾轉反覆，不能成眠，至五時又復睡去。七時半起床，朝課，重修組織原理講稿未完。記事，批閱公文，清理積案。午課後審閱講稿完畢，另擬增補精神作用之於生理組織關係之重要一段，是為必不可少者，否則生理組織機體乃成為無靈魂之走屍矣，烏乎可。晡入浴，休息。晚課，餐後觀影劇（護車俠客），十一時後寢。

革命行動要領：一、鬥爭方法。二、組織形式。三、過程鍊條。四、特別環節。五、現在工作的中心點。六、集中力量。七、選定要害，致命打擊之時機。八、不失既定方針（基本目標）。九、正確的退卻之學習。

六月十三日　星期三　氣候：陰雨

雪恥：一、香港工商報[1]十二日以自取之道社論，評論政府對美外交不惜自棄國家立場，去迎合美國當局之意旨，並以雅爾達密約而訂中俄協定，與馬歇爾來華調處國共關係，而樂接受其聯合政府之提議，其結果調處失敗，馬氏一怒歸國，中共勢力乃不能復制，但美當局還是抱怨中國政府頑固，於是開外交未有惡例的對華「白皮書」也跟着發表云。這段批評應引為藥石寶訓，能不知恥切戒乎。今雖事過境遷，但前事後師，應檢討當時如何另作適當之處置，不致失敗之道，以免將來重蹈覆輒〔轍〕也。

朝課後手擬生理組織之精神作用一段完，自覺非此不能得點睛之作意也。記事。午課後清理積案。晚課，觀影劇（英勇三姊妹）畢。晚餐後審閱黨史，十一時後寢。

六月十四日　星期四　氣候：雨

雪恥：本日為先妣[2]逝世卅周年忌辰，私心悲傷甚於往年，此或年齡增長有以致之。重讀哀思錄之哭母文及王太夫人事略，與刊哀思錄所感各篇舊箸〔著〕，感慨千萬。每一念及墓廬荒涼，親戚被害，大陸人民集體屠殺，水深火熱之慘，不能及時拯救，更增不孝，莫大之痛矣，其將何以慰我先姚〔妣〕在天之靈耶。

晨起，與妻跪禱紀念後，朝課如常。上午增補講稿後，審閱侯騰對總理實業計畫與國防十年計畫目錄綜述講稿，自覺新有心得也。批閱文件。午課後續審侯稿，並續修組織講稿後入浴，晚課。對於人能言語之聲帶構造與口腔關

1　《工商報》應為《工商日報》。〈自取之道〉社論應為〈爭取美援與自處之道〉。
2　王采玉（1864-1921），為蔣中正之母親。十八歲前夫故去，二十歲再嫁蔣肇聰為繼配，1887 年生蔣肇聰次子蔣中正，後又生一男兩女：蔣瑞蓮、蔣瑞菊、蔣瑞青。

係，以及大腦之言語中樞之機能作用，始知其他動物所以不能言語之理矣。觀影劇（公主奴隸），十一時後寢。

六月十五日　星期五　氣候：雨

雪恥：一、最近最應注意與解決事項：甲、英、美對日和約之趨勢。乙、對馬、李、蔡[1]之聯繫。丙、駐美武官處與邦初問題。丁、大維、廷黼〔黻〕外交部問題。戊、日教官職務與運用。己、財政與金融問題。庚、情報與大陸游擊組織。辛、東南亞黨務之整頓。

朝課後記事，審閱侯騰講稿完，可准，惟關於西北鐵路各大站之間距離標準相等，大約以三百英哩為基準一點，應加說明。據英倫電稱，關乎中國和約簽字權，讓日本來決定中國政府或中共為對象云，此乃英國對我又加一侮辱矣。余信美國人民必不贊成此一所為也，應設法打消之。午餐後妻回臺北，余獨留山上。午課後批閱，重修組織原理稿字句完。晚課，審閱黨史料。晚觀國產影劇，幼稚低劣已極，可歎。

六月十六日　星期六　氣候：晴

雪恥：朝課後記事，批閱公文。遊覽舊醫務所，原則在小學校西首約半里許。此地有古松，有廣坪，其左側又有池塘，實為角畈之風景區也。盤桓半小時，順道視察工兵排宿舍與生活教育後乃回。重讀孫子，研究用間篇。午課後特

1　馬、李、蔡即馬歇爾（George C. Marshall）、李奇威（Matthew B. Ridgway）、蔡斯（William C. Chase）。李奇威（Matthew B. Ridgway），又譯為李其為、李奇偉、李其威，美國陸軍將領，曾任第八十二空降師師長、第十八空降軍軍長、陸軍副參謀長，美軍第八軍團司令，1951 年 4 月接替麥克阿瑟任韓戰聯合國軍總司令。

往「溪內」觀瀑布，自頭至尾明察無遺，比之去年更為可愛，乃徒步前往，訪其瀑巔，行至橋頭，不能再下，僅見其巔潭而已。據從者稱，過橋另有一潭比此更美，乃過小橋，約行數百步另有一橋，驟見瀑布，潭在其下也，乃攀扶而入，略坐煤岩之上即回，並不見佳也。復過小橋，問導者由此前進何往，曰：義興部落所在。以時不早，乃回溪內警察所訪察，似比去年進步，新小學校已興辦矣。回途經雲霞坪，視察選舉投票所後，回寓已十九時。入浴，修稿。晚餐後在南簷下靜觀月色後，即在月下靜默，晚課。閒吟「薄暮空潭曲，安禪制毒龍」句，無任感慰。廿三時寢。

上星期反省錄

一、最近反省對美外交過去失敗之原因，當時對雅爾達密約之態度公開反對，揭露美政府之賣華行為，或不揭露而用秘密方式與美政府交涉，對我東北，要求其予我以切實保障，使我履行其協定，不再違約，未始非計。但當年七月杪，中俄協定[1]訂立之時，美國尚未與我明言有此密約，更不知其密約之內容，故無法要求其特別之保證。而且當時朝野均以收復東北心理之急切，只要東北領土為我所有，旅大主權有限度之損失亦所不恤，而對俄國之惡意叵測與違約後果則未計及。總以為外蒙問題重大之犧牲，當可與俄相安一時，使我政府能專心整頓內部，統一建設，實現我主義矣。此乃過於天真幼稚，一念之差，卒致今日之大患也。

二、馬歇爾調停國共問題，當彼來華之前，其政府事先只發表對華政策之聲明，而並未征求我同意。如果明知其當時之扶共害華之陰謀，當然可以拒絕，但決不料其（美國）抱此卑劣愚拙、害華自害之計畫。而且全國

1 《中蘇友好同盟條約》，全稱《中華民國蘇維埃社會主義共和國聯邦友好同盟條約》，是中華民國在 1945 年 8 月 15 日日本投降之際與蘇聯簽訂的條約，內容主要是中蘇共享東北鐵路、港口權益，與承認外蒙「獨立」。

心理皆屬望於美國之援助，絕不允有違忤美國之可能。如當時正式拒馬，則其政府更有藉口我不予合作，而其公開援共棄我，則美、俄共同援共毀蔣，民心士氣更難維持，則卅六年政府早已為共匪覆滅，決不能延續至卅八年之春矣。當時對美馬，只有和緩容忍以待其事實上覺悟之一法。孰知馬之冥頑與艾之奸詐相應一致，始終不悟至此耶。然而我政府今日尚能立足於臺灣，卒使其賣華毀蔣之奸計澈底暴露，未始非當時容忍政策之效也。十年來外交處境，因美國之幼稚與俄國之殘忍，而又加之英國之陰險從中操縱，最後馬、艾當政，一以英國政策為其美國外交之方針，絕對受其愚弄，不僅牽制而已。外交本為弱肉強食之所為，豈有公理信義可恃。中國失敗自非例外，惟有堅持信心，屼〔兀〕立不撼，以待上帝真理之伸張，不失為基督信徒則幸矣。

六月十七日　星期日　氣候：雨陰

雪恥：此次在角畈山休養三星期之久，前二周因記去年反省錄及手擬組織原理講稿，幾乎並未休息，惟第三周之最後一日十時以後至晚間，完全出外遊覽，心神舒暢，體力似亦復元矣。

本日朝課後，手擬情報要領稿目錄，幾費半日光陰，並讀孫子第一篇後，遊覽院內，觀溪看山如常。午課後召見警長、小學校長等作別，小學師生及鄉民列隊歡送，由小學生致送別詞，覺山童智慧可愛，甚覺自慰。十八時回蒔林，經兒面報各島及大陸情形，民心歸我自無問題，惟美人橫慢，可痛。到研究院視察，入浴，回寓，晚課。王、黃、葉[1]來見，乃悉英美協議，果使中國不參加對日和約，並待各國簽訂其多邊和約後，再令日本與我訂約也。此何如事，幾乎夢想所不及者也。

1　王、黃、葉即王世杰、黃少谷、葉公超。

六月十八日　星期一　氣候：晴風

雪恥：昨晚獲悉英美協議之後，憤激感慨，幾乎認為不可思議之夢境，誠不信杜、艾[1]等卑劣蠢拙一至於此。午夜服眠藥後，成眠三小時即醒，又不能安眠矣，此為二年半以來未有之現象。被人侮辱污衊至此，實開國際未有之惡作劇，亦為二十年來最大之恥辱。上帝如真信愛，為何生此艾、杜等之蠢才也。
六時後起床，朝課畢，手擬對日和約問題談話要點六條，憤激異甚，並決心與美國政府準備決裂，說明其近年來對我之壓迫、出賣、侮辱、衊污亦云至矣等語。召集幹部會商時，仍用外交部原稿，而以余意為最後之一段補足之。研究院十三期開學禮成後，回原再睡。午課後核定談話稿畢。見金日成後往浴，巡視研究院，晚課。

六月十九日　星期二　氣候：晴

雪恥：昨晚餐後閱報，在東樓觀月。今年以來，月光以今夜最為澄澈可愛，惟想念古鄉不已，終日風大，氣候煩燥。十時後寢。
朝課後記事，讀昨日對日和約聲明，自覺嚴正無疵，而最後一段更為有力。雖艾奸志必滅華，但其閱此不能不研究其本人目前之責任與地位，而有所顧忌乎。十時入府辦公，約見俞大維，談美國外交與我駐美軍經機構事，彼實能深知美國性情之人也。見邵毓麟[2]，聽取韓戰情形。召開一般會談，對立法院黨部情形無任憂憤。午課後閱史料。辭修、雪艇來報，美代辦特持其英美「對日和約」協議全文請見雪艇，並言今夜發表，問雪對我聲明有否調解餘地云。復往見葉部長，嚴屬其轉告國務院決不能發表此英美之協議後，方得再商辦法。

1　杜、艾即杜魯門（Harry S. Truman）、艾奇遜（Dean G. Acheson）。
2　邵毓麟，號文波，1949 年 7 月任駐韓國特命全權大使。1951 年 9 月回臺灣，任總統府國策顧問，兼任總統府政策研究室主任，創設國際關係學會。

六月二十日　星期三　氣候：晴

雪恥：昨晡視察研究院後入浴。晚課後回寓，餐後獨自觀月誤〔娛〕樂，十一時前睡。

今晨六時後起床，朝課畢，八時乘火車，在車中心緒沉悶，以傭人無組織，及對美員不洽意也。十時前到湖口校閱第卅二師，閱兵分列式後，接雪艇電話，稱英美協議已決暫不發表，美代辦要求我提辦法，乃以三項辦法：甲、對日和約多邊條約我亦參加。乙、各國皆訂雙邊和約。丙、其他國家對邊協定，而我與日同時訂立雙邊和約，但不許日本自由選擇與我政府或共匪，而必須由美負責明定其與我訂約，而且與各〔國〕同時舉行，不能有所先後也。我惟一主張為無論今後協調與否，即使協調其內容，亦不能公開發表也，不止反對英美協議之發表而已。

六月二十一日　星期四　氣候：晴

雪恥：昨午在卅二師師部宴會後，午課如常。聽取該師訓練經過之報告，參加講評，最後親自說明。該師自一月間決定其為標準訓練師以來，並無例外增加任何經費，亦無特殊裝備或優待，只聘日教官參加指導訓練而已。今第一期教育校閱完畢，果能獲得預定之成績，實不愧為標準師。可知軍隊不在物質之優裕，而在主官之精神與決心如何耳。六時起程，仍乘火車回臺北。今晚遷住陽明山後草廬，晚課如常。

今晨朝課後記事，到中央常會，為立法院黨部兩次大會皆因反動搗亂不成，不勝痛憤，決嚴加清除。又接毛邦初背謬脅制電報，又傳聞艾奸對記者談話之誤解，內外矛盾湊雜一時，沉悶無已。正午評議會談，三時方畢。

六月二十二日　星期五　氣候：晴

雪恥：昨午課後審閱史料，批閱公文畢，往浴，車遊北投。晚餐後晚課，十一時前寢。

本日朝課後記事，閱報，乃悉艾奸對日和約中國簽約參加與否問題，尚留有協商餘地之口氣，但未知其內心方針究竟如何。艾奸所說與所行完全相反，此哈雷[1]所指責之言，最為中肯之語也。入府辦公，召見英國記者後，會客六人畢，召集財經會談，商討發行增加與管制物資，及管價統一與經濟整個政策等重大問題，至十四時方畢。午課後審閱蔡斯顧問意見書，彼對政治部與聯勤部制度表示懷疑，而對日本教官問題未明言反對，但其教育訓練計畫要由其辦理，是意在其中矣，應予之開誠洽商。又閱顧大使與杜勒斯談話錄，更覺美國外交家之幼稚可笑極矣。

六月二十三日　星期六　氣候：晴

雪恥：杜謂祗須我政府自認此方案，英美協議（中國不參加對日和約簽字，而在各國批准和約後，再由日本自擇對象與我訂約）為勝利，公開表示贊成，即可無人民反對之顧慮云。此其以為雅爾達密約與中俄訂立友好協定之成例可援也，可知外交交涉不能有一次因循貽誤，否則人將永引為例，而藐視無睹矣，能不警惕。晡往浴，車遊一匝。餐後晚課，十一時寢。

朝課後記事，入府辦公，召見國楨，談經濟政策，認為目前金融政策不合於

1　哈雷（Robert Hale），美國共和黨人，1943 年 1 月至 1959 年 1 月為眾議員（緬因州選出）。

經濟環境也。見王新衡[1]，談日美與中日關係，岡村寧次[2]確有獨得見地也。另見六人後，召集軍事會談，指示應覆蔡斯建議函稿要旨，言時又不能持志養氣矣。午課後，修正關於辯證法講稿。晡到研究院十三期點名畢，往浴後與妻視察頂北投防空洞，洞外風景幽雅可愛。餐後晚課，再補修講稿。

上星期反省錄

一、近日思慮最苦痛迫切之事，莫過於美國顧問團蔡斯報告及其建議書，而對日本教官今後運用之計畫更為費心，在靜坐與默禱時，幾乎亦不能遺忘，不念美國外交對我之侮辱與賣弄，在其參議院辯論中所發表諸供詞，尤以哈雷與約翰[3]之言，更作證明其國務院如何賣華之陰謀，思之不禁戰慄心寒。而一方面對於其軍援，實在受之有愧而卻之不恭之歎，我寧不接受其援助，而不願再受其長此侮辱與污衊，以喪失我國格與士氣也。

二、余對對日和約問題之聲明，美國各報竟不登全文，可知其國務院控置〔制〕其新聞輿論之嚴巧，而對其賣華毀蔣之手段如何迫切矣，亦可知美國輿論並無公理與正義為其原則也。

三、英美對日和約協議，已因余反對而不敢發表。

四、英伊石油談判決裂，此則俄國統制波斯灣惟一之良機，英雖欲避戰，亦不可得矣。

五、巴黎四國外長預備會議決裂。

---

1 王新衡，字子常，浙江慈谿人。任第一屆立法委員。1949 年 5 月上海棄守，銜命赴香港，擔任中國國民黨南方執行部代主任委員，1950 年 10 月 1 日遭人狙擊，11 月回臺療養。

2 岡村寧次，為日軍投降前中國戰區最高負責人。以戰後與國民政府合作態度與戰時對共產黨的清剿，免遭追究戰爭責任。而後以「白團」在日本總負責人身分，持續協助中華民國對抗共產黨。

3 約翰（Edwin C. Johnson），美國民主黨人，1937 年 1 月至 1955 年 1 月為參議員（科羅拉多州選出）。

六、第卅二師示範演習已如期完成。

七、近日心氣燥急，應切戒之。

八、法國議員選舉，共黨票數大減。

本星期預定工作課目

1. 覆蔡斯信。

2. 財經問題之督導。

3. 反攻方案之審議。

4. 日本教官之工作方針。

5. 機砲用車經費之查報。

5.[1] 俞大維工作之決定。

6. 毛案之處置。

7. 宗南[2]赴任。

六月二十四日　星期日　氣候：晴

雪恥：一、召見學員計畫。二、揚子公司[3]案查報。三、第二期高級班學員之

1　原文如此。

2　胡宗南，原名琴齋，字壽山，浙江孝豐人。1950 年 3 月西昌失守後回臺，調任總統府戰略顧問。5 月，遭監察委員聯名彈劾。1951 年 8 月化名秦東昌，出任江浙反共救國軍總指揮兼浙江省政府主席。

3　揚子建業股份有限公司（Yangtze Development Corporation），簡稱「揚子建業公司」或稱「揚子公司」，成立於 1946 年 1 月，由孔祥熙之子孔令侃經營。公司以民營股份有限公司進行登記，出資人除孔氏家族外，還包括杜月笙、范紹增、趙季言等人。公司總部設立於上海，在漢口、福州、南京、香港、天津等地有分公司，在紐約設立有「揚子貿易公司」，主要經營進出口貿易。

準備。

朝課後記事，記上周反省錄，再修講稿，十一時到蒔林禮拜。午課後批閱公文，清理積案。往浴後，與妻遊覽淡水，其街道比前清潔為慰。回寓，審閱史料，十八年冬俄侵東北檔案[1]，甚覺當時外交之無方針也。據報俄駐聯合國代表馬立克[2]已提停止韓戰之議，美總統所擬韓戰一年紀念文因之停止發表，其他如英、如法自然喜出望外矣。可憐今日世界之無政治家，一任史大林玩弄於股掌之上，如此豈不可恥。晚課後閱報，十一時寢。

六月二十五日　星期一　氣候：晴

雪恥：一、本日為韓戰一周年紀念日，據美參院調查會證明美國決定抵抗韓共南侵政策，是由艾其生所主張的，此實出於意料外之事。彼在去年春季屢次公開聲明放棄南韓，而何以當韓共南侵之際忽反前言，此只有以其有意誘俄侵韓，準備予之啟釁決戰之理可以解之，但美當時並無決戰之準備也，可知美國人之性質只有衝動與主觀，而無政治之理智，更無一定之政策也，此何以領導世界耶。

朝課後經國來報最近破獲共匪案情形，其組織總未能澈底肅清為慮。到軍訓團紀念週，發表組織原理講詞。午課後聽講克勞賽維治戰爭論後，巡視研究院，往浴，晚課，餐後再聽戰爭論。

1　「中東路事件」是中國和蘇聯於 1929 年發生的一次武裝衝突，是北伐統一後，中華民國第一次與外國交戰。中國欲以武力收回中蘇共同管理的中東鐵路權益，而引起衝突。蘇聯以自衛為由出兵，擊潰張學良所部，重奪鐵路所有權。

2　馬立克（Yakov Malik），蘇聯外交官，曾駐日大使，1948 年至 1952 年任駐聯合國大使。

六月二十六日　星期二　氣候：晴

雪恥：一、剿共戰術失敗之檢討：甲、瀋陽、錦州、營〔口〕之役。乙、徐蚌之役。丙、膠東之役與共匪渡河反攻之役。胡璉、劉玉章等。二、杜魯門昨日演說，其中關於中國一段者，惟恐其人民與國會繼續調查中國失敗與遠東政策之責任，乃竟推之於中國本身，而其所說完全於事實相反，雖中小學生亦不能信之，固於吾人無所損，但其言詞荒唐背謬，侮辱誣衊，實又增我一次最大之國恥。凡有血氣人心者，自不能終身遺忘也。小子誌之，而杜之人格與政治生命亦於此掃地矣。

朝課後記事，閱報痛憤。入府讀黨員守則、軍人讀訓與反共抗俄戰爭意義三文，灌片，會客。召集宣傳會談，指示俄馬立克對韓戰和平宣傳，實為掩護其在伊朗無形侵略，及驅逐英、美之行動也，眾乃恍然矣。

六月二十七日　星期三　氣候：晴

雪恥：昨午課後審閱代擬對蔡斯覆函稿，及對其訓練建議之指示後，與趙文龍〔龍文〕[1] 談話，對海軍內部人事之情形[2]。往浴後與妻散步。晚餐後召見至柔。閱報，晚課，十一時寢。

朝課後記事，入府辦公。十一時召見蔡斯與美代表藍欽，報告其一月來工作經過，說明其函中建議各點意見，最後突然提及日本教官問題，略述其美國對各國軍援案中，有只聘美顧問一項，其意反對繼續聘用日教官也。余未置答，擬間接轉答其事先未曾明告我此一問題，故不便接受。不過軍隊訓練事

1　趙龍文，1949 年任甘肅省隴南行署主任。3 月經香港來臺，不久升任海軍總部政治部主任。

2　7 月 3 日，蔣手諭參謀總長周至柔、海軍總司令桂永清，與國防部總政治部主任蔣經國：「清除海軍總司令所屬具有『四維學社』關係者。」

不妨礙美顧問之計畫耳。午課後審修黨員守則第二條注解。晡商討美國經援提出新辦法，要求我財政收支平衡，不能再用美援抵補，其意並非不善也。往浴，餐後晚課。

六月二十八日　星期四　氣候：晴

雪恥：一、發董[1]旅費。二、大陳部隊之派定。三、警〔緊〕急集合之演習。四、登陸襲擊演習。五、研究組織課題之方法與要領之指示。六、黨部工作重點與方法之研究（例如選舉標語）。七、美國宣傳文字與我各報應否轉載問題。
朝課後記事，考慮美顧問對日藉〔籍〕教官之排除問題的解決辦法頗久。到中央常會，研討立法院黨員大會，兩次皆為搗亂分子作梗，毫無結果之內容及實際情形之後，認為非將此等敗類開除黨藉〔籍〕，無法再組立法院之黨部，卒因各委訴說，容再作調查以後決定，故准由改造會研討呈報也。聞蔡斯要求卅二師為其首派美顧問之部隊，殊覺為難，以該師正由日教官積極訓練，第一期校閱方完，成績極優也。

六月二十九日　星期五　氣候：晴　下午雨

雪恥：昨日午課後，審閱黨員守則第一至第五各條注解文句，第二條由余全部手擬重訂也。浴後約俞大維，晚餐後晚課，十一時寢。
朝課後聽讀克勞賽維治戰爭論未完，入府辦公，召見雷正其[2]、柯克與胡璉等，

1　董即董顯光。
2　雷正奇（Wolf I. Ladejinsky），又譯雷正琪、雷正其，美國農業經濟學者，曾任職於農業部，戰後任職駐日盟軍總部。

決派軍官戰鬥團兩團到上、下大陳，歸胡宗南指揮。召見五人後，召集情報會談，可知香港所謂第三勢力政客與軍閥，欺詐美國與破壞中央之如何卑劣可笑矣。張發奎、顧孟餘等叛徒，誠漢奸之不若矣。午課後記事，預定下月課程表，往浴後晚課。妻為吳主席夫人[1]祝壽聚餐。觀影劇後，十一時半寢。

六月三十日　星期六　氣候：晴

雪恥：一、華夷之分講稿之重要。二、復仇雪恥之意義。

朝課後聽讀克氏戰爭論後，入府辦公，召見數員。接閱東京聯軍統帥部李其為[2]致共匪電報，屬其到元山港丹麥紅十字會船上，派代表接洽停戰問題，其實為招降性質，此一舉動，為美軍近年來對俄共行動比較主動之所為也，藉此乃可測知共俄對停戰之偽意至何程度矣。召集軍事會談，商討編制畢，散會。據至柔談桂永清對其政治部主任趙龍文不能相容，並以去就相爭，聞之憤激無已，立召其來，面斥其各種不法的軍閥卑劣行為，不惜借美勢造謠，以反對政工制度之罪惡。暴氣悲痛，不能自制，何為苦耶。若不撤免，則海軍絕望矣。

1　黃卓群，漢陽鐵工廠技師長黃金濤之女，1928 年與湖北省財政廳長吳國楨結識。1931 年在漢口結婚。

2　李其為即李奇威（Matthew B. Ridgway）。

上月反省錄

一、馬歇爾東來之任務，似有不能不作決戰與擴大韓戰之準備，觀其「不信韓戰會延長數年之久」一語，可知其有決心矣。

二、巴黎四國外次預備會，廿一日由英、美提議，停止俄次發表極長之聲明攻訐英、美。

三、英、美、法向俄提議，七月五日在美國開四長會議，俄國尚未正式答覆。

四、伊朗石油國有案，與英國交涉已瀕破裂，此乃俄國以韓國停戰之倡議，實現其驅逐英國於伊朗之陰謀，無形侵吞波斯之成功也。

五、艾奸在其議會作供時，最後造作中國游說組織[1]之謠諑，以污辱我國，此又加我以最大國恥也。

六、俄國停止韓戰之宣傳，戰固未停，而共匪已得到喘息休養之機，一面聯軍之士氣必因之散懈，而無鬥志矣。預料最後必在不戰、不和狀態之下周旋，卒使聯合國進退兩難而已。

七、暹邏執政鑾披文[2]被其海軍禁囚，此必為其共匪之陰謀，惟聞其已脫險自由，殊為大幸。

八、大陸同胞之遭受共匪殘殺之情勢，日甚一日，民族之浩劫至此，實皆英、美致之也。每念及此，憂心如焚，能不自立自強，猶望儌幸倚賴，因人成事乎。凡我國人世世毋忘今日英、美對華之毒狠，其假手滅華之罪行，尤甚於赤俄也，當永矢不忘為要。

---

1 中國遊說團（China Lobby）是美國政界、媒體傳聞中的一個術語，指涉自 1930 年代至 1979 年美臺斷交之前，主張與中華民國建立緊密聯繫的一些倡議團體。據云最初係由曾任中華民國外交部長的宋子文所創立，常被點名的成員，包括國會議員諾蘭、周以德，媒體人亨利·魯斯，以及退役將領陳納德、魏德邁等。

2 鑾片汶（Plaek Phibunsongkhram），又譯鑾披文、鑾披汶，泰國陸軍將領，曾任總理，時二度任總理。

九、在角畈山休養三周，身體已漸復元，手擬組織原理和功效文[1]完成。

十、第卅二師示範校閱如期實現，成績優異，此為本月份自慰之一也。

十一、金融經濟漸趨艱窘，美國經援監察與干涉亦漸緊迫，此未必惡意也。

十二、美國軍援對外大事鋪張，其實並未有一槍一彈之到達也。

1 「組織原理和功效」，蔣中正講詞，1951年6月25日在革命實踐研究院講。要旨強調「組織是革命最重要的工具，組織愈嚴密，力量愈偉大」等。

七月

蔣中正日記
Chiang Kai-shek Diaries

民國四十年七月

本月大事預定表

1. 陸軍三種裝備編制與專長之研究。
2. 兩團之旅、兩師之軍的編制之研究。
3. 輕裝部隊司令部之編制草案。
4. 射擊目標與照準點之注重。
5. 小組會議主要課目：甲、調查。乙、報告之責任。
6. 社會病態與經濟調查之報告。
7. 軍隊之稱呼上官，其姓押尾之改正。
8. 所謂國民外交之組織問題。
9. 招待杜威[1]與談話要點之準備。
10. 對美軍援顧問團態度之研究。
11. 駐美購料機關之改造與毛邦初案。
12. 韓戰停火案與美國對華政策。
13. 高級班第一期之結業。
14. 研究院第十三期之結業。
15. 軍訓團第七期之召集。
16. 對日和約問題，英美合以排我陰謀之注意。

---

1 杜威（Thomas E. Dewey），美國共和黨人，1943 年 1 月至 1954 年 12 月任紐約州州長。

17. 克勞維治戰爭原理之研究。

18. 對毛邦初案之注意辦法。

19. 財政金融問題之嚴重狀況。

20. 謀略與宣傳之設計。

上星期反省錄

一、星六日對桂永清怒斥，面責其行為心術之卑劣糊塗，實足痛憤。但不必出此態度，徒自傷神發氣，有背修養之志，所謂持志養氣與主敬立極者何在，如其真不可用，已至絕望，則速撤之可也。不能自重自愛，應記過一次。

二、韓戰尚未停火，而馬歇爾在其議會答語，已置亞洲大陸及臺灣於不顧矣，此乃必然之勢，應有所準備也。

三、英俄秘密外交之進行，以停止韓戰與伊朗油案之諒解為其交涉條件，不足信也。

四、馬立克提出韓戰停火建議後，即宣布其回俄養病之消息，可知停火不能有結果也。

本星期預定工作課目

1. 約江康黎、曹翼遠、孫宕越[1]來見。

2. 共匪各級組織設立對群眾報告員制。

1　孫宕越，曾任廣州中山大學教授兼地理系主任，中央政治學校及中央幹部學校教授。1954 年 6 月至 1957 年 5 月任教育部高等教育司司長。

3. 匪設立治安小組制。

4. 對匪拆散家庭、離間骨肉、毀滅倫常之口號。

5. 對匪軍士幹校招考運動之研究。

6. 匪捐獻機砲運動之注意。

7. 政校與高教班之組訓。

8. 充實各部編制方式之決定。

9. 海軍人事問題。

10. 政府人事問題。

11. 宣傳組長之人選。

12. 對軍援團之方針與態度。

七月一日　星期日　氣候：晴　下雨

雪恥：昨午課後記事畢，往浴。召經兒談海軍事，應先令桂[1]將其四維社員全部調免，以觀其今後之行動如何。晚課後約宴美顧問蔡斯等聚餐，十時後方散，十一時寢。

朝課後聽讀克氏戰爭論戰略一般原理之部，更覺剿匪期間戰略錯誤之可恥，惶愧無已，擬將失敗經過製成回憶錄。十一時禮拜如常，陳牧師[2]講公道公平之時，談及金圓券處罰不公時，實使余汗流浹背，慚悔無地。翁文灝[3]之無知敗事，皆由余觀人錯誤，貽誤國家所致，於人何與。午課後記事。召見游擊顧問「皮也斯」君，談一小時餘畢，往浴，晚課，閱報，十一時寢。

1　桂即桂永清。

2　陳牧師即陳維屏牧師。

3　翁文灝，字詠霓，浙江鄞縣人。1948 年 5 月出任行政院長，8 月接受財政部長王雲五所主持的金圓券改革方案。方案執行失敗後，於 11 月內閣總辭。

七月二日　星期一　氣候：雨

雪恥：一、指揮道德與戰鬥紀律之提倡。二、各社團與保甲治安小組之設立。三、對民眾出席之報告員之設立，即宣傳員。四、對敵戰術口號之對比口號應速擬訂。五、令桂清除四維社員。六、海軍人事之組織與問題之解決。

朝課後閱克氏戰略之攻擊部分，後到研究院紀念周，報告國際形勢與標語佈告等方式和技術之改革。正午回，記事。與胡宗南談話，令其速作江、浙游擊之準備。午課後審閱學員自傳後，召見學員卅人畢，往浴。餐後，閱克氏戰爭論全篇完，十一時寢。

宗南對軍隊管理法頗有研究也。

七月三日　星期二　氣候：雨陰

雪恥：一、馬歇爾在其國會宣稱，即使亞洲大陸全部為俄共統治，對於歐洲防務不惟無礙，而且反有補益。此乃英國之國策，而美馬不惜犧牲其在太平洋之國防於不顧，願以美國整個生命貢獻於英國，其愚忠程度殊為可怖，天何生此蠢物以貽害人類耶。二、蔡斯要求我將要塞部隊歸併於野戰部隊，並將我各軍師番號取消半數，以充實其他野戰軍，置我臺灣現狀防務與軍心士氣於不顧，此乃要先拆散我軍力、卸除我要塞，究何用心。美國政府毀蔣扶共之陰謀，其實毫未變更也。

朝課後記事，入府到國父月會，召集一般會談。午課後召見學員卅人，多有可造之才也，惟此竊慰。

七月四日　星期三　氣候：晴　晡雨

雪恥：昨晚約敬之聚餐，報告日本近情。美國扶持日本與對我壓制侮辱，相對照其現在杜、艾[1]遠東賣華奉俄、勾共扶日政策之結果究竟如何，不僅為害於亞洲，乃終必自食其惡果而已。以此種政府領袖，並無堅定政策，亦無正確目標，其行動一任英國之操縱，並以俄國為轉移，喜怒愛惡無不俯仰於英、俄，憑人玩弄於掌上，以此無知之政客與軍閥，頑固蠢動、輕浮拙劣者領導國際，世界焉得安定而不受浩劫乎哉。實為美國惜，更為人類悲也。

朝課後記事，到高級班聽白鴻亮講戰爭哲學。午課後召見學員卅人，審閱其自傳，往浴，晚課，批閱。

七月五日　星期四　氣候：晴　下雨

雪恥：一、接駐美皮武官[2]電稱，美國防部本年度（六月卅日以前）所規定軍援之武器，以其接濟英國與西歐為優先，而對臺灣須遲至明年六月以前，能否運達，尚未可知云。其最後一語稱，如韓戰停止，或可以其已到東方預定補充韓戰者，轉給若干於臺灣云。余聞此息，泰然置之，更可知美政府之所謂軍援臺灣者，完全為欺蒙其人民之謊言，而對我軍援不惟毫無誠意，且必藉此軍援之美名，在我內部播弄脅誘，使我內潰自亂，此其無異代俄共以毀滅我政府也，其用心之毒辣卑險，可謂極矣。此時除自助與天助之外，再無其他救國之道矣。

1　杜、艾即杜魯門（Harry S. Truman）、艾其遜（Dean G. Acheson）。
2　駐美皮武官即皮宗敢。

七月六日　星期五　氣候：晴

雪恥：昨朝課後記事，到中央會議聽取社會調查報告工作與指示畢，正午評議員會談。午課後召見學員卅名，多有可造之才也。本日以內部不睦，幹部無能，調用又不能如計，對經兒漸成積怨，無任憤悶。往浴，晚課如常。

朝課後記事，九時半軍訓團聽講戰爭哲學。正午至柔來告，美國對我軍援手續之內容複雜性，間接又間接，重複又重複，每件每計仍須由其杜魯門之是否批准，方作最後之決定，此無異等於未決定之案件，其實等於已取消對我軍援計畫。美政府卑劣狂妄，可謂匪夷所思，夢想亦所不致有此也。午課後召見學員卅人。往浴，晚課，記事。近日內外交迫，悲憤異甚，十一時寢。

七月七日　星期六　氣候：晴

雪恥：一、英國政策，非消滅中正不能恢復其亞洲殖民地固有地位，必先消滅中正，而後再對俄共而排除之，是為其解決亞洲根本之圖也。美國杜、艾[1]僅為英國毀蔣滅華之儈〔劊〕子手而已。最近美國艾、馬[2]之行動，尤為顯露。去年此時，韓戰初起，英、美惟恐吾軍渡海反攻成功，復興民族，乃以第七艦隊勒令限制之。今則韓戰將停而猶未停，乃即背棄諾言，不撥軍器，以防止我反攻。無論如何不予吾人以復國機緣，非使我中華一線生機斬斷根株，不能售其毀蔣滅華之罪行，而安其心也。此實比之民十五年初，俄共惟恐我北伐成功，而以全力阻制我北伐，以期毀蔣而篡黨者一也。而其用心之惡毒，態度之卑劣，違盟背信，則英、美甚於赤俄矣。

1　杜、艾即杜魯門（Harry S. Truman）、艾其遜（Dean G. Acheson）。
2　艾、馬即艾其遜（Dean G. Acheson）、馬歇爾（George C. Marshall）。

上星期反省錄

一、李奇威對商談停戰之地點與日期，已順從共匪之主張，而一變其主動之態度矣。

二、馬立克已如期回俄養病，此可測知俄國對停戰之態度，彼將置身事外，而使美國與共匪折衝，不負其絲毫責任也。

三、俄提停火建議之作用，其一為掩護其伊朗爭油之行動，其二乃欲阻制美、英對日和約之成立，不使日本重新武裝也，此實為其主目的也。

四、自停火之議發表後，美國態度所表現者：甲、對我軍援等於停止。乙、對日和約決不允我參加訂約。丙、臺灣防務決不協助，恢復其去年春季以前政策。丁、我在國聯代表權，隨時可允共匪替代。今後局勢之艱危，更甚於韓戰未起之時矣。然在此一年之間，全由自我自力更生，整軍與防務之計畫已成，保臺基礎亦自信其已鞏固，雖無外援亦足自立，此乃比之去春實勝一籌也。今後應在自力更生上確立計畫，下定決心，以期自助天助，復國自強，乃必有濟也。玆將最近內外形勢與我自求之道分析如下：子、務本（克己立志）自強不求外援，加強臺灣防務，確立經濟自給自足之道為第一（鞏固臺灣本身地位）。丑、忍耐（安靜毋躁）知止，統一內部，實施動員，團結軍民（不受外力影響）為第二。寅、內外形勢：甲、美國之幼稚怯懦。乙、英之陰險自私。丙、俄之狡詐毒辣。丁、共匪殘忍不道。此皆亂世戰爭之種因，均不能維持現狀至數年之久。即使二十年內無世界變亂，只要我能確保臺灣基地，屹立自強，則隨時可以復國雪恥，以根本問題乃在敵人多行不義必自斃耳。

七月八日　星期日　氣候：陰

雪恥：昨（七）日朝課後，八時到軍訓團，聽講戰爭哲學完。十一時後入府，與岳軍談內政與外交後，召見六員畢。召集軍事會談，商討美顧問改編軍隊之建議案，予以指示方針，可贊成其每軍裁併兩師制，但非待其武器運到有期，方能着手實施，否則徒亂軍心，減少戰力，此決不可為也。大陸軍事與政治之失敗，皆照美馬建議，而其結果則一甩了事，此一教訓不能重蹈覆輒〔轍〕也。午課後記事。約各國基督教徒在臺集會者茶點。入浴，晚課，餐後車遊一匝。十一時後寢。

本晨朝課後，與妻往淡水游擊訓練班，訓話約一小時，點名後回蒔林禮拜。正午顯光報告其美國視察經過觀感，除自力更生外，美國所謂軍援絕不可信，馬歇爾態度、個人情感或較改善，而其亡華與棄亞政策絕未改變也，此與我所想像者相同，自麥帥案後且益甚也。

七月九日　星期一　氣候：陰

雪恥：昨午課後記事，記反省錄畢。與妻車遊松山東郊，沿途憂鬱無已，雖自信不懼，而國際與美國之變化無信，以及毛邦初之狡詐脅迫，益令人不知世道人心一至於此，焉能使上帝不降罰於此惡濁之世界人類乎。入浴，晚課。為馬超俊夫人[1]六十生日祝壽宴畢，觀影劇。

朝課後記事，到軍訓團第七期開學典禮，讀克勞賽維治戰爭原理戰術篇完。午課後召見學員卅人，審閱其自傳。晡入浴後晚課。本日心神較昨日安定而知止，並以求己務實自矢。國際平等地位，全在人才與學術之高下為定，不可強求。我國政治外交人才之品學智體，無一能比於人，而且其程度相差甚遠，何得平等。欲求一自立平等，必須（只有）在培養人才、提高教育入手，此固非朝夕所可奏效也。

1　沈慧蓮，來臺後，任中華婦聯總會常務委員，中國紅十字會副會長、會長，光復大陸設計研究委員會委員。

七月十日　星期二　氣候：晴　下雨

雪恥：一、招待杜威程序。二、經濟財政會談。三、行政、財經人事。四、宣傳人事。五、對日和約內容之研究及政策之決定。七[1]、駐日團長之決定。八、駐美人事之決定。九、對蔡斯交涉及其所提建議之答案方針的結果如何。

朝課後批閱公文，清理積案，入府辦公。召見陳院長、葉外長[2]，乃知美國對日和約與我有關問題，已較前進步，但仍要求我不參加多邊和約，只在其正式簽字後，再由我與日簽訂雙邊和約，其理由為我在大陸上和約有關部分，不能行使主權也。余屬其研究利害後再呈核。召見六人，召集宣傳會談，午課後召見學員卅人，審閱自傳，多有用之才也。浴後晚課。夫人之畫進步甚速，可喜。晚閱高司演習計畫後，十時三刻寢。

七月十一日　星期三　氣候：晴

雪恥：一、美國對日和約知照之覆文，無論其能否有效，必須於其未公布以前力爭，以圖挽救，應令美國警覺中、日兩國以後不幸之後果，以及東亞今後之禍害，皆應由不[3]美國不允我參加對日和約之妄舉，有以造成，當然美國應負其全責也。二、美、共在開城停戰談判，共匪首提三條件之外，又拒絕監視與偵察對方行動，此乃共匪昔施於我國共談判之故技，不料美國今日自食其果也。

朝課後記事，入府辦公。指示對美國和約覆文之要領，應決心我不參加簽約，即在其公布辦法之際，令余難堪不能忍受，過此則無所謂，亦無所求於美矣。一念及此，不禁憤激難止，美國乃無正義之國也。

1　原文如此。

2　陳院長、葉外長即行政院院長陳誠、外交部部長葉公超。

3　原文如此。

七月十二日　星期四　氣候：晴

雪恥：昨午課後，與葉部長談話，審核對美覆稿後，召見學員卅人畢。入浴，餐後晚課，閱克勞賽維治戰爭論目錄。

本十二日美國發表對日和約稿，未列我國之名，必欲排除於聯合戰勝國之外，此為古今中外未有之悲史，亦為我國空前無比之奇恥大辱。余於此，惟知往日依賴與徼幸心理，造成今日比亡國更加痛苦之悲劇，今後真欲立國自強，必須皆求於己。惟在己者方是真的實的，否則即使一時因人成事，則不旋踵，必比敗亡更大之恥辱如今日者，不能不容你多受此比奴隸俘虜更難堪之大辱奇恥矣。然而美國政府之無恥與不道，至此必將造成其本身無窮之惡果，不能不自受其報矣。豈僅無恥，而且無知，杜、馬、艾[1]之卑劣至此，人類之不幸極矣。

七月十三日　星期五　氣候：晴

雪恥：昨朝課後，聞美國對日和約無我國簽字之草稿，已經發表成為定案，無法挽救。此心並不過傷，仍繼續修正游擊幹部提高革命精神之講稿完。十一時後到中央黨部，修正外交部對美抗議聲明文稿，甚歎黨政無人之苦。國亡軍敗乃有復興之日，惟無志無識，尤其幹部無血心、無氣節之情形，乃認為莫大之悲劇，奈何。午課後到軍訓團參觀高司演習。晡美國巡迴大使鮑萊[2]來訪，不願予之見面，屬妻代見。晚課如常。

朝課，記事，入府辦公（車中指示批覆，聞報，悲傷不耐而中輒〔輟〕）。

1　杜、馬、艾即杜魯門（Harry S. Truman）、馬歇爾（George C. Marshall）、艾其遜（Dean G. Acheson）。

2　鮑萊（Edwin W. Pauley），美國企業家、政治家，曾任聯合國賠償委員會代表、陸軍部部長特別助理、國務院顧問，時任巡迴特使。

修正救國公約稿完成。會客，召集情報會談。午課後召見學員卅人，審閱其自傳。入浴，晚課。審閱對日和約交涉來往最後文件，美國要求我如與日訂雙邊和約，必須聲明我國府權力未及於全國時，則日本不因此受有約束云。此何如事，美國侮華至此，無信負義至此，直欲墜我於九淵之下，惟恐其復活矣，悲慘何如。

七月十四日　星期六　氣候：晴

雪恥：一、游擊部隊分布與部署分期實施計畫。二、游擊部隊派政工人員。三、憲兵、要塞、陸戰隊、高射砲、傘兵各部各編成師。四、召集對匪戰術研究會人選。

朝課後記事，入府辦公。召見胡璉，談高級班教育及對匪戰術研究之組織。召集軍事會談，高級將領對陸軍編制，以美員之意見又自生疑惑，紛紜議論毫無定見，殊為可痛。重外輕內，捨己耘人之人心如此，若不澈底改革，何能再談自強，能不悲傷。正午美巡迴大使鮑萊來訪，要求余自動宣言不參加對日多邊和約，而願與日成立雙邊和約。可知美外交人員之不識余之性格，及輕侮欺弄我國家與政府之如何程度矣。余直告以此次對日和約草稿排除我中國，實為古今中外歷史所未曾有之怪狀與污點，你們美國領導訂約，不知美國歷史對此如何記載，余決不自動退出，除非你美國強迫我除外，決心毀滅中美百年傳統之友義也。

上星期反省錄

（續上）午餐後再與鮑萊談話，彼以對我素有交誼，最後明告其一年以來，美國政府對我所謂對日和約之協商和軍事援華之宣布，皆為美國自欺欺人之怪誕，今後望勿再出此也。

一、十三日美、澳、紐三國安全條約在華盛頓簽訂草約，此乃為白種太平洋之宣布，不僅防制黃禍而已，日人其知之否。

二、美國對日草約摒除我國，此實為我民族空前絕後之恥辱，再三思索不得其解，豈因國人罪惡過甚，故天父特加以懲罰乎。抑以此懲罰予我以澈底覺悟與讖悔之機，使之決心自強，重奠自力更生之基業乎。懇求慈悲天父，再加我十五年革命之時間，以完成天父所賦予之使命，俾得湔雪今日之奇恥大辱，以申張天理與正義，得歸一切榮耀於天父也。

三、韓戰談判開始，未及二日即告停止矣。

本星期預定工作課目

1. 小組要領：甲、工作對象（一定）。乙、與基層行政機構合作，切實聯繫。丙、組員義務每次調查報告。丁、對民眾義務：一、解釋法令。二、調解訟詞。三、勞動服務，協助醫治。四、實現清潔與衛生運動。五、協助保甲長解決困難。六、宣傳與解說政策與疏導。七、考核與清查賬目。八、考核與保舉人才。九、團體意思之代表。十、畜牧競賽。十一、工作重心在轉變生活，即轉移風氣。
2. 對美國（對日約）警告方式之研究。
3. 各報日日刊載國恥標語。
4. 發動基層社會與民意機構，要求參加日約。
5. 激勵各級幹部自立自強志氣與方法。

七月十五日　星期日　氣候：晴

雪恥：昨午課後召見學員二十七人，審閱其自傳。兩週來第十三期研究員二百九十七人單獨召見完畢，實為最費神之工作也。入浴後與妻車遊山下一匝歸，餐畢晚課。妻畫進步極速，畫竹尤為勁秀。月下笑談，聊解悲憤。十一時寢。

朝課後記事，手擬明日講稿要目，為對日和約美國強制我不得參加簽約，以剝削我盟國權利和地位所受恥辱之意義。到蒔林禮拜如常，午課後自四時至六時半間，與杜威談話。對其說明亞洲人並不對白人有所反感，而乃美國追隨英國政策，有以自製其反感耳。而且中國人對美國只有好感，所惡者乃對英人在亞洲殖民，以不平待黃人耳。入浴，車遊一匝，餐後晚課。

七月十六日　星期一　氣候：晴　溫度：八十九

雪恥：舊約中「我要安靜，在我的居所觀看」、「荒漠甘泉」中「當我們看到世上的邪惡，想到惡人成功，而在仇人的欺壓下掙扎的時候，就想到神是在安靜觀看」。以上二節要旨，我在今日對美國棄絕與欺壓之下，更覺深刻可感。此時不惟信神正在觀察此罪惡世界，即我亦應安靜地觀察其如何變化與結果，不必躁急不平，深信有神必有我，而我必能及身看到其結果如何，只要忍耐靜待而已。

朝課後手擬講稿要目（自七時至九時半）。十時到軍訓團紀念週講解（對日和約被美壓迫除外之性質與交涉經過），足有二小時之久。午課後入浴。與妻車遊山下一匝回，審閱講稿後晚課。以今日講話太久，神經激昂不能安定，故服眠藥，十一時寢。

七月十七日　星期二　氣候：晴　溫度：八十九

雪恥：近日謙卑自制、克己復禮之道，毫不加意，以致憤激怨尤、傷神失態，應切戒之。美國對日和約，其必在舊金山多邊協定訂成後，再來談中日雙邊和約，此乃勢所必至，故對此應有研究，究作如何決策也。

朝課後修正昨日講稿，自七時至十一時後初審方畢。召集一般會談，幹部商討發表講稿方式與內容，又談對立法院臨時會議之方針與指示。下午午課後續修講稿，準備與杜威談話要旨，提前晚課，入浴。晚宴杜威，相談一小時餘，對其如何使亞洲人一致反共意義有所說明，其癥結所在，全在美國對亞政策不肯獨立，而必要追隨英國，如此病不治，則美國領導亞人反共必歸失敗，只要此一政策改變，則美國在亞無不成功也。

七月十八日　星期三　氣候：晴　申雨　溫度：八十五

雪恥：一、對毛邦初案之解決辦法。二、至柔問題。三、派宏濤赴美考察。四、駐日代表團人選。五、見敬之。六、杜威言：「二、三月之內，國際間將有特殊變動發生」，應加注意，其究指何而言。

朝課後令昌煥再與杜威研討東方反共有效方法，必須使反共各國民眾自覺其為本身文化與生活方式、倫理綱紀，以及獨立自由而奮鬥，並非為美國被逼而反共。其次只有用民生主義平均地權以制階級鬥爭，以民權主義克制（共產）極權恐怖殘殺之共產主義，以民族主義克制世界革命之國際性與階段性之共產黨也。記事後入府辦公，會客，批閱。正午巡視研究院業務演習，午課後修正講稿初次完畢，入浴，車遊，晚課。

七月十九日　星期四　氣候：上晴　下雨

雪恥：一、對匪戰術研究會人選。二、三七五計畫（反攻大陸）[1]之檢討。

朝課後記事，到中央會議商討對日和約之意見，各員皆現動搖悲觀，失去自信之色，尤其是宣傳主管者，更是消極無為，可痛之至。最後指示其求己與視己之主觀實力以及客觀條件，即使韓戰停止，則世界形勢決不能有三個月可以安定，只要我能確保臺灣自力更生，則外來之任何險惡環境，皆不能損害我復國之計畫與行動也，眾乃釋然。又屬其此時萬不可對日有謙卑之表示，此與過去寬大之態度有別也。午宴評議員，午課後最後核定星一講稿。少谷來見，轉告美使藍欽等懇求約見之意，最後允其以個人關係相見，但相約不可談軍援及經援問題也。晚課，入浴後，晚與胡璉長談。

七月二十日　星期五　氣候：晴　溫度：八十五

雪恥：一、收復地方措施要務：甲、重新教育（男女）。乙、組訓保甲。丙、清丈土地。丁、組訓警衛（連保連坐）。戊、收復交通。己、保護通信。庚、組調運輸。辛、興辦合作。壬、勞動服務。癸、辦理積穀。二、匪區掌握民心，統制民行，監視游動，防制通匪、窩匪，獎勉誘匪、欺匪（如何恩威並濟），訓練其技術。三、對匪區民匪與兵（治理）嚴寬之方針。四、陸軍大學名稱不改，其內容與課程應速設計改正。五、陸軍高級將領調動名單之研究。

朝課時反省至自反守約，克己復禮，主敬立極，主正立中句，乃決約見美員

1　「三七五」計畫為一遠程反攻作戰計畫，目標在適時打擊，並逐步殲滅共軍，建立大陸反攻基地，準備爾後攻勢作戰，分區策定反攻登陸作戰計畫，以備適應局勢需要，抉擇實施。計畫由「三七五執行部」草擬，先後完成一、二、三號計畫，預計分別在閩南海岸、閩清海岸及海南島登陸，建立攻勢基地。

矣。入府辦公，見藍欽、穆賢[1]等，彼提其政府節略與報告臺灣財經意見，恭敬如儀也。召集財經會談，令對公營事業之會計制、對外貿易機構之統一，以及前擬財經計畫之檢討，擬定具體辦法詳報。午課後視察研究院業務演習。召見高級學員卅五人，晚課。

七月二十一日　星期六　氣候：晴

雪恥：一、陳、吳[2]意見之融洽辦法。二、財經部長之調整。三、宣傳與設計人選之決定。

朝課後記事，入府辦公。對邦初逆跡與誣陷至柔案，應準備宣布之事實，彼逆似已不可救藥矣。召見四員，召集軍事會談，軍費困窮已極，陳、吳不肯合作，以致財政為難，此乃內部矛盾鬥爭，行將滅種之因，能不寒心。午課後到研究院聽取黨政業務演習報告，並加講評後，召見高級班學員卅五人畢。七時後入浴，車遊山下一匝。晚餐，閱港報，閱及對日和約消息，刺激痛憤，不知所止。晚課後十一時寢。胡璉固執不化，奈何。

上星期反省錄

一、反攻大陸之準備計畫，應準備至四十二年春季開始，則準備較能完備矣。

二、國際決無道義公法，更無情感可言。二十年來，我對外國友邦，一維〔唯〕以信義、道德、公法是恃，而對美國，特別以感情與信任為依據，

1　穆賢（Raymond T. Moyer），又譯莫懿、穆懿爾、穆易爾、穆依爾，美國經濟合作總署中國分署署長、中國農村復興聯合委員會委員。

2　陳、吳即陳誠、吳國楨。

豈不可笑與可恥。外國為何要助你中國富強，而必欲使你生存獨立於世界，此於其美國究有何利益？豈非癡子作夢乎？

三、近日怒氣衝天，憤激過甚，不惟傷神失態，而且自損威望，應切戒之。

四、研究院十三期學員、軍訓團高級班學員單獨召見，考核完畢，此乃大事也。

本星期預定工作課目

1. 高級班畢業訓示：甲、司令部自衛手段。乙、無線電密碼之保密。丙、實踐篤行。丁、模範作用，以身作則。戊、自立自強，倚賴與徼幸心理之滌滌。己、神秘性。庚、弱點與恐怖心理。辛、修養。壬、同生死共榮辱，共同一致。癸、革命責任與復仇精神，氣節與情緒之激發，蓬勃生動之活力，為下服務。
2. 動員雪恥。
3. 倚賴心理為亡國之本。
4. 整頓軍紀方法。
5. 召見沈宗琳[1]。
6. 學員優劣之統計與整理。
7. 財政經濟宣傳人事之調整。
8. 反攻大陸計畫之檢討。
9. 督導動員。

1 沈宗琳，江蘇江陰人。1953 年任中央通訊社總編輯。

七月二十二日　星期日　氣候：晴

雪恥：一、見外顧問之手續。二、聯勤主管選科聽講。三、增加史地課目。四、陸軍單獨作戰之戰術想像。五、面的補給之民間兵站制。

朝課後到高級班召見學員卅五名畢。十一時到蒔林禮拜。午睡濡滯晏起，何以復國，應戒慎自愛為要。午課後重校上周訓詞稿，本擬發表以警告美國，繼思作用不大，甚至發生反作用，徒供美國國務部〔院〕之口實，甚不值得。且美國人只有主觀，決不容納他人意見也，何況我之環境乃是救死求生之時，而並非爭取簽訂日約之面子與地位之時也，何必警告，故不再公開發表。晡入浴，晚課，約經兒全家晚餐後，觀影劇，十一時寢。

七月二十三日　星期一　氣候：晴

雪恥：一、第七期武官班之特訓。二、動員會議之研究與督導。三、弱點與恐怖性之研究。四、對殘忍好殺性，即毀滅人性與惟〔唯〕物哲學的弱點之對策與利用。五、神秘性之研究與運用。六、情緒、悟性、勇氣、自信，與偶然、概念錯誤、不明瞭、不確實、不定形各種心理現象之研究。七、觀察判斷任務與統一及決心之研究。八、聲、色、態之重要。九、指揮與戰爭道德。

朝課後手擬講稿要目。十時到軍訓團，主持高級班與研究員畢業典禮，訓話二小時以上，精神並不覺太倦也。午宴後召見富田即白鴻亮總教官，與之說明日藉〔籍〕教官今後之職務，若不在練軍，可在機關任幕僚，決不以美顧問之故而辭退日員也。午課後批閱公文，清理積案。晡入浴後車遊山下。餐後晚課。與大維談話。

七月二十四日　星期二　氣候：晴

雪恥：一、宣傳通訊機構之統一。二、公營事業之統一。三、對外貿易機構之統一。四、召見黃煥文[1]與沈宗琳。五、人力之充分利用生產。

朝課後記事，與大維聚餐，談對美外交方針與世界大局，彼甚注重德國人才與情報也。又以將來中、日成為世界之一集團，而以原子之原料缺乏為慮。余以為不足深慮於此，只要中國領土能完全收復統一，兩國經濟與科學及人才能合作通用，則在東亞固有之歷史與文化為基礎，則任何時代均有獨立自處之道也。入府辦公，召見外交部高級職員，可說皆非外交人才，奈何。召集宣傳會談，專商講稿是否發表問題，決定不發也。午課後批閱公文，研究人事調整方案與緊縮軍隊計畫。入浴，車遊，晚課。約俞大維、大綵[2]晚餐，閱報，十一時寢。

七月二十五日　星期三　氣候：晴

雪恥：一、動員臺灣民力之研究。二、特種兵部隊編併成師之研究。三、經濟美員之壓迫、鈔幣發行之受限制之苦痛。

朝課後記事，十時入府，參加反攻計畫，即「三七五」計畫之說明報告，令其繼續研究第二、三、四各種計畫，十三時後方完。午課後審閱財經現狀報告書及統一財政收支計畫，應將中央與地方，以及各部會所有收支集中統一，方有辦法也。審核高級班第二期學員人選後，到軍訓團第七期學員點名畢，與孟緝商討高級班教育日期及其計畫。晚宴鴻鈞、國楨、少谷，商討統一財政辦法後，晚課，十一時寢。

1　黃煥文，號興中，江西宜黃人。1949 年 9 月，任第四兵團駐穗辦事處處長。1950 年 4 月，在香港任《益世報》主筆，1951 年 4 月，來臺任行政院參議（翻譯官）。

2　俞大綵，俞大維之妹，傅斯年之妻。1949 年起，任教於臺灣大學外國文學系。

七月二十六日　星期四　氣候：晴　溫度：八十九

雪恥：一、本日心神漸形煩惱不安狀態，內心以陳、吳[1]不和，事多矛盾，不能集中統一，因之經濟、政治皆呈停頓麻木之象。尤以財經會議，自美國經援人員參加後，金融發行額皆受其無形限制操縱，此為作繭自縛、最愚拙之舉。外受杜魯門有形與無形中不斷之侮辱誣衊，尤其以美援為理由，要求我軍事與經濟之不合理緊縮，腦筋中悲憤哀傷，竟至夜夢泣醒。此種恥辱刺激，實為近年來所未有之現象，惟寸心泰然，精神與體力皆健旺，時能以不愧不怍、不憂不懼自勉也。

朝課後記事，到中央會議動員計畫，指定研究小組限期呈報。午課後修正高級班畢業講稿，至晚未完，晚課。

七月二十七日　星期五　氣候：晴

雪恥：一、防制共匪造謠刺激與挑撥離間之要領。二、臺北節約具體辦法，及取締奢侈靡費之設計。三、自信、互信與信仰為防謠之要道。四、派員送李範奭之行，召見王東原[2]。

朝課後記事，入府辦公會客。召開情報會談，擬定電報謀略與準備。午課後續修講稿未完，以天氣太熱，腦筋略受刺痛。晡入浴，晚課後約宴俞大維、

1　陳、吳即陳誠、吳國楨。

2　王東原，名修墉，安徽全椒人。1949 年來臺後，籌備革命實踐研究院，並兼總裁辦公室第三組主任。總裁辦公室撤銷後，在革命實踐研究院任職。1951 年 10 月出任駐韓國大使。

吳達銓夫人[1]及辭修全家後，觀影劇，表演美國西部最初鐵路通車之各種阻礙與艱難實情，其受阻於（野山）印第安人與土劣匪盜之情勢，實較吾國為甚，觀此更增吾國將來建設易行之信心矣，吾何憂耶。十一時後寢。

七月二十八日　星期六　氣候：晴

雪恥：一、財政金融集中統一之要旨如何貫澈。二、院部人事之調整與督導。朝課後與大維談對美援督促辦法[2]，及對邦初處置方針。十時入府辦公會客後，聽柯克講作戰計畫草擬之程序，並無特殊方法。最後余作三七五計畫之講評，如以福州為目標，則第一兵團應用於金門之北側。但由泉州至福州，須經過二條大江，不易迅速攻取，無已則其主力應用於連江、三都澳方面登陸，佔領其（整個一翼）福州，如此則其側背無甚顧慮，不若漳、泉三面受敵之危險也。午課後續修講稿，約胡璉與鴻鈞分別談話，決定鴻鈞任財政部長。晡入浴，車遊，晚課。餐後閱報，修稿。

1　吳鼎昌（1884-1950），字達銓，四川華陽人。曾任天津《大公報》社長、實業部部長、貴州省政府主席、中國國民黨國防最高委員會中央設計局秘書長、國民政府文官長。1948 年 5 月，任總統府秘書長。1949 年 1 月去職，轉赴香港。1950 年 8 月 22 日去世。其夫人陳適雲，抗戰時期曾任戰時兒童保育會貴州分會理事長、貴州傷兵之友社理事，從事兒童保育、傷兵救護等工作。

2　俞大維受聘為行政院美援運用委員會副主任委員，並出任駐美大使特別助理，常川駐美，協助駐美大使顧維鈞，負責主持在美軍援經援，及軍政機關購料事宜。28 日蔣接見俞大維，談對美援督促辦法，及對毛邦初處置方針。31 日俞離臺赴美履新。

上星期反省錄

一、韓戰停火會議以要求外軍撤退問題，經一度停止三日，第十三次會議又因緩衝區線之爭執不決，而作停頓故態，此皆兩方虛偽之姿態，但非虛與委蛇之為也。惟共匪借此積極集中兵力，美軍張皇無主，此為馬歇爾在華縱共賣華報因〔應〕之開始，猶未嘗其真味也，其真味正在其後耳。馬歇爾之禍種，不僅害華實亦害美，其罪孽果何如耶。

二、關於行政院與省府之隔閡日深，吳[1]態反轉強硬，似有隱衷，應使之了解，期歸協調。

三、動員計畫之督導與提倡不遺餘力，未知其能有效否。內部矛盾，外來凌壓，心神悲憤不已。

四、三七五反攻計畫之審核已完，此在本周最重之工作也。

本星期預定工作課目

1. 陳、吳[2]問題之方針應速決定。
2. 動員工作與計畫實施之促成。
3. 財政、經濟部長人選。
4. 見外顧問之手續須規定通令。
5. 國防部與軍隊節約事項之調查。
6. 令行政院速定萬象計畫之實施辦法及總動員令。
7. 預定登角畈休養靜修十日。
8. 兩棲指揮部之設立有必要否。
9. 胡宗南赴大陳指揮問題。

1　吳即吳國楨。
2　陳、吳即陳誠、吳國楨。

七月二十九日　星期日　氣候：晴

雪恥：一、斯大林論中國革命。二、列[1]、斯論中國（一九五〇年十月出版）應即重閱。三、中國革命戰爭的戰略問題之研究。

朝課後續修講稿初成，十一時蒔林禮拜。本日心神較前安定，所謂生順死安與忍耐靜候之意，似有所得也，惟邪念時作，何以自修耶，應切戒之。午課後續修講稿完，批閱要公。核定對邦初批駁文件，與研究院十四期學員名冊後，訪吳稚老先生，不遇。入浴，與妻車遊一匝，再訪稚老，身心較前康健為慰，回記事。晚課，餐後約見孟緝與武樵，談院團教育。閱報，十一時寢。

七月三十日　星期一　氣候：晴

雪恥：一、卅六、七年對軍訓團各講詞及與共匪戰術成書有關者，應澈底檢討，又關於中國革命戰爭的戰略問題[2]所批評之訓詞，檢查審核。二、今對軍事會談高級將領說明，共匪最近毒辣宣傳，謂「過去在大陸由四大家統治中國，現在由蔣氏父子統治臺灣」二語，以期離間崩潰我軍民心理，你們高級將領總司令等，並且集矢政治部制度，甚至對蔡斯顧問團毀謗，形同告狀，以期撤消政治部制度，因之反對經國者，此種無人格之行為，無異自殺。須知經任政部，為余犧牲經國，以保全國軍與你們將領的生命。一年餘來，無〔如〕無經負此政工之責，勞怨不避，督察整軍，則你們生命早已不保，不惟革命事業失敗而已，尚期切實反省也。

朝課後記事，入府辦公。召集軍事會談，說明共匪挑撥陰謀之險，與外員交

1　列寧（Vladimir Lenin, 1870-1924），俄羅斯政治家，領導十月革命推翻俄羅斯帝國，蘇聯創始人。

2　《中國革命戰爭的戰略問題》，毛澤東所作，1936 年西安事變前，曾在陝北紅軍大學作過講演。內容總結江西「反圍剿」的經驗，解決共黨內部軍事問題的爭論，系統地說明了有關中國革命戰爭戰略方面的各項問題。

接須慎重自愛之道。午課後記反省錄及預定課目表。入浴，車遊，晚課。

七月三十一日　星期二　氣候：晴

雪恥：一、青年暑期班講話。二、臺大軍訓。三、動員之步驟與起點之研究。朝課後記事，入府辦公，葉部長來報，美使昨提抗議，謂我政府征兵令之預算經費無着，又要增加財政負擔云。美員之幼稚無理至此，如何能領導國際，思之可痛，只可一笑置之不理，可惡極矣，能不自強乎。會客後召集一般會談，商討臺灣省參議會改選與改稱臨時省議會事，討論結果決延緩時期，待準備疏通完成後再辦。另催動員設計及財政人選等案。午課後重整講稿，五時蔡斯與貝樂利[1]海軍組長來見，送李奇威照片一幀。入浴後與經兒談話。車遊中晚課，靜默半小時，餐後閱報。

1　貝樂利（Irwin F. Beyerly），又譯貝雅利、貝樂理，美國海軍軍官，抗戰期間於中國任職，1951 年 7 月 1 日出任駐華軍事顧問團海軍組組長。

上月反省錄

一、自英、美聯名發表對日和約方式，與摒棄我在簽字國之外以後，繼之以美、紐、澳聯防協約，以及其國務院對我所提援助條件之備忘錄三事，使余四十年來之世界觀與民族觀，尤其對美國觀念根本變更，無異惡夢初醒，自覺識淺見短，貽誤國家與人民之大罪重孽，萬死莫贖，及今悔悟，或尚有濟乎。本月在軍訓團二篇講稿，以及第一周與第三周各反省錄所記，仍不足以盡我心事，然可窺見我今日觀念之一二。如我不求自立，則國家民族皆無生存於今後世界之餘地，能不再有決心與澈悟乎。

二、美國務院最近密令其駐臺軍經各員，先在掌握我軍事、財政之統制權，再言其他，可知其用心之險，叵測至此，能不戰慄嚴防。彼美艾、馬對華、對亞之野心，非先毀滅我革命力量，根本鏟除，則不惟不能侵其新殖民地、控置〔制〕黃種之狂妄野心，而且其個人在美國將無存在之餘地，此其如何能不決此毒心乎。天父乎，中正與中國危極矣，盍不速加拯救耶。

三、韓國停戰與伊朗油案之經過，皆為俄國懲處英、美之初試，何一非天父所賜報因〔應〕之預兆乎。

四、共匪殘民好殺之勢並未比上月減輕，其招考廿萬青年軍幹與獻機二千架之毒計似已完成，此其不義自斃之消息也。

五、自我之陳、吳[1]矛盾不和，財經拮据，美又逼迫，艱窘日增。惟高級班一期已畢業，反攻初計審查亦已完畢，聊足自慰。

六、內外交迫，心神躁急失態，修養何在，應忍慎自持毋暴。

1　陳、吳即陳誠、吳國楨。

八月

民國四十年八月

本月大事預定表

1. 研究克勞維治戰爭論。
2. 研究匪黨出版物。
3. 剿匪戰術之檢討與督導。
4. 游擊戰術與謀略之研究。
5. 對敵游說與謀略之訓練班準備。
6. 財政、金融人事之調整。
7. 動員與節約具體實施之督導。
8. 減政與裁汰冗員之督導。
9. 自力更生之基本方案。
10. 軍隊改編之試辦。
11. 軍訓高級班第二期之召集。
12. 軍訓團第七期之畢業。
13. 適之來函建議之檢討。
14. 學員優生之統計。
15. 守臺與反攻方針之確定。
16. 對匪戰術研討會之組織。
17. 積存講稿之修整。
18. 財政收支之統一實現。
19. 對國際現勢與東亞民族前途之出路。

20. 對共匪控制大陸嚴密之情勢，與今後革命之方略戰術以及重點，與最後成敗之結局。
21. 對日和約情勢與韓戰停火會議之研究。
22. 世界大戰之時期與地區及其焦點之研究。
23. 對大戰有關於我者應準備之事。

八月一日　星期三　氣候：晴

雪恥：一、建設臺灣為三民主義模範與東亞反共抗俄自由民主之燈塔。二、動員與節約及生產。三、治安戶藉〔籍〕與衛生清潔。四、奢侈糜費之調查統計澈底執行。五、反共抗俄救國公約之宣布期。六、日治時代之經濟組織與生活標準。七、農、工、漁、商基本組織剝削浪費之澈查。八、學校軍訓與倫理法制課程之加強。九、和約。

朝課後記事，入府到國父紀念月會後，得悉美使致私函於葉部長[1]，責我政府對其國務院廿二日緊縮財政、配合其經援之照會未覆，而反發令征兵，要求我撤消此命令之意，殊為痛憤。乃召集岳軍、辭修等開會研討，有主張展期征兵者，此無異撤消命令，惡乎可。余決定不能改變命令，據理抗爭，否則今後政府不可為矣。並明告日，美員如幼孩，若非其政策所決定如此者，則依理駁斥，彼亦順從也，惟最要提出證據，則更易折服矣。午課後整書，入浴。起程上山，以路斷乃折回。整公文，晚課。

1　外交部部長葉公超。

八月二日　星期四　氣候：陰雨

雪恥：六時起床朝課後，整裝畢。與妻起程，經大溪別墅，略憩即登山，途中閱宋明學要〔案〕摘要至「患其不能屈，不患其不能伸」（二程母[1]語）。又張子[2]正蒙曰：「無不容，然後盡屈伸之道。至虛，則無不伸矣。君子無所爭，知幾於屈伸之感而已。精義入神，交伸於不爭之地，順莫甚焉，利莫大焉。」近日正為外交壓迫欺侮，相持不下，讀此乃知「知幾於屈伸之感」，則無所爭矣，此心泰然自降矣。又切思對共匪今後作戰之方略與成敗之竟究所在，及世界大戰之遲早有無，與我國自處之道皆略有所得也。午初到角畈，心神為之一爽，午課後記事，記上月反省錄。對於美國外交之作法，深感人類之不幸，無窮浩劫必由此艾、馬[3]所造成，始悟美國非中國之友人，而為中國之主人，美國非領導英國，而為英國之藩屬，且為俄國之工具也。余如不能自立，其能幸免乎。晚課後，觀影劇中止後，批閱公文，十時三刻寢。

八月三日　星期五　氣候：晴　陰

雪恥：昨日深思今後對共匪戰略與部署進行之程序，以及世界大戰之關係：甲、主動進行，積極布置游擊，發動民變，使大陸各地民眾群起報復、仇殺、反抗，對我歸附響應。乙、使匪軍內部矛盾鬥爭、懷疑、攜貳、叛變、分裂，對我傾向歸誠。如此到了相當程度，即使大戰不起，亦能滅共復國。以共匪背天逆理、喪心病狂，只要我能自強圖存、奮鬥不懈，則匪必不義自斃無疑。

1　二程，即指北宋理學家程顥（明道先生）、程頤（伊川先生）兄弟。其母侯氏，侯道濟之女，侯可之姐。

2　張載（1020-1077），字子厚，北宋陝西鳳翔郿縣橫渠鎮人，世稱橫渠先生，北宋五子之一。一生主張「實學」，強調經世致用，《正蒙》是張載的哲學著作。「蒙」是《周易》卦名，即「蒙昧未明」之意，正蒙即「訂正蒙昧」。本書主要用意是以儒家學說來批判佛、道思想。

3　艾、馬即艾其生（Dean G. Acheson）、馬歇爾（George C. Marshall）。

丙、如世界大戰既起之後，戰爭相持不決之時，此為我國自主獨立、翻身求伸之機。丁、現時對美正為忍辱負重、求生救死之際，何可尚爭不屈乎。戊、如果最後決戰，無論民主陣線失敗或勝利之時，皆為我國惡戰苦鬥之開始，亦為我不倚不撓、自力更生之時機，深信上帝必不負其有心之子民，中華民族之正氣亦必有伸張之一日也。至於我個人之生死成敗，則不足計也。

八月四日　星期六　氣候：晴

雪恥：昨日朝課後記事畢，批閱胡、白[1]等剿匪戰術、裝備訓練之意見書，經過高級班之檢討後重行審定。午課後審閱高級班所擬面的戰術和滲透戰術，加以批示，頗費心力，自覺無意中最有效工作之一日也。晡與妻散步後入浴，晚課。餐後觀影劇，十一時半寢。

本日朝課後，重審高級班畢業講稿後記事，辦公，批示。午課後重審上月十六日講稿，甚覺此稿可以印刷研讀，但不必公開發布也。每念美國幼稚孩氣之神態，荒唐背謬，只可視之為糊塗之混蛋。惟有保身自樂，靜觀其自掘陷阱、自布罟網，何日自葬而已。上帝乎，盍不使其迅速醒悟警覺，早日自拔於陷阱乎。入浴後晚課，觀影劇畢，審閱史料，十一時後寢。

上星期反省錄

一、靳先生[2]云（明道學案下）：「士之品有三：志於道德者，功名不足以累其心。志於功名者，富貴不足以累其心。志於富貴而已者，則亦無所不

1　胡、白即胡宗南、白崇禧。
2　靳裁之，宋代潁川郡人，精通儒家學說，曾為南宋經學家胡安國的老師。

至矣。」余雖志於道德，然於功名尚不能無累於心，修養卅餘年僅止於此，能不自勉求進，無負自期乎哉。

二、美國對日和約發表以後，我全國和海外同胞對美國作此痴狂之呼籲哀求，而美國全國報章及其民眾代表之國會兩院皆置若罔聞，而且電文概不登載。此不僅為美國對人類無公理、不民主之表現，其民族之如何自私專橫及其殘忍性亦暴露無遺，誰謂美國民族之重公理、尚自由耶。如我再不澈悟醒覺，自力更生，則世界黑暗天地末日，必在最近期間到來。余四十年來對人類一線之光明希望，至此斬斷盡絕矣。

本星期預定工作課目

1. 臺灣試行軍區制度與計畫動員。
2. 戰爭哲學與戰爭精神及其定型之名稱。
3. 正氣社、中國魂、立志會等名稱之研究。
4. 陸大招考通令之準備。
5. 本週應有工作：甲、戰爭原理（克氏）。乙、清理講稿。丙、審閱史稿。丁、統計優員。戊、清理積案。己、修整守則解釋文。
6. 調換第六軍軍長。
7. 查報第一期戰術修養有膽識與天才的優生。
8. 對白鴻亮戰爭哲學修正之意見與指示。
9. 土地政策與兵農合一制之速定。
10. 防毒面具之速定。

八月五日　星期日　氣候：晴　溫度：九十

雪恥：一、世界大戰如必不能免，則其地區必在亞洲，而且必於美國最熱愛、最有關之日本開始乎？此時俄國政策必專對美國，如此則與英國有關之地區，彼且力求暫避，以期大戰之展延緩發也。果爾，則韓戰更難停止，而日本之戰端，當不出明夏之前乎。我若不力求自備，則空襲猛炸之來，難免軍民心理之動搖，臺灣基地仍有被攻之危機，如能準備充分，積極反擊，則不致陷於敵手也。

朝課後審閱黨史（哲學上下各篇）後，記事。聞美軍對於停戰會議，以共匪在開城附近集中部隊，故宣布停會。又報英國已對美提出要求，一俟韓戰停止，仍主張共匪加入聯合國云。余皆澹然置之，誠無動於中也。午課後晚課，審閱陶[1]箸〔著〕克氏戰爭論之大意篇至黃昏始畢，甚費目力也。餐畢觀影劇（中國海[2]），甚沒趣而討嫌，十時半寢。

八月六日　星期一　氣候：晴　溫度：九十二

雪恥：一、甚思革命中心應有一核心組織，只選極少數的幹部參加，而且用秘密方式使之各別對領袖直接負責，而無橫的聯繫，並不用集體方式。先從陸、海、空、勤入手，每種軍〔軍種〕以十人為限，而無階級與資格之拘泥，大概以中級者為主。本組織之內只用二、三人為幹事，以主持研究、審核、設計與運用等業務。惟此事關係太大，應慎重出之，不可輕試。二、今日精神愉悅自得，為登山以來最欣快之一日，以五時醒後，六時仍得熟睡至七時

1　陶即陶希聖。

2　「中國海」（*China Seas*）是 1935 年詹姆斯・凱文・麥吉尼斯（James Kevin McGuinness）和朱爾斯・福斯曼（Jules Furthman）根據克羅斯比・加斯汀（Crosbie Garstin）1930 年出版的小說改編，泰・加內特（Tay Garnett）執導。主演的有克拉克・蓋博（Clark Gable）、珍・哈露（Jean Harlow）等人。

後方覺，故精神更為充沛也。

朝課後研讀克勞賽維治戰爭原理第三遍開始，至防禦原理完，記事，審閱講稿三篇。午課後靜默約卅分時，預習晚課也。下午審閱黨史稿一篇半，入浴。晚觀影劇畢，靜默禱告如常，十時半寢。

八月七日　星期二　氣候：晴　下雨

雪恥：克氏在防禦原理十三節曰，正確的謹慎應在不為懶惰、驕傲或疏忽之故，而輕易放棄其可以幫助達到其目的之辦法；拿破侖[1]從來不為了謹慎之故，而用一種怯懦或猶豫的方法，追求他的偉大目標。讀至此不禁慨然，於余之疏忽與驕矜、猶豫之敗德，以放棄原定最大之目標，應如何切戒糾正，勿再蹈覆輒〔轍〕也。

本日重閱卅四年十一月十五日講詞，至東北問題一節，極感何為當時不依此原定方針貫澈到底，而後竟為依賴外交，誤信馬歇爾之主張態度，將最精華各軍開入東北，以致捨本逐末，無法挽救矣。須知弱者惟有自主自救，謝絕外援，方有建國之可能，一有依賴外援之心理，則根本受制，何能自立耶。

今晨二時醒後未能安眠，起床未御夾衣乃着涼受寒，故終日精神不佳，煩悶異甚。朝課後研讀戰爭原理至地形篇完，辦公。午課後審閱黨史稿，復興民族篇之節目標題皆應指正。晚課，入浴，觀影劇，十一時後寢。

1　拿破崙（Napoléon Bonaparte, 1769-1821），法國陸軍將領，法國大革命時崛起，1804年至1815年為法蘭西皇帝。

八月八日　星期三　氣候：下雨大雷雨

雪恥：一、勝利後各篇訓詞之編輯。二、對日和約如美要求我進行，則必須由美負責，令日本盡其對我談和之義務規定後，方言其他問題。三、約各老避暑。四、反攻大陸之戰術、戰略之方式與重點之研究。五、謀略策反與偽降誘敵等技術之研究與訓練。六、取締舞廳與崇尚節約的行動與宣傳之準備。七、降傘游擊幹部之設計與督導。

朝課後記事，研讀克氏戰爭原理戰略部攻擊篇完，頗費解也。午課後審閱黨史稿，對革命哲學與復興民族等篇目次、名稱皆有指正。晡觀黃君璧[1]畫瀑布，為夫人題畫六張，聊以消遣也。晚課，觀阿拉斯卡雪地電影劇，十一時前寢。共匪在大陸統制愈厲，殺戮更慘，青年與幼童之教育皆已毒化。今後復國事業，照事實論幾乎不復可能，然而吾對革命復國之信心，毫不因此動搖。今後一切設計，當為繼我後來者成功之謀，而不必為我手成功之計也。

八月九日　星期四　氣候：晴晡雷雨

雪恥：一、晚間睡眠不良已極，此在卅七年夏秋至卅八年初下野時之失眠情狀較尤甚也。自廿三時就寢以後，至翌晨四時尚未睡去，其間起床二次，靜坐默禱卅分時，亦難生效。

朝課後記事，研讀克氏原理重加校正，其最後第四篇（戰時應用所述之原理）幾乎逐節重修，至十三時半方全篇讀完，費力與用心可謂極矣。此書可惜未能在十年前研讀為憾，然及今獲此詳研，猶未為晚耳。午課後修正黨史稿第二冊畢，重審卅六年（剿匪戰事之檢討）小冊完。晚課後觀影劇，廿三時寢，失眠。

1　黃君璧，1949 年遷居臺灣，任臺灣省立師範學院藝術系教授兼主任。至 1972 年退休，凡二十二年。期間為蔣中正夫人宋美齡女士禮聘為其個人國畫教師。

八月十日　星期五　氣候：晴

雪恥：一、美國對我三億美金之援助，以及其促成日本派專員來臺，協商對日雙邊和約之進行等事，在他人以為幸事，引以為慰。而余獨以為恥辱加重，惟以澹然置之，何以為幸。美國之無人才，其糊塗荒謬一至於此，信義蕩然，廉恥道喪，豈能再望其為中國之友乎，友有何益，不禁為人類悲也。

昨夜失眠之劇，為從來所未有，至今晨四時半略睡去，六時半醒後即起床，精神並不過於昏沉，朝課如常。記事，研讀克氏原理，校閱第四篇修正文字，頗覺自得。據夏功權稱，因譯述克氏之書，彼亦失眠，以其原文難解不易譯也。彼以為余之失眠，亦為近日來對克氏原理研究太切，以致傷神失眠耳，思之或以為然，以此外並無失眠原因也。

八月十一日　星期六　氣候：晴

雪恥：昨日午課後，重校（美國對日和約發表後自力更生之決心）篇講稿畢。與妻及黃君璧畫家往遊溪內，六時前起程至八時後方歸，瀑布如故，山水愈明，歸途白雲明月，悠悠自得，上山以來出遊盤桓，此為第一次也。晚課即在轎上靜默，途中對克氏戰略原則應用篇猶心研切思，不能忘懷也。

本日朝課後記事，重讀克氏原理之戰略篇，對其第一章之戰略一般原理和第四章原理之應用，更覺深切有味，不忍釋卷矣。戰略篇譯文於此亦已澈底改正手訂完成矣，此篇實為最重要，而其文字亦最不易讀之一篇，費盡十日心力，幸得有成也。午課後修正本院業務演習講稿完。晡與妻在舊衛生院址散步，經小學校視察所建校舍後回寓。晚觀影劇，晚課後十一時寢。

上星期反省錄

一、登山十日，自覺於修養與思慮皆略有所得：甲、對美痛憤之下，感悟屈伸之理，心神為之頓降。乙、對國際局勢之預測，與反攻大陸、復國自立之方略，皆有一最後之處置（三日、五日記事）與決斷，此皆登山靜養之效。

二、克氏戰爭原理研讀數遍，並將譯文切實批改，甚恨不在十年前早讀此書，及今得讀猶幸未晚，頗覺自慰。以平生甚願自箸〔著〕同樣方式與理論手冊，以備自覽，不料克氏先得我心，而已為我代箸〔著〕矣。

三、黨史革命哲學與復興民族等篇親自校閱指正，亦一要務也。

四、統一財政收支與經濟動員方案，皆已着手擬訂。

五、韓國停戰商談逐停逐開，為緩衝地帶問題爭持不決，無足論也。

六、研讀舊日對匪戰術訓詞與修正講稿數篇，皆覺自得也。

本星期預定工作課目

1. 樸實節儉講稿與實施之準備，取締舞廳。
2. 雙十節閱兵部隊之指定與準備。
3. 核心組織之研究與準備。
4. 謀略與情報（偽降技術）之設計。
5. 游擊降傘幹部籌備之督導。
6. 對日和約方針之注意。
7. 反攻大陸戰略、戰術之方式及其重點之研究，如英、美培養扶持漢奸第三勢力發現時，則應取如何方針，不如讓其發展與匪鬥爭，而我軍仍埋頭準備，靜觀待變，可也。
8. 講稿之修正，理論之審核，學員之統計。
9. 克氏戰爭原理之總研究完。

八月十二日　星期日　氣候：陰　晚雨

雪恥：一、對政工檢討會之指示。二、戰爭哲學與戰爭精神及其定型（方式）與定名之研究，實踐學社或正氣學會。三、臺灣試行軍區制與計畫動員。四、自衛隊幹部之加強與工作之加緊。五、對臺民眾宣傳與教育之綱領及實施辦法。

朝課後記事，研讀克氏地形之原理與軍隊使用方法等篇完。午課後記上周反省錄，審閱黨史抗戰之爆發章完。晡與妻及君璧先生往溪口臺之鐵索橋（大和橋）下河流中之岩上攝影，並在水邊撿石、洗手為樂。回途下雨，七時後回寓，入浴，觀影劇（森林皇后），其勇武情狀畢真，實為最優之片也。

自本周起，午課靜默時間延長為卅分，晚課減為十分時，即與以前午、晚課時間對換也。

八月十三日　星期一　氣候：雨

雪恥：一、減省軍政費之方針，對軍費只有裁撤拼指〔駢枝〕機關與冗閑人員，其他已增之經費不宜裁減。二、對於戰略顧問會等之裁撤，有否妨礙，應加考慮。

朝課後研讀克氏戰爭一般原理，及戰術與會戰的理論各篇批摘完畢。至此，對研讀克氏戰爭原理工作，總算是初步告一段落，前後翻覆研讀已不一四、五遍[1]，但猶不能將其全部大意融會貫通，更可知老年讀書之艱難，悔恨少不努力已無及矣，惟自覺得此於我學識與事業，必有甚大補益也。午課後記事，閱報，修正上月研究院業務演習之講評稿未完。晚課，散步，觀影劇，十一時前寢。

1　原文如此。

八月十四日　星期二　氣候：陰

雪恥：一、閱顧維鈞與美國外次[1]及杜勒斯談話報告，卑恭遷就，不顧國家地位，必欲急求商談和約。彼認為遷延不決於我不利，所以不惜如此謙卑，殊為可痛。此事美必不欲我參加多邊和約，亦不願我與多邊和約同時簽訂，則我求速訂究有何益，不如暫置不理，以觀美之態度。蓋中日和約不成，其責全在美國也，我急無益，何求之有，應召顧回國為宜。

朝課後修正講稿（業務演習）至十三時方畢，記事。午課後批閱要公，總動員綱領及縮減軍費方針等文，頗費心力也。晡審閱黨史稿（總裁制成立章），散步，入浴。晚觀影劇（杜立德轟炸東京[2]），甚有所感。晚課，十一時半寢。

八月十五日　星期三　氣候：晴

雪恥：一、對共匪控制大陸鄉村的下級幹部，如何使之轉變歸向，而恨匪叛亂，此種無學識、無經驗，只恃其一支手槍與權威之外，毫無基礎，應在此點研究辦法以制之。二、匪區青年與少年之思想毒素如何消除，使之向義歸來，此乃思想教育與宣傳組訓之方法，惟有以致之。民族倫理與精神，以新生活運動為青年會與童子軍之組訓基礎可也。三、實踐月刊改良後，分送結業學員，並令每季通信報告為要。

本晨直睡至八時後方醒覺，此為近年來第一次之晏起也。朝課後修正對克氏

1　美國外次指魯斯克（David Dean Rusk）。

2　這應是「八一四」空軍節為蔣中正特選的電影：「東京上空三十秒」（*Thirty Seconds Over Tokyo*）是描寫 1944 年杜立德（James H. Doolittle）率機首次空襲日本東京的美國戰爭片。由道爾頓．特朗博（Dalton Trumbo）改編自杜立德隊員泰德．W．勞森（Ted W. Lawson）上尉的回憶錄。默文．勒羅伊（Mervyn LeRoy）擔任導演，范．詹森（Van Johnson）、菲利斯．薩克斯特（Phyllis Thaxter）等主演。斯賓塞．屈塞（Spencer Tracy）飾演杜立德。

戰爭原理之內容說明講稿完，記事。午課後重審克氏譯本之正誤各條畢，至此乃得安心矣。為夫人題畫八張，批閱要件，檢討各手令實施成效之報告。晡散步，入浴。晚觀影劇後晚課，十一時寢。

八月十六日　星期四　氣候：陰晴

雪恥：一、共匪十年來的戰略：甲、自認土地革命者。乙、農民擁護。丙、官兵皆為着自己利益而戰鬥。丁、官兵之間在政治上是一致的。戊、匪區因有共黨領導與農民援助，所以其區域雖小而威力甚大。二、共匪認國民黨是與其共匪以上五者相反的，故將失敗，此為毛匪在民國廿六年（？）時革命戰略中所言者，應加研究。

朝課後記事，修正講稿（最近時局之分析）篇完。午課後修正講稿一篇（加強軍風紀之整頓）。研究參加美國參謀大學之人選，本擬派劉廉一[1]或緯國，最後決派吳文芝參加也。晚課，入浴，晡散步。晚觀影劇後，十一時前在廊下觀月，默禱後就寢。

八月十七日　星期五　氣候：陰雨

雪恥：一、正午正在修正黨員守則第六條釋文時，接杜魯門聲明，九月初訂立美日、美菲與美澳紐共同防衛協定，此乃太平洋防守公約之變相，而未提及中國與臺灣，使我又受一最大之刺激，美杜對華之侮辱，至此其盡乎。但

1　劉廉一，字德焱，號榮勳，湖南長沙人。1950 年率部撤到臺灣，入革命實踐研究院黨政軍幹部聯合作戰研究班受訓。1951 年任國防部第三（作戰）廳廳長，1952 年 6 月，奉派往美國指揮參謀大學深造。

余仍繼續修正釋文，強制情感，以解除憤忿。二、晚餐時得毛邦初勾結美國反華記者皮耶遜[1]，宣布周至柔私匯四十萬美金為貪污新聞，以阻礙美國之軍援，不使其議會之通過，殊為痛心。

朝課後，對毛匪所著中國革命戰略問題之要目，每項皆就今後我對共匪之戰略，為之糾正，此一要案二年來拖延未定者，今於一小時內解答完畢，以後當易着筆矣。終日修正黨員守則解釋文完，此亦一重要之事，十年來未了之心願，而今了之矣。散步，入浴，晚課。觀影劇，十時三刻就寢。

八月十八日　星期六　氣候：晴

雪恥：一、挖築山下防空洞，與增加水泥增築防空洞，為今後臺防第一要務。二、防毒面具與鋼盔之訂購。三、對邦初罪行不能不迅速發表，以制其叛變。

朝課後記事，午課、晚課如常。終日修正軍人讀訓釋義八條，尚有第八、第九二條未完，自覺心安理得。為十餘年來所想之要務，因無餘暇而耽誤者，今竟得如願實行，此亦革命之基本工作。昔日由我自製條文，今再由我自製解釋，當然欣慰，但此等文字必須由我手釋始安，亦可知吾黨人才之缺乏，如此乃起悲感矣。晡散步，入浴。日間休息時，不斷前往妻之畫室，觀其所畫雪景，形容畢肖，其字亦大有進步，其藝術天才如此，可慰。晚觀影劇，十一時寢。

1　皮爾生（Andrew R. Pearson），又譯皮也生、皮耶遜，美國新聞記者，1941 年起在《華盛頓郵報》開闢專欄「華府隨筆」。毛邦初透過皮爾生，於 8 月 10 日及 16 日在《華盛頓郵報》發表專文，指控中國空軍使用頗有問題的採購程序，購買航空汽油，並將鉅額之美援款項，轉入私人銀行戶頭。

上星期反省錄

一、美國戰略對東亞任其自然，而以全力解決歐洲，將來戰局開展，歐洲大陸在極短時期內必為俄國佔領，英國亦為俄炸毀，不能為美之基地，或亦為俄所佔領。其在東亞，俄必先對日本三島攻擊，不難佔領。此時臺灣真成孤立，自將被其環攻與炸毀，如我果能堅強抵禦，擊退俄共，使不得逞。至此美國在歐既無立足之地，無法反攻，即使能勉守一隅，亦必相持不能決勝。而中共利用大陸人力為俄驅使，補充俄軍各戰場之兵力，使之源源不絕。果爾，則美國方知中國之重要，將以實際相助，但恐為時已晚矣，然而深信天父必有以救我也。

二、十三日俄國宣布參加舊金山對日和會，英、美政府及其輿論，皆顯示其旁皇無主、手足無措之窘狀，甚歎英、美人才之缺乏無能，如此情勢何以領導國際與俄抗衡，殊為人類前途之不幸，悲也。

本星期預定工作課目

1. 武官品格與自修之重要。
2. 節儉戒奢之講演稿。
3. 反攻時，共匪未能肅清以前，對法制應採取嚴肅而不主寬容，如有必要之時地，或對匪制暫維原狀。
4. 第六十七師改編情形之調查。
5. 雙十節閱兵式之準備。
6. 對日本和〔河〕田[1]聘請案之拒絕。
7. 對日和約方針之決定（暫置之不急提）。

---

1 河田烈，曾任日本大藏大臣、臺灣拓殖會社社長，為簽訂《中日和約》的日本政府全權代表。

8. 經濟財政與減政問題之督導。
9. 軍政人事之發表。
10. 統計上期之優秀人員。

八月十九日　星期日　氣候：晴

雪恥：一、對邦初案之揭曉與處置。二、政院人事之調整。三、經濟與減政問題之解決。四、雙十節閱兵式之準備，指定部隊。

朝課後修改軍人讀訓第八、第九兩條解釋文完，每條釋文幾乎皆費一小時以上也，第十條釋文已於昨晡修畢矣。記事後為夫人題畫十一幅。上山以來所擬主要工作，竟得如計完成，此為本年重大之收獲，對於修養心神與考慮前途及默察世局，皆得一結論，更足自慰。此外，克氏戰爭原理之研討，修正其譯文，此乃二十年來未有如此學習之情景也。黨史簡編第二集亦校閱完畢，守則與讀訓解釋完成，此乃十餘年來之宿願也。其他重要講稿八篇詳細修正，則猶在其次耳。十六時下山，十九時回前廬，入浴。

八月二十日　星期一　氣候：晴　風

雪恥：昨日午課、晚課如常。晚回後草廬，商討對邦初案處治之方針與步驟甚久。此等小人已經依賴外國為其護身符，其對國家與政府之行動與用心，真如漢奸無異，如再容忍，則國家與政府之信譽皆為其所毀矣，非出最後之辦法，無以為計，即使美援因之斷絕，亦所不惜也。廿三時半寢。

朝課後到軍訓團高級班點名畢，舉行第七期畢業，及院十四期、高二期開學典禮，宣讀高一期畢業訓詞，聽者感動。第七期生陳堅高[1]致答詞亦令余為之含淚感奮也，再點七期生名畢。會餐後，與曹士澂[2]談聘日人經濟研究顧問事，囑其覆絕不聘。午課後記事，批閱，清理積案，晚修講稿。

八月二十一日　星期二　氣候：晴

雪恥：昨晚與萬、彭[3]談院團訓練等事，晚課後，十一時半寢。最近日本政府間接強求余聘其前財相和〔河〕田為顧問，一面其對美國招搖，謂余自動請求其和〔河〕田為顧問，將以財政顧問名義來臺，商談雙邊和約問題，余嚴拒之。對於雙邊和約，如美國不負責令日正式來談議訂，則更應拒絕，勿使其含混責任，蔑視我地位也。回憶開戰以前，日政府常作此等強制要挾之舉，不料其今猶如此賣弄，誠為可痛，豈日人仍未能認清中國耶。

朝課後修正講稿「對大陸收復初期之行政方針」一段。十時半入府，下令毛邦初停職查辦，此為今年內部重要之案也。召集宣傳會談，對日和約與俄國行動皆有詳實討論。午課，批閱，記事，入浴，車遊山下。晚閱報，晚課，十一時寢。

八月二十二日　星期三　氣候：晴

雪恥：一、荒漠甘泉：八月十六，勝利就是在不動中、靜候中得到的，這要比活動艱難千倍。這需要更大勇氣去站住等候，不喪膽、不絕望，絕對服從

1　陳堅高，時任陸軍裝甲兵司令部第三處作戰科科長。

2　曹士澂，1949 年 5 月派任中國駐日本代表團第一（軍事）組組長。7 月聯絡岡村寧次促使日本軍事顧問團（白團）成立。

3　萬、彭即萬耀煌、彭孟緝。

神的志意，將工作和榮譽讓給他人。他人都快快活活、忙忙碌碌在工作，自己卻能安安靜靜，帶着信心而歡樂，這纔是最偉大的生活。余讀至此，乃不覺忍耐等候之難矣。

朝課後續修講稿，增補收復時期政治哲學與思想鬥爭成敗之關係一節。十時到高級班，十時半入府，召見余伯泉、吳文芝出國學習，聽取其報告，此乃為粵藉〔籍〕中不易得多〔多得〕之將領也。召集動員研究組，商討財經收支統一問題及動員機構。正午視察研究院，正、副主管皆不在也。

八月二十三日　星期四　氣候：晴　溫度：八十八

雪恥：昨午課後續修講稿，召見趙家驤。晡入浴，晚續稿後晚課，十一時前寢。

朝課後記事，業務演習講稿完成付印。到中央開會，討論對青年黨分裂及其召開全會之態度問題，最後決定對其勸告。如其開全會，必須其李璜[1]、左舜生[2]等由港來臺參加該會為妥，否則程〔陳〕啟天[3]、余家菊[4]等反對開會，因之必致該黨分裂，於現局甚不利也。但亦不提其程〔陳〕、余必須參加大會之意，避免干涉之嫌。以該黨曾、李[5]一派，即現在主開大會者，本為反動

1 李璜，字幼椿，號學鈍，四川成都人。1949 年避居香港，任香港中文學院教授。並往來於港、臺之間。被推舉為青年黨中園派首領，為中國青年黨的當權派。

2 左舜生，譜名學訓，號仲平，字舜生，以字行，湖南長沙人。時為中國青年黨委員長。1949 年到香港，創辦反共刊物《自由陣線》。先後在香港新亞書院、香港清華書院任教。

3 陳啟天，字修平，1950 年 1 月任中國青年黨秘書長，旋代主席，並創辦《新中國評論》。

4 余家菊，字景陶，湖北黃陂人。國家主義教育學派的著名教育思想家，青年黨主要領導人之一。1947 年當選行憲國民大會代表；5 月任總統府國策顧問。1949 年來臺，寓居臺北。

5 曾、李即曾琦、李璜。曾琦（1892-1951），名昭琮，字慕韓，號愚公，黨號移山，四川隆昌人。早年留學東瀛，提倡愛國反日反帝，其後發起「少年中國學會」，創建「中國青年黨」，創辦《醒獅週報》，鼓吹國家主義運動。1946 年率領青年黨參加制憲國民大會，1948 年赴美。1951 年卒於美國華盛頓。

與漢奸為列，而左、程〔陳〕、余則較正規也。午課後審閱史料及總理手諭七十二張，不勝感慨係之。批閱，到研究院點名後入浴。車遊，晚餐後閱報，晚課，十時半寢。

韓戰停火會議今日破裂，乃由共匪主動聲明也。

八月二十四日　星期五　氣候：晴　悶

雪恥：一、研究院學員成績分別省區與學業各表。二、院團各種軍〔軍種〕成績表。三、屬美員提供軍隊訓練教育計畫之意見。

朝課後記事，修正軍人讀訓淺釋校核完成。十時入府辦公，接閱顧大使報告，周以德、卜雷[1]等皆袒護毛邦初，其意在要求我政府不急引渡也。尤其美空軍總部特報告其參議院，稱中國空軍駐美辦事處毛邦初並無貪污舞弊之事。可見美國之幼稚可笑，不講事實，只重情感如此，此中國所以被其滅亡也，應置之不理。召集情報會談，午課，今日午睡甚熟，幾達二小時，此為最近難得之象也。審校黨員守則，淺釋二篇，與少谷談經濟動員局人事，余主張辭修勿爭意氣也。

八月二十五日　星期六　氣候：晴　晡雨

雪恥：昨晡入浴，車遊，晚課。審核淺釋稿，十一時後寢。

朝課後記事，修正說軍紀篇。十時入府辦公，會客，召集軍事會談研討軍費，美援對我士兵營養補助費，上月撥給卅萬美金，本月忽告停止。又接美電，

1　卜雷（William D. Pawley），又譯鮑雷，美國外交官，曾任駐秘魯大使、駐巴西大使。

稱其參議院將以我不贊成其裁撤軍隊政治部之建議，因之不通過援華經費之消息，余泰然置之。如其真欲強逼我取消政治部，我決不接受其美援，以免其干涉我軍事也。午課後重修業務演習，增加管子「勞教定而民〔國〕富，死教定而威行」[1]一段，釋文頗長。晡連接果夫病重之報後，未及起行往視，而其逝世之報又至矣，不勝悲傷，然其亦可去年[2]，不過其老父[3]在堂甚難堪耳。晚閱講稿，十一時晚課後寢。

上星期反省錄

一、減政裁費之計畫已着手實施。

二、經濟動員局與財政收支統一案已決定。

三、六十七軍縮編完成，軍訓團第七期結業。

四、毛邦初停職查辦案已令行實施。

五、美國對我政治部之反對正在醞釀中。

六、美國援外案參議院已通過。

七、韓國停戰會議已經破裂，但雙方仍在觀望與試探復會也。

八、伊朗與英國石油交涉談叛〔判〕亦已破裂，但雙方亦在觀望，尚未絕緣也。廿五日美軍大炸羅津港。

九、最近美、俄冷戰，俄弱而美強矣。

十、果夫於廿五日下午逝世矣。

---

1 「勞教定而國富，死教定而威行」出自《管子》「侈靡篇」，是以人要克私欲而致勞，求生教以「必死之道」，這與孔孟儒家磨鍊心智觀念相似。

2 原文如此。

3 陳其業，字勤士，浙江吳興人。陳英士之兄，陳果夫、陳立夫之父。1947 年當選為行憲國民大會代表，暨全國商聯會常務理事、全國工聯會理事等。1949 年隨政府來臺。

本星期預定工作課目

1. 軍設舞場取締如何。
2. 斜交陣地與反斜面陣地之實地構築。
3. 軍制與動員二課應特加強。
4. 黨員守則淺釋之付印。
5. 克式〔氏〕戰爭原理訂正本之付印。
6. 對日和約問題之考慮。
7. 業務演習講評之付印。
8. 召見研究員第十四期開始。
9. 財政收支統一之督導。
10. 經濟動員局案之督導。
11. 軍政人事之督導。

八月二十六日　星期日　氣候：晴　下午雷雨

雪恥：一、閱美使[1]與葉部長[2]談話錄乃知其對日和約着急訴情矣，可痛可鄙。朝課後記事，審閱講稿。到工業專校對青年夏令講習會致詞一小時畢，再到殯儀館吊唁果夫之喪，其遺容尚清秀如故也。其尊翁不在臺北，已由其家庭通知，聞將於下午北來，不知如何悲痛矣。十一時到蒔林禮拜後，回後草廬。午課後，重修黨員守則淺釋稿。約何世禮談話，乃知美艾對和約已陷於進退維谷之境。晡與妻車遊淡水，街道已較清潔矣。入浴後晚餐畢，因修服從為負責之本淺釋章，甚想闡明服責〔從〕與負責的意義為互相關聯之道，不料用腦過度，竟使終夜不能成寐，苦甚。晚課如常，十一時就寢。

1　美使即藍欽（Karl L. Rankin）。
2　葉部長即外交部部長葉公超。

八月二十七日　星期一　氣候：晴

雪恥：昨夜只睡前後二小時，自一小後即不能安睡，起床二次，五時後復起，靜默三十分時再睡，仍未熟睡。七時起床體操，讀荒漠甘泉，唱經如常，重校守則淺釋，未敢稍懈，急欲脫稿也。昨以美國對日和約訴情，與修訂守則服從為負責之本，臨睡用腦過度，竟致失眠，且此為失眠最激之一次也。上午入府，審閱顧[1]電及葉部長所擬對日和約範圍限制一節之聲明，在彼以為於我國體無傷，殊不知其該約如一有條件或限制，將成為我國之致命傷也。其後軍民皆以聽命作戰，為人作嫁，絕無價值矣。彼美艾賣華害華，而今則又來訴情，要我承認其賣華條件矣，能不痛憤，乃決堅拒，不容其所請，即使今後美援斷絕，或對日雙邊協定亦不能簽訂，坐失機會亦所不恤也。

八月二十八日　星期二　氣候：晴

雪恥：昨十時在府祭孔後，即到研究院紀念週讀訓詞一篇畢。正午往殯儀館祭果夫，以其十五時大殮，故先獨視其遺體也。面約其尊翁勤士來山同住，以減其悲哀。但其體力甚為康健，面容亦無悲哀之色，誠難得也。午睡仍不能安睡。午課後記事，重修守則一篇。十八時獨遊草山公園，徒步往來約半小時，使其疲倦，以期夜間能熟睡也。入浴後忽覺發冷，似有熱度，乃即由前草廬回後廬休息，晚量溫度果有卅八度六也，九時半服藥即睡。

昨夜服藥後甚安眠，本晨八時起床體溫已退，朝課如常。在寓養〔休〕養，終日審閱守則，對於服從與負責條及孝順與齊家條重新闡述甚詳，但費力異甚，故晚間溫度又高至卅七度八。午課、晚課如常，十時寢。

1　顧即顧維鈞。

八月二十九日　星期三　氣候：晴

雪恥：一、每一黨員各別認識人士的職責應實踐。二、訪問人民的方法和態度。昨晚睡眠不良，雖服藥昏沉，但仍忽醒忽睡，不能安眠。八時後起床，朝課如常，溫度尚有卅七度八也，乃決休養，不入府辦公。上午在寓記事，閱報及閱黨史料，妻約祈禱會女同道來寓聚會。午課後審閱卅六年所批摘的共匪戰術問題一書，付印。閱美國戰術蠡測論文，美國軍事不能保守秘密，蓋如此也。入浴後車遊一匝，晚間不敢再用腦看書，惟亟思改革教育精神，以補充過去五四運動以來，只知民主與科學，而不要倫理道德與法律秩序之病，竟使一般青年不知國家民族與忠孝信義為何事，卒受共匪煽動與統治如此之易也。午後溫度已退，晚課後十時寢。

八月三十日　星期四　氣候：晴　悶極

雪恥：一、立夫回國。二、和〔河〕田烈要求聘為顧問，應拒絕，正式否認其事。三、對日和約問題答美要點：甲、雙方和約不能另有其他條件。乙、不能有範圍之限制。丙、不能有特別聲明。四、不令曹士澂回日。五、邦初問題之方針。

朝課後記事，審閱史料抗戰建國綱領之頒布章完，上午心神安詳。午課後審閱史料國民參政會之召集章完，自覺可慰。經國來談保密局走私案，宏濤來談和〔河〕田烈消息與美國要求嚴加監督其美援，且要求監督我政府之收支。而其對於援助我游擊隊，以及對粵、對滇皆由其各別進行，以為各個控制，此其居心叵測，然其幼稚亦可笑也。今晚課後本想早寢安眠，不料為河田與熊[1]醫事又發甚激，雖服雙倍眠藥，亦不能安睡，苦極矣。

1　熊丸，1943 年起，擔任蔣中正官邸醫官，至 1975 年蔣中正去世為止。1948 年起，先後擔任臺灣省立臺北醫院副院長、院長等職務。

八月三十一日　星期五　氣候：晴　溫度：九十　今日最熱

雪恥：一、福州、漳、泉、廈之地質模型圖。二、各高等學校政治教官宣講主義之技術、態度與講法，應先研討考驗，軍事教官亦應如此。三、軍政執行不澈底與負責心之關係。四、收復期間之人與地的處置辦法，人在組織與教育不得報復，凡無共黨藉〔籍〕者一律待遇，但通匪、窩匪或知匪不報者殺。地在現耕者不變動，荒廢或無主者從〔重〕新分配，稅收不得超過百分之廿五。

朝課如常，以昨夜未得安眠為苦，但晨起精神甚佳。記事後召集財經會談，裁減軍費尤感為難，商討至十三時後方畢。繼談對日和約問題，決否認和〔河〕田為顧問事，並以接受雙邊和約與多邊和約性質無異之內容，但絕不能有範圍限制等之條件。十四時半午睡，酣眠二小時之久，甚難得也。

上月反省錄

一、中國不能參加對日和會，惟共和黨參議員晉納[1]首次評〔抨〕擊其政府，批准和約時，必須有中國參加者方可。然諾蘭則反對其提議，此乃一不及料之事。美國人好惡無常，與喜怒不定之性情如此，能不警惕。然而民主黨議員麥紐生對華僑陸亨利之抗議書則提議歸入國會記錄，其態度反比諾蘭為友誼矣。

二、國際強權與自私，以及欺善怕兇、凌弱侮亡之情勢，英、美二國之言行，誠暴露無餘。美菲聯防公約、美澳紐聯防公約皆已訂定，而對我中國自然是置之不理。一聞俄國參加和會，則彼美上下皆手足無措，國際形勢之混亂與卑劣，至本月而極矣。此世界之禍種，皆因美國愚拙而為其厲之階也。

三、毛邦初案發表後，美國羅蘭[2]、周以德等皆為之幫兇，而反脅制我政府，此又為美國偏袒私人，不重事實與法理之又一發見。余之昏聵，何對美國認識錯誤至此也。

四、臺灣經濟比較穩定，實為至幸。

五、個人修養與學習以及對國際、對共匪之研究，與整個大局之觀察與設計。在角畈山十八日之中所得非尠，尤其是黨史第二卷之校閱、黨員守則及軍人讀訓之淺解，以及克氏戰爭原理之修訂，皆為革命基本工作也。

六、美國政策之所表見者：甲、控制我軍事與財政。乙、分化我軍隊與政治。丙、培植大陸游擊隊與第三勢力，以為牽制我革命勢力之張本，並將以此為取我而代之之計，抑何可笑，亦甚可危也。

1　晉納（William E. Jenner），又譯勒納，美國共和黨人，時為參議員（印地安納州選出）。
2　即諾蘭（William F. Knowland）。

九月

蔣中正日記
Chiang Kai-shek Diaries

蔣中正日記
Chiang Kai-shek Diaries

民國四十年九月

本月大事預定表

1. 懷疑與推誠之講義（防制共匪造謠挑撥之道）。
2. 武士道質實剛健，堅忍果敢，至死方休（純真樸實）。
3. 武士道與死為一體，武士道就是死。
4. 自信互信之重要。
5. 動員與節約之具體辦法。
6. 士敏土出產之征用，每月定量。
7. 軍事哲學學理及其本質與名稱之規定。日本有武士道。
8. 戰爭原理與戰術制式及其精神要旨。
9. 兵學法則與制式及我國傳統精神之發揚。
10. 斜交陣地與反斜面陣地之見習。
11. 游擊降傘幹部之訓練與編選計畫。
12. 各省軍政長官人選之內定。
13. 經濟動員局案之促成。
14. 挖築山地防空洞與增加水泥量，多築防空洞。
15. 對匪區鄉村幹部及其青年思想之對策。
16. 臺灣自衛隊之加強，與對臺民教育宣傳之綱領及其實施辦法。
17. 核心組織之設計與準備。
18. 反攻大陸戰術、戰略方式與重點之研究。
19. 謀略策反與偽降引敵之技術。
20. 對敵游說與謀略之訓練。

九月一日　星期六　氣候：晴　悶熱

雪恥：昨午課後約朱仰高[1]醫師來診斷，認不能再服多藥，以注射「扳義西靈」[2]乃可醫胃與安眠也。晡批閱後入浴，晚觀影劇（半場舞）。晚課後十一時寢。

昨晚睡眠已復常，故今晨精神較佳。朝課後記事，十時入府主總理紀念月會後，召集軍事會談，對於美國要求我提出五年計畫，已核定主旨，軍事建設事業以兵工生產能自給自足為度也。午睡甚酣，午課後未敢工作，翻閱舊書宋元學案類鈔立身篇，以資修養。六時前出外，自後草廬徒步至（前）草廬（約五里許）。入浴，與妻車遊一匝。晚觀影劇，十一時前晚課後寢。

上星期反省錄

一、周初即感失眠，精神疲倦，身體不支，可說對人、對事只要不愧不怍，已無所憂懼，所謂不怕天不怕地，只怕夜間失了眠，此失眠實為平生最怕之事也，幸周末已漸復常安眠矣。

二、行政院人事與動員局事尚未發表也。

三、艾奸對記者明言，日本如選擇中共為其對中國和約對手，則美不能干涉。此其明促我政府速與日本進行和約會談，其愚誠不可及也，余乃決定否認聘和〔河〕田為顧問事，使其知余決不能為強權所制也。

四、卅日美菲聯防公約、九月一日美澳紐聯防公約先後簽訂完成，不久美日聯防公約亦將繼此簽訂矣，惟拒我於千里之外，但我獨不以此為恥也。

1　朱仰高，名慶鏞，字仰高，浙江嘉善人。在滬行醫多年。抗戰時期赴重慶，曾任軍事委員會侍從室醫官。戰後接收上海公濟醫院。1949 年隨政府遷居臺灣，開設私人診所，並為蔣中正特約醫官。

2　指「盤尼西林」，即青黴素（Penicillin）。

本星期預定工作課目

1. 國防部立法手續。
2. 教員風格與師資。
3. 送遺族節金。
4. 學員輔導組織。
5. 帝國急欲統制之對策。
6. 召見王冠吾[1]、王大任[2]（東北）。
7. 教育辦法及教師之規律。
8. 選有志復國和建設名人傳述、士兵故事。
9. 宣傳技能與態度。
10. 實踐十條與改革六點。
11. 啟發與自然及科學與組織。
12. 如何使青年興起革命。

九月二日　星期日　氣候：晴

雪恥：呂大臨[3]曰：「大人者無所不知、無所不能，不過將本然之知能擴充至乎其極，其體仍然不動，故為不失。」吾於此甚有所感，此即良知良能發揮之極，所謂以究至乎其極，與吾心之全體大用無不明之意乎。

朝課後記事，記上周反省錄。十一時到蒔林禮拜，乃知新約成於紀元後五十

---

1 王冠吾，吉林雙城人。1948 年 2 月當選監察委員，同年參加監察院臺灣巡察團。1949 年到臺灣，繼任監察委員，並參加革命實踐研究院。

2 王大任，名雲祚，以字行，遼寧遼陽人。曾任遼寧省總工會常務理事，《東北民報》、《和平報》社論委員。1948 年當選第一屆工會選出之立法委員。1949 年來臺後，入革命實踐研究院第十一期，國防研究院第二期受訓。與王冠吾皆籍屬東北。

3 呂大臨（1044-1091），字與叔，宋代金石學家。著《中庸說》，黃宗羲在《宋元學案》中稱「呂氏為關中學派藍田系」。

至百年之間，而舊約則始於紀元前一千五百年也。午課後審閱立身篇至陳右司[1]說：「孔子以柔文剛，故內有聖德而外與人同。孟子以剛文剛，故自信其道而不為人屈。眾人則以剛文柔，故色厲內荏。」我近來疾言厲色，令人難堪。有友云：對內只要細言蜜語，則一切問題皆可解決。乃知吾之不能以柔文剛之過也。入浴，散步如常。晚觀林肯[2]生平影劇後晚課，十一時後寢，又失眠矣。

九月三日　星期一　氣候：晴　溫度：九十一

雪恥：昨夜又失眠，至今晨三時服藥後漸沉睡。七時後起床，記事，朝課如常。今日為抗戰勝利，接受日本投降書之第六周年。十時到圓山忠烈祠致祭抗戰陣亡軍民之靈，為抗戰而死亡之人民不下三千萬，軍隊之官兵則逾三百萬人以上，英、美竟摒除我中華民國，簽訂對日和約，此何如事，此可忍孰不可忍，美國其休矣乎。我如果能從此立志自強，自力更生，則未始非剝極而復之機。人貴自立，何怨之有，痛憤何為哉。十時半到軍訓團紀念周，講今後一般教育方針，甚惡一般中立與騎牆之大學教授之無恥也。午課後審閱第十四期學員自傳，召見二十八人畢，已十九時半矣。入浴，餐後與妻在洋臺閒談，不敢工作，恐失眠也，晚課。

1　陳右司，即北宋理學家陳瓘（1057-1124），字瑩中，號了翁、了齋、了堂，又號「華嚴居士」。南劍州沙縣人。「孔子以柔文剛」一語，出自《宋元學案》第 35 卷「陳鄒諸儒學案」，陳瓘謂：「孔子以柔文剛，故內有聖德而外與人同；孟子以剛文剛，故自信其道而不為人屈；眾人以剛文柔，故色厲而內荏。」

2　林肯（Abraham Lincoln, 1809-1865），第十六任美國總統，1861 年 3 月就任，直至 1865 年 4 月遇刺身亡。領導美國經歷南北戰爭，維護聯邦完整，廢除奴隸制，增強聯邦政府權力，並推動經濟現代化。

九月四日　星期二　氣候：晴　悶熱

雪恥：今日美國在舊金山召集其所謂對日和約會議，摒除我國於和會之外，此為我國之辱，而更為美國之恥。人類正義，世界公理，皆為美國此一舉而消滅殆盡，小子中正能再不自強乎。世界分成兩壁壘，人謂共產與資本主義之爭，或謂極權與民主之分。余往昔亦以為如此而已，但由五年來之觀察，至今則斷為斯拉夫與安格爾賽克遜二民族之爭，其欲統治世界人類則一也。雖後者不如前者之殘忍，然而其奴役人類之方針亦一也。而其侮辱與輕狂之行態，則又過於前者也。若余不自力更生，何以生存於今後之世界也。

朝課後記事，入府召見宗南等八人畢，召集一般會談，商討對日雙邊和約進行方針：甲、須美國負責居間作證。乙、須與多邊和約同時生效。丙、實施程序只能在談話記錄中，不能涉及於大陸領土主權絲毫損礙之語意也。午課後審閱學員自傳，召見卅人畢，已黃昏矣。入浴，車遊，晚課，十一時前寢。

九月五日　星期三　氣候：晴　悶熱

雪恥：一、閱共匪三日所謂人民政府十二次會議出席人員名單，雖其內容毫無異於尋常之議案，但可預想其對舊金山和會與對韓戰，俄國決不予美國有休戰與妥協之餘地，而其目的：甲、聯合亞洲不簽字之國家，以暴露美國之橫蠻與好戰，使之共同反美。乙、使日本不敢批准和約。丙、鼓動日本內亂。丁、由韓戰擴大為日戰與世界大戰。戊、其對臺灣之手段，或亦有所變化乎。

朝課後記事，邦初在美國喪心病狂，對於國家與政府詆毀無所不至，必欲達其破壞美援，推倒政府而後已。美報反蔣者亦因此擴大其反蔣之宣傳，然余無所動心也。入府辦公，會客，批閱。午課後審閱學員自傳，召見卅人畢，入浴，車遊，晚課，十一時寢。

九月六日　星期四　氣候：晴

雪恥：一、保羅云：「吾德之彰，即在柔弱中也。」又云：「吾為基督之故，凡肉體之柔弱，以及一切侮辱、艱難、窘迫、困苦，皆所甘受。蓋吾之弱，正吾之所以強也。」又云：「爾曹詎不自知基督實寓於爾心中乎？」[1] 讀此乃知柔弱之可貴而難能也。今日對日和會，吾為美國侮辱壓迫亦已甚矣，然此歷史性之錯誤與罪惡，不久必有報應。吾雖被摒，固吾之弱，而真理與公義則決不為其所摒，而可久為。其一手抹煞者，艾其生之外，杜勒史實為一無恥之政客，從前所望其為美國之外交家者，此乃余無經驗、無見解，對美國與其人之認識錯誤則一也。

朝課後記事，到中央開會，對自由中國周刊雷震 [2] 之投機分子，予以開除黨藉〔籍〕之處分。午課後審閱學員自傳與召見卅人。晚餐後，與妻約陳、吳 [3] 二家孩子們在草山散步。晚課後十一時寢。

九月七日　星期五　氣候：晴

雪恥：一、近閱二十二年記事，更感吾昔日之寬容政策，其誤國之大也。今可證明，凡為叛逆者，如寬赦他一次，則其必有第二次更大之叛變。故叛徒之定律，凡既有一次之叛變，則必有第二第三，乃至無數次之叛變，非至你寬容者消滅，則其心不安，而且其心亦永不甘也。因之對叛徒，首先

1　〈哥林多後書〉，第十二章，吳經熊譯本。

2　雷震，字儆寰，浙江長興人。1949 年任京滬杭警備司令部政務委員會顧問兼經濟委員會主任委員，8 月任中國國民黨設計委員會委員，11 月 20 日，創辦《自由中國》半月刊。

3　陳、吳即陳誠、吳國楨。

必殺毋赦，否則養虎自害而已。此非僅對共匪朱、毛[1]，即對李濟深、陳銘樞與李、白[2]等之已往事實歷歷不爽也，能不澈悟乎。
朝課後記事，入府辦公，召見叔銘[3]談話後批閱。午課後審閱學員自傳，召見學員卅人畢，已二十時矣。入浴，晚餐後與妻車遊山下一匝。正午審閱講稿「美對日和約草案發表後，自力更生之決心」，擬即付印也。

九月八日　星期六　氣候：晴　溫度：九十二

雪恥：近日為美國賣華侮華之舊金山對日和約之故，心神悲憤，不知所止，認為此舉如非天地末日之來臨，即為世界人類悲劇慘禍之開始，豈僅中華民族之奇恥大辱而已哉。刻讀荒漠甘泉，苦難中間有一種神秘、奇妙、超然的能力，決不是人類的理智所能了解的，凡沒有經過大苦難的人，決不會知道，一個受苦的人，若能得到鎮靜，竊笑他所受的苦難而視若無睹、置之不理，亦不再求神救他脫離苦難，他就有福了。讀此，可使心思意志和情感都會降服在神的手下，全人會感到一種非常的安寧，舌頭也變得靜默，沒有什麼要說的了，此乃我人生又一新天地的開始乎。
朝課，記事，到新竹陸大廿三期學員畢業典禮。午餐後回寓，午課畢，審閱學員自傳，召見卅人後入浴，車遊。餐後晚課，十一時前寢。今晚酣睡六小時以上，甚慰。

1　朱、毛即朱德、毛澤東。朱德，字玉階，中華人民共和國成立後，先後擔任中央人民政府副主席、中共中央紀律檢查委員會書記、中華人民共和國副主席、中共中央副主席等職務。

2　李、白即李宗仁、白崇禧。

3　王叔銘，本名勳，號叔銘，山東諸城人。1946 年 6 月任空軍總司令部副總司令兼參謀長。1952 年 3 月升任空軍總司令。

上星期反省錄

一、英、美召集舊金山對日和會，惟薩爾華多國對我抱不平之鳴，認為摒除中國是造成歷史上最大之錯誤。舊金山報紙亦表示惋惜與不平之意。美國其他並無任何表示。而最可悲傷者，美國議會不僅默認此不法無道之和會，而且平時對華友好之議員，亦一致默許其政府賣華之舉為應當之事，尤以共和黨所認為惟一外交家杜勒斯，不惜助紂為震[1]為然，此乃余對美國民族性五十年來認識最大之錯誤也。五年來，以美國賣華之舉，認為其政府少數人之事，而今方覺其朝野皆為一丘之貉。然人之愛國，誰不如我，亦何足怪，乃我不自爭氣，於人何尤。如我再不自力更生，則民族復能生存於世界乎，小子中正其能贖罪負責乎？

二、毛邦初在此國家奇恥大辱之中，而其在美國出醜自侮，詆毀政府，為美國反華者所利用，以資摧毀我國家，其罪甚於賣國矣。

三、伊朗與英國石油交涉破裂，此固俄國之陰謀成功，而實英、美帝國主義有以使之然也。所可悲者，伊朗又為其刀俎耳。

本星期預定工作課目

1. 收復工作，合作社應定為特業必辦之事。
2. 行政效率以無積案為標準。
3. 人與地之處理，實為收復工作之重心。
4. 經濟動員局之組織。
5. 實踐組織與設計。

1　原文如此。

九月九日　星期日　氣候：晴

雪恥：一、美日同盟協定即繼舊金山和約而簽訂，其內容完全為受美控制之條約，決非所謂予日本以獨立自由之謂也。此約成立後，可由〔有〕以下之後果：甲、日本人民自不滿意，認為是美國之殖民地，其內部必發生變化，吉田[1]內閣必不能持久。乙、俄國對日本必挑起其內亂，決不能使其親美政府穩定健全與建設也。丙、美國扶日制俄以制華之政策，最短期間必歸失敗。丁、世界第三次大戰，其將由日本而正式開始乎。

朝課後記事，記反省錄。因舊金山對日和約訂立，我國不得參加，認為我國第一之恥辱，且為世界人類種此禍根，實為正義和公理悲也。故禁絕朝餐，為我抗戰犧牲之軍民哀悼，以誌余之罪孽深重也。十一時蒔林禮拜。本日心神悲慘，情不自禁，惟午課後仍工作如常，不敢弛懈也。

九月十日　星期一　氣候：晴

雪恥：昨晡審閱科學的中庸篇，晚閱卅年對青年團幹事會訓話（哲學與教育對於青年之關係）篇，晚課如常。對於十年來外交失敗之原因，與個人無定識、無卓見，任由環境之轉移以致於此，不勝悔恨之至。未知上帝能否恕我愚忱，鑒我苦衷，再假我以十五之年，使能補過雪恥，不愧為上帝之子民，不失為基督之信徒乎？惟天鑒宥。

朝課後記事，思慮舊金山對日和會後之局勢甚久，簽約之國其果快慰歡笑乎。而悲痛哀傷者，卻只我一國也。日本內心其果悅服乎，吾不之知，而吾則不為其賀而獨為其吊也。吾於此悲哀恥辱之下，頓覺心地光明，誠有光風霽月之象。此時世人雖對余遺棄，且四面封鎖斷絕，已再無路可通，余亦再無活

1　吉田茂，日本東京人。1947 年 4 月至 1963 年 10 月為日本眾議院議員，期間 1948 年 10 月至 1954 年 12 月，出任日本第四十八至五十一任首相。

動餘地、另想他法之可能，只有聽命於上帝之拯救而已，且深信此已是上帝救我中華子民開始之時矣，吾何憂何懼之有。

九月十一日　星期二　氣候：晴

雪恥：昨上午到軍訓團紀念周宣讀說軍紀篇後，補充訓話畢，點第八期學員名，多半老弱形態，不勝懊喪，四十歲上下之人衰弱至此，不勝為民族與國運悲也。午課後審閱學員自傳，召見卅人，與合眾社副經理談話。晚閱廿九年黨員守則意義之講演及告青年書，皆有所感。上帝賜予以如此良機，使我有暇重審抗戰時期之文件，何幸如之。

朝課後記事，入府辦公，會客，批閱文件，審核毛邦初案組織調查團辦法，及約邀美國人士參加，以昭大公，以此不涉公法與對外政治也。午課後審閱學員自傳及召見人數如昨。入浴，晚餐，車遊，晚課，十一時寢。

九月十二日　星期三　氣候：晴　晡微雨

雪恥：近日悲痛自反之餘，所謂「從頭做起」者，正由本月九日真為開始之時，自力更生之計畫與實踐之行動，皆要由此開始。小子中正如再有志不立，有口無心，則何以革命雪恥也。五年生聚、五年教訓，減政減軍，矢志組訓，不求外援，實事求是，精益求精，無論人與事，求精而不求其多，此為獨立自主之要旨也。甲、墾荒以收容裁餘之官兵。乙、多產水泥增強防空，此為自立之初步計畫也。

朝課後記事，十時訪果夫之父勤士先生，此老達觀明義，誠近來罕見之賢達也。入府接見印尼華僑觀光團後，召見十人，批閱公文。午課後召見學員如昨。入浴，車遊，晚課。為軍隊政治教育又遭美人干涉，立人尚不知政治教育之重要，可歎。

九月十三日　星期四　氣候：晴

雪恥：一、去年復職前後，軍隊內奸匪案件及紛亂複雜情形，與整軍經過之事實，應編印成集。二、吳俊升[1]召訓。三、立法院院長案。四、雷震案。五、立院黨部案。六、動員與黨務之配合。七、召見張學鼎[2]（談職位分類）、李世傑與沈之岳[3]、鍾正君[4]。八、馬歇爾已辭國防部長，繼之者為其助手羅維達[5]，此與美國對內外政策不致有所變更，可知馬之去年就職，完全為推倒麥帥之故，今其目的已達而退，為其個人誠為得計，但美國與世界之禍因，皆由其任職一年之中所深植，而更難自拔矣。小人道長，能不為人類危乎？

朝課後記事，到中央開會。午課後召見學員如昨。晚課，觀影劇，十一時半寢。

九月十四日　星期五　氣候：晴

雪恥：一、禁止社會養女制度與解放配偶辦法。二、警衛團人事與編組。三、月會節約與軍事機構之實踐。四、六十七師教育計畫與人事。五、空校失蹤練習機與以後辦法。六、研究院召訓計畫之重訂。七、專心保衛臺灣與動員之研究。

朝課後記事，至柔頑固驕矜、凌上諂下，難望其成事。以此次毛案重大教訓，而尚不使之悔悟改過，令人絕望矣。入府辦公，召集情報會談，核定聘任日

1　吳俊升，江蘇如皋人。曾任中央大學教育學教授、教育部次長、香港新亞書院校長等職。

2　張學鼎，1958 年任交通部人事處處長。

3　沈之岳，浙江仙居人。1949 年 3 月任蘇浙情報站站長，並兼石牌訓練班副主任。1951 年後任大陳防衛司令部政治部主任、大陳區行政督察專員等職。

4　鍾正君，1950 年 10 月任中國國民黨中央改造委員會第七組幹事。

5　羅維達（Robert A. Lovett），美國政治家，曾任國務次卿、國防部副部長，即將接任國防部部長。

本教官案，批閱公文。午課後審讀廿九年對青年團工作指示之講稿後，入浴，巡視研究院。晚課後車遊回，審閱說軍紀講稿，十一時寢。

九月十五日　星期六　氣候：晴　微雨

雪恥：一、共匪廣播其匪軍昨已進駐拉薩，可知其已往與達賴交涉期間，為誘騙達賴回拉薩，而未敢駐軍也。

朝課後記事，入府辦公，召見文藝協會幹事張道藩等。召開軍事會談，對美國軍援提案與數量有詳切之報告，美國有口無心、虎頭蛇尾，以及冷熱無度、喜怒無常之教訓，一切言行均使人無法致〔置〕信也。羅蘭、周以德等之對我行態與語氣一月三變，前後如出二人，能不令人寒心。方知天下最難交者，莫如美友也。午膳後，為夫人題畫七幅。午課後手擬大維電稿，屬其代達馬歇爾之意。明知其決不援華，而又不能不言及援華之事，悲痛極矣。入浴，車遊。召集經、緯全家團聚晚餐，芝珊及友冰亦同席過中秋也。觀影劇。

上星期反省錄

一、外交必須為己與利己為主，不可有一毫客氣與假借之意，更不可作無把握與稍存依賴，或恐人不快而遷就之心，一經遷就則國危矣。

二、本周以舊金山對日和約由英、美強制訂立，不僅為我國家之恥辱，且為國際公理之湮滅，悲傷無似。然而此心反覺光明自得，今後對世人再無所希求，亦無所顧忌，惟有一心仰望上帝之意旨而已，其他對世人情感與希望，皆因此死滅淨盡。死滅得於我，再無可畏懼與喪失之事物，此亦為我人生第二新時期之開始也。從頭做起，自力更生者，如余果為有志之革命者，則必自今日始也。

本星期預定工作課目

1. 今日重頭做起之具體計畫。
2. 保衛臺灣與動員建設。
3. 研究院訓練人選方針與教育計畫。
4. 沉機觀變，最後行動之決心。
5. 月會訓詞。軍事機關檢討後呈報辦法。
6. 召見高級班學員開始。
7. 實踐設計組之設立。
8. 兵學法則與制式及軍事哲學本質之定制及其名稱（日本為武士道）。
9. 斜交陣地與反斜面陣地實地演習。
10. 整理講稿。
11. 動員局之督導實施。
12. 毛案[1]進行。

九月十六日　星期日　氣候：陰雨

雪恥：一、戶政改革案之辦理。二、新縣制與臺省現縣制之比較研討。三、戰地工作團之組織與法規。四、優良提案人之保荐。五、反攻開始半年至一年間，情況必甚艱難，只要能堅持一年，則匪區各地民眾必漸起嚮〔響〕應，匪亦無法嚴密控置〔制〕，故一年以後，反攻軍事方可順利進展矣。六、月會節約訓示之實踐、設計與查報。

朝課後往祭果夫，以其今日舉殯也。祭後入府辦公，審閱經濟動員局組織辦法，及張掛黃君璧漁樵耕讀與雪景五畫，欣賞自樂，以政府煩忙之室而張此

1　毛案即毛邦初案。

山野江村之作，覺能調劑身心也。禮拜如常，尚能克己自修也。午睡二小時有餘，以氣候涼爽所致乎。午課，記事後到研究院聽取黨政業務演習報告與講評後，入浴，晚課。膳後車遊，十一時後寢。

九月十七日　星期一　氣候：雨

雪恥：一、國防部組織法之提出立院。二、辭修辭職應慰留，但其動員局事應遵行。三、李奇威又對共匪提出恢復和談之通知，自欺乎，欺匪乎。四、美國有下月批准對日和約之可能，日本當於此期內派員與我來簽訂和約乎。此時實為我國對日重大之關鍵，應加研究。

朝課後思考今日講稿要目，對於勾踐十年生聚、十年教訓之義，加以闡明也。十時到研究院，舉行第十四期學員結業典禮，訓話講評本期業務演習與反攻大陸黨政設施，有重要之意見發現也。召集院務會議，決定第十期以後之訓練方針。聚餐。午課後修正「教育失敗」之講稿，約見雪艇、少谷等商討毛案對調解要旨。

九月十八日　星期二　氣候：雨

雪恥：昨晡為毛案與辭修辭職案及動員局案，聲色又厲矣。外侮如此，而內部糾紛複雜，不能和洽又如彼，能不痛心。入浴後觀影劇（美國內戰時，南北兩軍對印第安人之共同心理與行動如此，是誠閱牆禦侮之道乎。我國何不能如此耶？）余對內戰幾乎同此心情，然而共匪與粵、桂等逆，屢縱屢叛，長惡不悛，不可以義感也何？晚課後，十一時寢。

朝課後記事，修正講稿。十時後入府，辦公會客，召集一般會談，商討立法院對院務調查案及監察院要求發表陳、湯案[1]。前為毛、周[2]案，外人（美國）反華者藉此攻擊我政府貪污，正在擴大之中。而立、監兩院又內訌自亂，予人口實，不識大體，不顧國恥，若輩只以報復私仇為快事，非至臺灣滅亡，似不足以甘其心也。亡我國者非共匪，實為立、監二院之民意代表也。

九月十九日　星期三　氣候：雨

雪恥：昨午課後續修講稿。十七時後到軍訓團召見高級班學員十五人畢，回草廬，入浴後修稿。廿一時晚膳，晚課，十一時寢。

朝課後，續修講稿（教育失敗篇）完。入府辦公，記事，聽取查良鑑[3]調閱周、毛案卷之報告，並指示其赴美，司法解決毛邦初不奉命移交公款，及其抗命失職之事實。至對毛控周案，不關於前案，不過此案之證據如在美公布，其真相足供訴訟與調查者之考查而已。毛、向[4]在美對政府攻訐，無所不至，而且揑造證件，詆毀誣蔑，無惡不作，痛心極矣。惟此皆周之蠢拙驕私所促成也。國家與政府受此無比之損害，未知其知之乎。

1　陳、湯即陳良、湯恩伯。陳良，1949 年 5 月，曾任上海市長。來臺後，1950 年 2 月外調文職，前後任交通部部長、行政院主計長、行政院顧問、中央銀行監事、中漁公司及齊魯公司董事長。湯恩伯，原名克勤，浙江武義人。1948 年 12 月任京滬杭警備司令，1949 年 8 月任福建省主席兼廈門警備司令。1950 年 4 月任總統府戰略顧問。

2　毛、周即毛邦初、周至柔。

3　查良鑑，字方季，浙江海寧人。1949 年到臺灣後，初任臺灣大學法學院教授，後任司法行政部政務次長。

4　毛、向即毛邦初、向惟萱。向惟萱，空軍駐美辦事處參謀主任。

九月二十日　星期四　氣候：雨

雪恥：昨午宴印尼華僑團。接適之電，主張對周、毛案澈底調查，以昭大信也。午課後與美員「貝也司」談游擊隊事，聽取其在閩、浙工作進行之報告約一小時半畢。赴軍訓團，召見學員十五人回，入浴。膳後晚課，與妻觀董其昌[1]等古畫。以喉痛，十一時前寢。

今晨四時醒後，喉部乾痛，服藥後漸癒。朝課後記事，到中央會議，昨日立法院委員黨員大會，選舉執行常務委員十五人，遵照中央規定，實行記名投票。該院特別黨部成立，此乃數年來黨務最大之阻礙，今幸得組成，是亦黨政之一大進步也。討論中心理論，對革命民主政黨意義仍多辯爭，乃決定此無謂之事，切戒不必再提也。正午評議，聚餐（夏季未曾舉行）。午課後審閱學員自傳，召見學員如昨。入浴，晚餐，晚課，十時半寢。

九月二十一日　星期五　氣候：晴

雪恥：一、准許美顧問團參加編訂軍事預算與會計工作，眾多反對，以此為干與內政、監督財政之事，余以為於我行政效能與核實收支有益也，故批准照辦。以我軍費支出向不能核實，亦不能澈底整頓，只有此舉，方能核實澄清也。

朝課後記事，甚覺喉管作痛，傷風加重為慮。上午到研究院，主持臺省縣市議員本黨同志地方自治研究會，訓練一周，施以革命與民主之常識也。訓示後入府辦公，召見大漢輪船超〔起〕義船員十餘人，皆寧波人也。召集毛案研究各員，決定派員赴美起訴，令毛移交公款，一面組織中美名人調查組，澈查周、毛之互控也。午課後審閱學員自傳，以身體不適停召學員，在寓休

1　董其昌（1555-1636），明朝書畫藝術家。萬曆己丑進士，官至南京禮部尚書。與邢侗、張瑞圖、米萬鍾合稱「晚明四家」。

養，看書。晚課後觀影劇（太平洋行動），表演其美人愛護小孩與救助戰友是出於天性也。此美之所以能富強耳，我國盍不能倣行也。

九月二十二日　星期六　氣候：晴

雪恥：本日傷風未痊，故未入府辦公，在寓朝課後記事，報載日本與共匪在大陸上以貨易貨之交涉已有成議，將成事實，則日本與我雙邊和約問題必成畫餅，此乃美國又一欺弄賣華之罪惡也。十一時召集財經會談，決定主動的約請美員參加我預算之編訂也。繼論對日雙邊和約問題，葉外長提出其十八日與藍欽代辦談話錄，其態度與前完全變更，而且欺言如待日本自主以後，再談中日和約，則日可不提和約效力範圍問題一語，此其誰欺，欺天乎。美國之愚蠢與無信一至於此，乃可斷定其對多邊和約生效以前，所謂中日訂立雙邊和約之事無望，然仍不能不諉美國以責任也，應續與美交涉，要求其履行諾言也。午課後批閱公文，修正前稿。為孝文[1]改文（樂與苦），其文字較前進步矣。晚課後觀影劇，十一時後寢。

上星期反省錄

一、本周誠內外交迫，冤枉橫逆層出不窮，令余心傷，最不幸之一周也：甲、毛誣周謗，辭修又請辭。乙、日與共匪易貨通商，我對日雙邊和約因美國卸責推諉，幾乎無望於其多邊和約生效前訂立也。丙、周之橫逆拙劣至此，令人難以置信，不禁悲憤成疾。丁、立、監兩院害國亂政，不明

1　蔣孝文，字愛倫，為蔣經國和蔣方良長子，生於蘇聯，1937 年隨父母回國，1949 年隨家庭來臺。

大義，不識大體，十八日所記亡我國者，非共匪而乃為立、監兩院之民意代表也。悲傷心情至於此矣。

二、北大西洋公約理事會在加拿大開會完畢：甲、希臘、土耳其參加其公約。乙、成立中東指揮部。丙、修改對義大利不平和約，惟對於西德和約則尚未協議耳，此乃英、美對俄，在歐洲與近東又進一步之逼緊矣。然而其對亞洲則放任，視為無足重輕也。

三、李奇威對共匪恢復和談之條件仍支吾其事，並未具體提出。此其遷移時日，作試探共匪心理，而無停戰之意圖，可以了然，其將要求匪皆退出全韓，至鴨綠江以北地區，否則無法停戰乎。今日美軍在韓之力量，未始不可作此想也，然而美無一定政策耳。

四、英國宣布其十月下旬舉行大選，此其結果如保守黨獲勝，則第三次世界大戰必更易促成，難怪俄國共黨主張幫助工黨取勝。惟英國人民程度之對選舉，恐非俄國對美國工人之容易操縱耳。

五、反攻大陸之方針與時期，應作切實研究。

六、英、美對中國將來之政策：甲、使之分裂，阻其統一。乙、利用共產黨之一部分為狄托，任其驅使，以反對國民黨。丙、使各黨內亂紛爭，永無和平統一之時。

九月二十三日　星期日

雪恥：昨夜失眠，因毛邦初捏造事證，虛聲恫嚇，並牽連夫人，痛心無已。而周至柔方面，乃以毛案不能速辦，推托於余阻礙之故，並揚言因夫人支用毛款，所以不敢辦毛。此種謠啄誣陷，皆出於周之左右數人。尤可惡者，空軍總部所付於邦初賬款不清，不能交賬之時，其財務人員與周之親信，在會議席上皆推托因余有私人直接交毛之款，所以其總部不能交賬清楚，反假罪於余之一身，更為痛心。其實所有支毛各款，皆由其總部轉撥，絕未有私授於毛之事也。因之今日乃憤不可遏，周之驕蠢，可謂極矣。

朝課後記事，寫適之覆信，未往禮拜，以體不適也。午課後為周至柔案憤怒不堪，專待若輩之來對質說明也。

九月二十四日　星期一　氣候：晴　夜雨　地點：高雄

雪恥：昨午後因周至柔事不勝憤怒，身心更為不適，竟空耗半日未得看書，批閱。晚餐後周等又遲延不來，迨再三催促後九時方來，而其誣揑之機要秘書與財務處長又未同來，嚴令其必來，然後始來與夏功權、周至柔對證。其所說者完全為誣揑之謊談，並面斥周之負義諉卸、誣蔑領袖，應負重責也。十一時寢後不能安眠，服藥無效，直至今晨三時半始恍惚沉睡。

七時後起床，朝課如常，精神尚佳，決於正午乘車至高雄休養。以喉痛與傷風未痊。如在臺北，必對周等發怒躁急，更傷身心也。上午寫顧[1]、俞大維及國華等函，記事，整書。正午出發，車上休養閒思，未敢看書與批閱，惟對周事仍覺悶損非常，應加考慮其處置之道。九時（廿一時）後到高雄，仍駐舊寓。晚課與午課如常。

九月二十五日　星期二　氣候：晴　風

雪恥：昨夜睡眠甚佳。今晨八時起床朝課，記事。聞毛邦初有離美逃遁消息，此為余最憂慮之事。如政府提出人證與物證，公開向美國法庭起訴，使其過去所揑造之謠諑毀謗諸辭，無所逃形，則其在美如不能逃跡，只有二途可循：

1　顧即顧維鈞。

第一為其自殺，第二為其坐牢或提解回國，依法懲治也。乃電話葉部長，速與美交涉，勿使其離美他遁也。上午記上周反省錄，及考慮反攻時期與將來英、美對華分裂政策甚久。但英、美無論如何阻礙我統一，協助各種反動派割據分裂，只要余能不死，則余之統一政策必可成功，英、美之反動陰謀，只有失敗而已。午課後審閱黨史料（三民主義之體系完成）章完。

九月二十六日　星期三　氣候：風雨

雪恥：昨晡由港口寓所遷駐於壽山司令部，順道視察西仔灣新寓所修理情形，其地位適濱海面，潮音哄哄，甚適休養，但其房室內容極不合用，應加修改。晚課後再閱史料。入浴畢，十時半就寢。

昨夜睡眠，第一覺直睡五小時之久始醒，殊為近來難得之佳象。今晨七時後起床，朝課，記事，閱報，批示公文。午課後修正「時代考驗青年，青年創造時代」對夏令營青年講稿至二十時方畢。約洪司令[1]晚餐後，晚課。聞共匪廣播提議催開美、英、俄、（中共）之四強會議，其中着重於速訂共日和約，此乃英國之陰謀，其所以必欲排除我於舊金山和約者，即在其中做這一筆賣買，即待和約生效後，日本與共匪訂立雙邊和約也，其機甚危矣。可知美五十六參議員對杜魯門要求日本勿與中共訂約之聲明，已疑其國務院與英密約有此一着也，險極矣。十一時寢。

1　洪士奇，號壯吾。時任高雄要塞司令兼高雄港口司令。

九月二十七日　星期四　氣候：晴

雪恥：一、近日一念英國之陰險、美國之輕狂、國際道義之掃地盪然，不禁心寒膽裂，精神上無形之悲傷，殊非筆墨言辭所得形容。對於羅倫夫婦之誤會與隔閡，此全由彼此不了解其民族性情與禮儀所致，此次羅對「對日和約」冷淡不置之態度，當由於此。此乃不僅美國不認識中國之人情，實亦由余太不識美國人情也。對英亦然，能不小心謹慎，而乃厚於責人可乎？

朝課後記事，自朝至晚（除午課外），修正研究院第十四期業務演習講評，即其結業訓詞，講稿最後一段提及勾踐雪恥復國之史事，不禁神馳心嚮，未知一般幹部聽之，果能有動於中乎。晚約趙霞[1]與胡軌[2]聚餐畢，晚課後讀千家詩，十一時寢。

九月二十八日　星期五　氣候：晴

雪恥：一、國際排除我，友好遺棄我，自來恥辱之難堪，未有如今日之甚者，近且與時俱增，有加無已。每思今日之處境，如不狂癲，亦應瘋痴，何竟忍受至此，仍能奮鬥如常，而且心神鎮定自得，必欲靜觀其仇讐之末日與世局之結果，亦深信其此日必在我面前到來，毫不有所疑慮者，何哉。豈誠自修有素，朝夕不敢間斷，時時涵養於聖靈之中，享受靈性的安樂之所致，其亦自思不愧不怍，不憂不懼，所謂安心立命是也。世界前途究為愛格爾撒克遜所統治，抑為斯拉伕所毀損，皆不可知。所可信者，惟天道人心不能違反，亦不能踰越此一範圍而已。吾惟循此而行，成敗禍福非所逆料也。

1　趙霞，1949 年 1 月任第四十五軍軍長，1953 年 6 月任陸軍軍官學校教育長。
2　胡軌，字步日，1950 年 8 月任中國國民黨中央改造委員會第一組副主任。

朝課、午課、晚課如常。妻今晨來高雄。記事後批閱公文，閱港報，審核經濟動員局案及國防組織法。與妻視察西子灣房屋，其地臨海背山，潮音浪花欣愛無已。下午修正講稿。

九月二十九日　星期六　氣候：晴

雪恥：一、布萊得雷（美總參謀長）昨日已到東京。據美宣布，其將調十萬軍隊新來韓國，以替換其在韓作戰一年之部隊，其果如此乎。依最近徵候，美或可於十一月之前對北韓決戰，驅逐共匪於鴨綠江以北，但仍不能結束戰事也。

昨夜觀影劇後，十一時前寢。今晨七時前起床，朝課，記事。上午修正「說軍紀」講詞之補充說明書。午睡濡滯晏起，應戒之。午課後續修說明書完，入浴。晚課後約桂之夫婦[1]聚餐畢，再校講稿後，觀影劇（往巴西之路），甚滑稽可笑也。十一時寢。

日本初定其外交次官太田一郎[2]來臺，主持其貿易事宜，實則來談訂雙邊和約。今日報稱太田堅辭不來，另派一木村[3]者來代，則其無意訂約更顯明矣。

上星期反省錄

一、伊朗政府對其阿迫丹油礦之英人，已於廿五日下令限其十日內離去。

1　桂之夫婦即海軍總司令桂永清夫婦。

2　太田一郎，日本外務省東亞局第一課課長、外交次官。

3　木村四郎七，日本外交官，1949 年 6 月任外務省連絡局局長。1951 年 11 月，擔任臺北事務所代表。1952 年參與《中日和約》談判。

二、杜魯門將華萊斯[1]在卅三年訪華報告書公開發表，此一舉動又為其政府賣華護俄之一種證件，除非其已將華之原函重新修改，否則其政府必不能逃避其罪惡也。只要余之在世不亡，則杜、馬、艾[2]通共賣華之罪證必有全盤揭曉之一日，以證其對華白皮書之卑污狂妄也。

三、自遷高雄休養後，喉痛漸癒，睡眠亦佳，心身已漸復元，此最足自慰之一事。

四、修正重要講稿四篇，尤以軍紀之意義與功效及雪恥復國之典範兩篇更覺自得也。

本星期預定工作課目

1. 預訂明年日記本。
2. 星五回臺北。
3. 臺省縣市議員自治研究會之訓話。
4. 閱兵之準備。
5. 雙十節文告之修正。
6. 克氏戰爭論與俄國戰術之研究。
7. 對日關係之研究。
8. 戰爭哲學原則之發表。
9. 復國雪恥之典範。
10. 今後文學校教育之方針。

---

1 華萊士（Henry A. Wallace），原美國民主黨人，1933 年至 1940 年擔任美農業部長，1941 年至 1945 年任副總統，1944 年 6 月羅斯福總統派來中國，調解國共關係。1945 年 3 月至 1946 年 9 月擔任商務部部長，1948 年成立進步黨參選總統失敗。

2 杜、馬、艾即杜魯門（Harry S. Truman）、馬歇爾（George C. Marshall）、艾其遜（Dean G. Acheson）。

九月三十日　星期日　氣候：晴

雪恥：一、日本已發動其聯蔣反共組織，此乃出於日人自發自動之運動，無論其將來功效如何，而日本民間在此美日同盟，取得獨立形式之時，尚能念及舊恩，而不忘其為世所遺棄，孤苦伶仃之人，此雖非出其政府之意，但不能不認此為東方民族道義之表現也。其事雖小，對余之精神慰藉，實無異空谷足音耳。

朝課後記事，十時後到海軍軍官學校舉行第四十年班畢業典禮，點名，攝影，聚餐畢，宣讀軍紀之意義與功效講詞，尚覺意猶未盡也。回寓午課後，校閱青年創造時代篇至晚方完。晚餐後晚課，觀影劇，十一時就寢。

上月反省錄

一、英、美既排除我於對日多邊和約之外，其必為共匪與日本簽訂雙邊和約之地步，此着即為英、俄、共妥協之先着，亦預為共匪參加聯合國之先聲，危險極矣。美國議會態度對我如此冷淡，更足證明艾奸對此胸有成竹矣。

二、本月外交形勢對我可說惡劣已極，以後恐亦不能再惡，即使再惡，亦無所憂懼，除從頭做起，自力更生以外，再無其他希望矣：甲、舊金山對日和會。乙、美菲聯防。丙、美日聯防。丁、美澳紐聯防之成立，雖為反俄，實亦排華防日也。戊、大西洋安全理事會在加拿大開會。己、土、希加入歐盟。庚、廿八日歐洲舉行大演習，是皆英、美集團之自認其成就也。辛、埃及與英國撤兵之交涉。壬、伊朗與英國油礦之交涉，皆未有結果。癸、韓國停戰會議仍為懸案，此皆英、美無法解決之問題。總之，舊金山對日和會成立以後，世界大局又發生一新的形勢，此果為美國之勝利乎，抑為日本之禍，亞洲與世界之害乎，不敢斷也。

三、布萊得雷本月杪到東京視察韓戰，其陸軍參謀長柯倫斯定下月中旬東來視察亞洲各地，此皆美國對於大戰準備決心之表現乎。

四、本月內政經濟尚稱穩定，六十七師已編併完成，開始美式訓練，美國對臺灣控制之進行，日緊一日，對於普通與軍事預算，已允其參加編審，仍未饜其所望乎。惟彼將要求撤消政治部，以軍權全交孫立人之掌握，以供其驅使與澈底控置〔制〕之一點，乃為我國存亡問題，決不接受。此外，余認為皆可予之開誠協商，以求解決也。

五、毛邦初在美國反動顯醜，亦為本月最傷心之事，故決心公開調查，使之無所逃形也。

六、本月恥辱重重，心神燥急，因之失眠不安者前後數次，喉痛發熱，身體亦不如前矣，此乃最足憂慮之事。今後如欲完成雪恥復國之使命，第一要保持身體之康健與精神之怡樂，此惟有懲忿忍辱、養天自得，以求神樂耳。

七、上月以來，對於午課、晚課、默禱、靜坐時間之長短，間有交換。即晚課卅分上下，時間改為午課，而午課十分上下，時間改為晚課時施行，以期夏晚乘涼與提早睡眠也。惟午課、讀經如常未變耳，夏季靈修工夫似不如往時之長，故靈心亦未有如何長進，惟仍能維持無間而已。心神燥急、體力多病，應加保養自愛，勿過操勞暴棄，則幸矣。

十月

民國四十年十月

本月大事預定表

1. 戰幹團老弱裁集與教育分級。
2. 風潮所毀之營房與工事之趕修。
3. 經濟動員局之人事及組織之促成。
4. 明年度總預算之督導。
5. 柯倫斯來談之研究與準備。
6. 雙十節文告與閱兵之準備。
7. 高級班學員之組織督導。
8. 開墾與防空之預算。
9. 各省黨政負責人員之選定。
10. 克氏戰爭論之研究，與戰爭原理譯稿之校訂完成。
11. 動員與節約之具體辦法。
12. 游擊布置總計畫之督促。

十月一日　星期一　氣候：晴

雪恥：一、布萊德雷宣布其對韓戰停火會議地點，再不能在開城舉行一事，更可斷定其對共匪不再遷就之政策已無疑義。然美國之事，變化無常，甚難說也，若其果不再遷就，則對共匪必將大舉進剿，非驅逐其於鴨綠江以北地區之東北，不能終止乎。二、英國對伊朗讓步，已令其駐伊油礦技師撤退回國矣。三、南斯拉夫與西班牙問題尚未解決乎。

朝課後手草戰爭哲學之原理一段，增補於軍紀之功效篇內，小心謹慎，不敢自是也，但自認為大體不誤耳。批閱公文，決定雙十節閱兵等要務。午課後，記事，記上周反省錄畢，校閱反攻時期黨政業務的準備事項。晚課，觀影劇，十時後寢。

自今日起恢復標準時間。

十月二日　星期二　氣候：晴　溫度：八十四　地點：高雄

雪恥：今晨朝課時，正在默禱、靜坐中，忽聞妻在臥室中緊急呼聲，其音慘愴，乃急赴臥室，知為電機發火，幸妻即將洋毯覆蓋火頭，未兆焚如。而女傭則呆在火傍大哭，不知所以矣。火息已久，而樓下武官與副官、差役並未有人上來助救，幾乎如未聞其事者。乃召武官與俞局長[1]，痛責其防衛弛懈，毫不戒備，要其何用。余向不信賴侍衛為可恃危急者，以余本身無暇教訓，而其主管者亦不知對侍衛教育也。故隨時發憤動怒，而此次憤怒更甚，以致暴氣失態，又增過犯，奈何。盍切戒自重之。

上午處理公事，校核講稿，下午記上月反省錄。為妻題敘其第一畫冊，手擬雙十節文告大意，朝、午、晚各課如常。

1　俞濟時，字良楨，號邦梁、濟士，浙江奉化人。1949 年 8 月，任中國國民黨總裁辦公室總務主任兼侍衛長。1950 年 3 月，任總統府第二局局長及戰略顧問。1951 年 10 月，當選為中國國民黨第七屆中央委員，辭戰略顧問。

十月三日　星期三　氣候：晴

雪恥：一、對共匪人海戰術之對策：甲、取積極攻勢，應在其人海未組成以前，予以多方攻襲，使之無法組成人海。乙、以三人為準，編組搜索與偵探隊，捕捉匪之單人或雙人步哨，及其各自為戰之民兵，對其地方民兵、偵探、步哨形成優勢，即以三人對其一人或二人也。丙、加強士兵之搜索偵探、掩蔽、偽裝、化裝及其技術與體力之訓練，此可作為重要之研究材料也。
朝課後增補戰爭哲學一段後，記事。閱美國外交季刊所載「克勞塞維治與俄國戰略思想」論文，頗足參考也。午課後重補戰爭哲學與軍紀意義各一段，除與妻車遊左營之外，皆在修正講稿也，晚課如常。

十月四日　星期四　氣候：晴

雪恥：今晨朝課，先補修戰爭哲學思想講稿。朝餐後補修雪恥復國之講稿，對國際並無怨尤可言一點特別加以說明，使免誤解。此次來高雄休養，其間工作要以此二講稿之完成為重大之成就也。蓋戰爭哲學思想向來不敢多說，其以此為第一回發表我對此所抱之態度也。批閱公文二十餘件，巳刻與妻到西仔灣新屋，視察新添洋臺之工程也。約薛岳[1]午餐，午課後批閱公文，清理積案，記事畢。召見南部防守區各軍師主管及政工人員，軍紀與精神皆有進步也，並召見黨、政、警、憲主官共卅人完，已黃昏矣。餐後觀影劇，晚課，入浴，十時半寢。

1　薛岳，原名仰岳，字伯陵，廣東樂昌人。1949 年任海南特別行政區長官，1950 年任總統府戰略顧問。

十月五日　星期五　氣候：南晴　臺北雨

雪恥：一、荒漠甘泉（十月三日）云：注意裡面聖靈的禁止，聖靈聲音是微小的。一個微小聲音是不容易聽見的，但是卻能心中覺得一種平穩微小的壓力，好像早晨的微風吹在臉上那樣覺得。這種微小的聲音，如果你能好好注意，他會一次比一次更清楚、更容易聽見……。當你與人談話，正要發言時，如果裡面有禁止的話，就該立即閉住不言。當你要進行某種工作，如果你靈裡覺得不平安的話，就該立即停止進行。此節前讀之，不覺為貴，今則體認此微小聲音，乃是聖靈之幾動處也，此為靈修第一步之所得乎，亦即道在此心之心學也。

未明即起，朝課，記事，八時後視察鳳山陸校畢，即赴屏東機場視察後，上機飛回臺北。正午在研究院與臺省各縣市議員同志聚餐，訓話點名畢。回後草廬午睡一小時半，最難得也。午課後閱卅五年日記附錄之停戰經過，不勝感慨。晡到前草廬入浴，回蒔林晚餐，晚課。閱九一八事略，十時寢。

十月六日　星期六　氣候：晴

雪恥：一、本日報載，斯德生[1]要求艾其生直接答覆其證詞中，艾與「急煞舖[2]」提議停止援華為妄證，此又一艾奸之罪狀，而其想抵賴亦不可得矣。二、杜魯門捏造杜勒斯為其辭駐日大使者，恐其遠離美國時，共和黨將成為孤立派也。杜勒斯當日亦聲明，其共和黨決不為孤立派之可能，以駁斥杜魯門之妄言。殊為可笑，堂堂美國一總統而任意說謊，而且屢次說謊，其復能見信

1　斯德生（Harold E. Stassen），又譯為史太生、史塔生，美國共和黨人，1948 年至 1953 年任賓州大學校長。

2　吉塞普（Philip C. Jessup），又譯傑塞浦、急煞鋪、極塞浦、結煞浦、吉煞浦，美國外交官，1949 年至 1953 年任無任所大使。

於其國人乎。

朝課後記事，入府辦公，召見六人會。李登同[1]二年不見，其衰老足驚也。召集軍事會談，高級將領之無常識且驕惰自矜，不肯用腦，大事敗壞，或其才力不及，猶可寬恕，而其普通小時亦處置顛倒，更令人不能不憤怒也。至柔愚頑自大，殊堪痛心。正午與辭修商討外交與動員局等人事要務，其態度神情皆甚平靜，可慰也。

上星期反省錄

一、美國宣布最近數日之前，俄國已有二次之原子爆炸，而史大林亦於六日發表其原子爆炸之消息，其用意仍在威脅美國，以期避戰也。

二、布萊得雷視察韓戰，回美時宣布其停戰談判必須易地，不能再在開城復會之談話，是美國不再遷就共匪，而有決戰之決心乎。

三、閱克勞塞維茨與俄國戰略思想之影響一文，於我殊有益也。

四、面斥俞局長、各武官，令其「棍〔滾〕蛋」，此言不惟粗暴難堪，而且太不自重，修養有素者果若是乎？應記過自警。

五、修正講稿四篇，其中「軍紀之意義與戰爭哲學思想」及「雪恥復國之典型」二篇必有影響乎。

六、馬來英國專員格爾尼[2]被共匪游擊隊襲擊刺死，此或為英國在亞洲受共禍之開始乎。

1　李福林，字登同，廣東番禺人。曾任廣東國民政府政治委員會、軍事委員會委員，國民革命軍第五軍軍長。1949 年任廣東省游擊總指揮，1950 年 4 月移居香港。

2　格爾尼（Henry Gurney, 1898-1951），英國資深殖民地官員。1948 年 10 月，出任英國駐馬來亞聯邦高級專員，任內正值馬來亞緊急狀態。1951 年 10 月 6 日遭馬來亞共產黨伏擊身亡。

本星期預定工作課目

1. 雙十節文告與閱兵。
2. 督導預算。
3. 決定動員局人事。
4. 安置胡毅生[1]。
5. 研究柯林斯來臺談話之準備。
6. 鄭震宇[2]留臺。
7. 戰幹團之調整。
8. 克氏戰爭論之呈閱。
9. 文學校軍訓之準備。

十月七日　星期日　氣候：晴

雪恥：昨下午午課後，修正雙十節文告，以心神悒鬱，強勉二小時餘未能修成。晡往草廬入浴，膳後與妻車遊臺北郊東回。晚課，十時後寢。

今晨朝課後，修正雙十節文告，至九時半方畢。膳後重加修整，十一時禮拜。正午，約國楨談經濟動員局方針及人事問題。午課後記事畢，修正閱兵對將士訓詞稿後，與妻車遊北投，至草廬入浴。晚宴伍憲之〔子〕[3]與李福林等，伍為前民社黨副領袖，政客色彩甚濃，為一學者而已。十時後寢。

1　胡毅，字毅生，1951 年自香港到臺灣，任總統府國策顧問。

2　鄭震宇，曾任行政院地政署署長。1948 年 1 月當選立法委員。

3　伍憲子，名莊，字憲子，廣東南海人。1947 年 8 月當選中國民主社會黨中央執行委員、中央常務委員、中央黨部主席，為民社黨革新派。

十月八日　星期一　氣候：微雨

雪恥：一、預訂明年日記。二、明年度預算經費：甲、防空。乙、開墾。丙、陸校招生。三、謀略與情報之設計。四、中國軍事傳統哲理與名稱「革命魂」、「正氣」。五、兵學法則與制式之研究。

朝課後記事，八時半到中央主持立法院黨部委員就職典禮，訓話畢。到軍訓團聽取彭教長[1]報告，團務與裝甲兵見學之成績甚佳，使一般高級將領了解機械化部隊之內容組織及其力量巨大，不致局限於舊式步兵之目光也。舉行軍訓團第八期結業典禮，宣讀軍紀之意義與戰爭哲學之要旨後，會客聚餐。午課後審閱學員自傳畢，見柯克後，到軍訓團召見學員十五人畢。入浴，晚課。與妻車遊淡水街上，軍人已不多見，此乃軍紀進步乎，十時後寢。

十月九日　星期二　氣候：晴

雪恥：一、派經國訪立人病。二、約立院黨委談話。三、發胡毅生款及名義。

朝課後記事，入府辦公，審核軍事預算新制度，此為蔡斯所提，其意在監督我軍費，余不因而反對，其實於我軍費之收支審核，能使之確實有效，故予批准。召見立法院調查劉健羣[2]舞弊案各委員，屬其調查結果先報黨部審核，勿先報告院會。以文羣[3]支吾其詞，乃又動怒訓斥，其實不必如此也，劉實貪舞，難辭其咎，不能為其庇護也。會客六人，批示宗南在大陳所需要各款後，召開宣傳會談，為葉公超傷風所傳染，回家服藥防止，但不及矣。午課後，

1　革命實踐研究院軍官訓練團主任彭孟緝。

2　劉健羣，原名懷珍，字席儒，貴州遵義人。曾為復興社重要幹部，第一屆立法委員。1948 年 12 月當選立法院副院長，一度代理院長職務。1950 年 12 月升任立法院院長，翌年 10 月辭職，仍任立法委員。

3　文羣，字紹榮，號詔雲，筆名召生、章貢。抗戰勝利後，調任東北行轅財政處處長。1948 年當選立法院立法委員，1949 年隨政府遷臺。

閱學員自傳後，以傷風未到軍訓團召見學員，在寓重修文告畢。錄音後晚課，閱報，九時半就寢。

十月十日　星期三　氣候：晴

雪恥：本日為第四十年國慶雙十節，內心寬裕，氣候清朗，風和日暖，誠為一片復國新興景象。閱兵典禮自九一八以後，至今二十年，自知慚惶落後，不敢舉行。今年始恢復往例，以復職整軍一年半以來，一試其成績究竟如何？自十時閱兵開始，繼之分列式，至十三時方畢。各種動作幸無大誤，其間雖有缺憾，未盡十美，但在初試得能如此，亦足自慰。午課後到府前接受十四萬民眾歡呼，其熱烈踴躍之忱，出之自動，見之更覺自慰也。

晨五時即起，夫婦並肩禱告。朝課、晚課如常。朝夕皆重修雪恥復國的典範篇，此篇性質重要，故不敢輕易付梓。箴言乃於晚間完成也。

十月十一日　星期四　氣候：晴　晚雨

雪恥：朝課後記事，重修箴言。十時到臺北賓館主持中央委員談話會，事前並未準備，亦不知秘書處召集此會之目的何在也。臨時參加，首由姚大海[1]等發言，質問黨部選舉定為有記名投票，是違反憲法與黨章之規定，應予取消。余一時衝動，即答以：此為余之主張，蓋欲明瞭黨內派系鬥爭之內情，並欲消除派系，故有此一決定，如你反對，則可脫黨，決不勉強云。其實最後二

1　姚大海，1947 年任齊魯公司常駐監察人，於 1950 年將公司遷臺，並任董事長。1951 年公司改組，復任常駐監察人。同年參與創立大陸災胞救濟總會，連任理事及常務理事達三十餘年。

語不應出此，自覺失態，因之眾皆默然。余乃自認失言，請眾任意問答，不拘形式可也，直至十二時後方畢。此會最無意義，中央委員以其自改造後，不能預問黨務，又恐失其中委資格，故惟其名義與權利是求，而對於黨國前途與革命成敗，則概不顧也。余面詐〔訴〕其此種心理必須急改，若輩實太腐朽落後，不自知其糊塗鄙陋可恥也，但此種中委實在少數耳。

十月十二日　星期五　氣候：上晴下雨

雪恥：昨午課後批閱公文。政治部對團長以上調查忠貞程度表，實為自來所未有之成績，經兒乃不愧為政工主任矣，故手不忍釋卷。十六時召集陳、周[1]等，商討軍事預算局改隸於國防部長，以及改變預算制度之美員建議。明知其為欲控制我財政，但此事實於我建軍有益，故力闢周議而批准之。以預算制度實為建軍之中心問題，而非有美員負責指導與監察，仍不能確實有效。故彼美要求監督，故絕對拒絕，乃改為顧問。但至要其不爭監督之名分，余實願自動授其監督之權，以其操之在我所授予也。會畢，召見學員十五人後入浴，晚課。二十二時寢。

十月十三日　星期六　氣候：雨

雪恥：昨（十二）日，朝課後批閱公文，清理積案。十時前入府辦公，會客六人。召集情報會談，聽取國際情報組織之報告，以後每周應有世界大勢與對敵謀略之研究與報告。又檢討雙十節閱兵典禮，中外觀感皆以為一重大之

1　陳、周即陳誠、周至柔。

成就也。正午與赫金斯[1]女記者談話，聚餐。午課後記事，審閱學員自傳，召見十五人。回寓，入浴，晚課。

本（十三）晨，朝課後記事，清理積案。十時前入府辦公，軍法審判共匪與舞弊案皆從輕發落，此乃大陸淪亡，為官吏討好匪犯以致大亂、不能遏制之最大原因，故嚴斥改正。會客六人，根本博[2]好言慰之。召集軍事會談，益感美國軍援之不可信靠，其政府完全為空言欺蒙其人民之詭計，而其本意仍望我能迅速自取滅亡，以了其對人民之最大負債耳。正午與妻等觀沈周[3]墨跡，國楨夫婦送余閔刊明版孫子[4]，以祝余壽，閱讀甚快。午課後審閱學員自傳後，召見學員十五人畢，巡視研究院。入浴，晚課。餐畢，重修雪恥復國箴語完，廿一時早寢。

上星期反省錄

一、埃及宣布廢除英埃條約，此為繼伊朗石油國有廢除英伊條約之相關之行動。美猶邀埃參加其西方之中東軍事同盟，豈非緣木而求魚乎。繼埃及之後，伊拉克又要求廢除其英伊條約矣。

二、雙十節文告，其中有幾節關於國際之語句，有人認為刺激美國當局，恐因之開罪者。余以為無足顧慮，以彼等決不願有助於我，如彼不得已而有助於我時，則刺激與否並無關係，而使其一般國民了解中國問題，乃

---

1 希金斯（Marguerite Higgins），又譯哈金史、赫金斯，美國記者，紐約《前鋒論壇報》戰地新聞特派員。

2 根本博，日本福島人，侵華日軍北支那方面軍最後一任司令官。1949 年 5 月至 1952 年 6 月，化名「林保源」來臺協助訓練國軍對中共作戰。

3 沈周（1427-1509），字啟南，號石田、白石翁、玉田生、有竹居主人等，明朝畫家，吳門畫派的創始人，明四家（沈周、文徵明、唐寅、仇英）之一。

4 閔刊明版孫子，即閔聲編，《兵垣》，明天啟元年（1621）吳興閔氏刊朱墨套印本。閔聲（1569-1680），字襄子、毅夫（毅甫），號雪簑，浙江湖州人。復社成員。卓犖不群，有文采，鄉人皆以國士目之。編有《兵垣》四編四卷，附錄二卷。

為第一要旨也。

三、雙十節閱兵比較完美，此為對內外皆一要舉也。

四、對中央委員談話會，自覺燥急過當，不能注意內心之聖靈禁止，亦即不能實踐知止，不知修養何為耶。應切戒燥急，矜持而以不多發言與慎言緘口為要。

本星期預定工作課目

1. 司法程序簡速之督導。
2. 廢除養女制。
3. 動員局人事之解決。
4. 戰鬥團之調整。
5. 對柯[1]談話之準備。
6. 對日本和約態度之研究。
7. 克氏戰爭論印刷情形。
8. 臺灣光復節文告之準備。
9. 韓戰停火談判恢復情形。
10. 物價上漲之注意。
11. 以一當十之訓練計畫（戰士授田之宣傳）。
12. 明年社會與學校軍訓制度加強（職期調任）。

1 柯即柯林斯（J. Lawton Collins）。

十月十四日　星期日　氣候：晴　晨雨

雪恥：一、制度與組織加強方法之研究。二、定期調職之制度須確立。三、鄭振〔震〕宇、陳之邁[1]之調職。四、陸大教官邵正浩[2]之召見。

昨夜九時（即廿一時）即寢，安眠甚足。今晨五時後未明即起，朝課後記事，記上周反省錄及本周工作表後，九時到研究院，主持第十五期學員開學典禮，對於中央委員又施評〔抨〕擊，不能止其所知止，殊自暴棄，應切戒之。回蒔林禮拜，下午忽又傷風。午課後審閱各區司令官日記及清理積案，因傷風在妻之書房休息，靜觀其畫冊與為我祝壽物品，以消遣也。晚兩兒及其全家來拜壽，預祝團欒，聚餐。武、勇二孫活潑跳躍，甚足愛也。觀影劇後晚課，廿三時後寢。

十月十五日　星期一　氣候：晴

雪恥：今為舊歷九月十五日，六十五歲初度生日，每念先慈生育劬勞之苦，益增毋忝所生之愧。國破家亡，廬墓被污，不得回鄉展拜以盡子職，罪孽深重，有負先人之望，能不更為自勉乎。讀水心學案[3]：「動容貌而遠暴慢，正顏色而近信，出辭氣而遠鄙倍……而克與未克，歸與不歸，皆不可知，但以己形物而已」……「蓋己不必是，人不必非，克己以盡物可也。」自念近來心氣不平，傲慢失態，容貌辭氣鄙倍暴戾，不知反省自責，其能毋忝所生乎，戒之哉。

七時起床，與妻讀經並禱，感謝上帝祝福。朝課，記事，審閱各區司令官日記。兒孫等來拜壽，見侄婿韋某，惡之。十時後與妻到烏來溫泉避壽遊憩，

1　陳之邁，筆名微塵，天津人，祖籍廣東番禺。時任駐美大使館公使。

2　邵正浩，陸軍大學教官，1953 年 2 月 8 日在《中央日報》發表〈馬陵戰史之商榷〉乙文。

3　《宋元學案》卷五十四。

同侍從官員聚餐後午睡。臥室臨溪，水聲山光能助安眠。午課後遊覽瀑布，不失為寬大雄偉之態也。

十月十六日　星期二　氣候：晴

雪恥：昨下午觀瀑後，參觀烏來發電廠畢，乃乘車回來。沿途地物與建設，皆整齊有條，比之前年進步多矣。回寓讀宋元學案，摘記後往草廬入浴，晚課。約宴陳、吳[1]等同志完，觀影劇，十一時後寢。

朝課後記事，埃及毅然拒絕參加中東協防，伊朗總理在安理會（聯合國）拒絕其英伊石油問題之干涉，此皆英、美對俄計畫之重大打擊，中東以尼黑奴印度為首，組織中立集團實有可能歟。十時前入府辦公，會客八人，召集一般會談，商討立法院長劉健羣去留問題，腐化至此，不能再留。對國際形勢與毛案調查等問題畢，批閱。午課後召見學員十五人，巡視研究院。入浴，晚課，餐後觀月，閱報。

十月十七日　星期三　氣候：晴

雪恥：一、去偽存誠之講稿。二、職期調任制之確立。三、黨務：甲、全國代表大會日期與規章。乙、臺省黨選之檢討。丙、立法院長問題。丁、黨內派系問題仍未泯除，應重新設計解決。

朝課後記事，巴基斯坦內閣總理被刺身死，此乃繼伊朗總理被刺後，又一共黨之陰謀與暴力之表現。加之埃及在蘇彝士運河區反英暴動衝突，死傷日加

1　陳、吳即陳誠、吳國楨。

激烈，則英、美對中東之謀略更處劣勢，美國必欲追從英國，不僅為英背包，而且代英受罪，始終不悟，怪哉。入府辦公，召見七人畢，回寓。正午少谷來報辭修對其閣員宣布辭職，但未先對余表示辭意。彼既不能令，又不受命，亦只有照准，以保其勳績，留備他日之用。午課後到軍訓團聽講克勞塞維治戰爭哲學三小時。晡與妻車遊，至草廬入浴回，晚課。餐後重修青年訓詞，廿二時寢。

十月十八日　星期四　氣候：晴

雪恥：一、辭修如堅辭行政院長，繼任人選：甲、俞。乙、張。丙、王。丁、吳。[1] 二、健羣准辭立法院長，由黃國書[2] 代理院長。三、考試院應調人，以張厲生[3] 繼任為宜。四、行政院秘書長人選，應注意其能負責任怨之人為第一要旨。

朝課後記事，閱希金斯對其論壇報報導，余證實史大林之要求一節，准其發表之語，是其謊言。但既發表亦無大害也，不過此一證實，是於美國民心必有影響無疑。上午到中央開會，討論臺灣省各級黨部選舉得失，與全國代表大會之準備與方針。與曉峯談辭修辭職事，應予慰留，並告其經濟動員局不成立亦可之意。午課後到軍訓團聽白鴻亮講戰爭科學，三小時畢。召見各總、副司令與各區司令十餘人畢回，車遊。入浴，晚課，閱報。十時寢。

1　俞鴻鈞、張羣、王世杰、吳國楨。

2　黃國書，本名葉焱生，臺灣新竹北埔客家人。1920 年潛赴中國大陸發展，以「炎黃子孫」的「黃」為姓，改名國書。1948 年當選立法委員。1950 年 12 月，當選立法院副院長，1961 年 2 月，當選立法院院長。

3　張厲生，字少武，河北樂亭人。1950 年 3 月，出任行政院副院長，輔佐陳誠規劃地方自治，實施耕者有其田，完成土地改革。1954 年 8 月，改任中國國民黨中央委員會秘書長。

十月十九日　星期五　氣候：晴　溫度：八十五

雪恥：一、戰爭指導最高機構與指導戰爭方針之重要。二、戰爭方針與戰爭方略及要領，其性質不同之點應注意。三、內戰與外戰不同之點，其戰術與戰略皆應注重。

朝課後記事，昨日俄國發表其對美要求停止韓戰之覆文，指責美國政策，並附帶聲明，願與美所參加之緩和局勢問題之會議，美亦被動發表其致俄之秘密文件，觀此則韓戰更無停止之可能矣。入府辦公會客後，召集經濟會談，經濟情形、日用品價格尚稱穩定。午課後審閱學員自傳，召見十五人畢。與妻車遊一匝，在草廬入浴，回寓閱報。埃及形勢更緊張，且與英武裝衝突矣。晚課，廿二時就寢。

十月二十日　星期六　氣候：晴

雪恥：一、文武高級幹部之組訓計畫。二、領導青年計畫。三、游擊隊呂渭祥[1]等之督察。四、戰爭指導之民氣部分：甲、感情。乙、敵愾。丙、興奮。丁、競爭。戊、緊張。五、戰爭指導之要領：甲、民氣。乙、生產。丙、交通。丁、國民生活。戊、財力。

朝課後清理積案，入府辦公，召集軍事會談，研究軍事教育計畫。美國所謂一九五一年軍援計畫七千萬美元者，至今不惟一物未到，而且我自備款項所購油料，延遲至今亦阻滯不予起運也。美國現政杜、馬、艾[2]集團，非根本滅亡我中國，彼不能安心也。午課後召見學員十六人，軍訓團高級班學員已召

1　呂渭祥，時任江浙反共救國軍第一〇一路軍指揮官。
2　杜、馬、艾即杜魯門（Harry S. Truman）、馬歇爾（George C. Marshall）、艾其生（Dean G. Acheson）。

見完成矣。入浴，晚課後觀影劇（沙漠之鷹[1]）。十時後寢。

上星期反省錄

一、本周國際形勢：甲、埃及拒絕四國參加中東防盟之提議，美參總長布氏[2]因之由歐折回美國。乙、英、埃在蘇運河[3]區武裝衝突，情勢緊張。丙、巴基斯坦總理被刺殞命。丁、伊朗總理在聯合國聲明，不接受其對英石油案之調解。戊、俄國宣布美國要求停止韓戰之密件，而斥責美國政策，與杜魯門所言與俄簽約一無價值之惡言。己、韓戰恢復談判之交涉尚未妥協，但可能恢復，惟停戰不易實現。

二、余對論壇報記者證實，俄國秘密要求共同反美之答詞，俄國尚無反應，但對美國人心必有影響。

三、健羣辭立法院長已照准，辭修突然辭職，殊出意外，擬加慰留，經濟動員局人選由其自決，不加干涉可也。

四、聽白鴻亮講戰爭科學與哲學共計六小時。

五、高級班第二期學員召見考核完畢，此乃重要業務之一也。

1 「沙漠飛鷹」（*The Desert Hawk*）港臺院線譯為「波宮春色」，是 1950 年出品的美國動作冒險電影，導演為 Frederick De Cordova，主演有理查・格林（Richard Greene）、洛赫遜（Rock Hudson）、伊馮娜・德・卡洛（Yvonne De Carlo）等。

2 布萊得雷（Omar N. Bradley）。

3 蘇彝士運河，處於埃及西奈半島西側，橫跨在亞洲、非洲交界處的蘇彝士地峽，連接地中海和紅海，全長約一六三公里，是全球少數具備大型商船通行能力的無船閘運河。在 1936 年《英埃條約》中，英國堅持保留了對運河的控制權。1951 年，埃及新政府推翻 1936 年《英埃條約》，要求英國撤軍。

本星期預定工作課目

1. 去偽存誠講稿之研究。
2. 黨內派系消弭之設計。
3. 對柯倫斯來臺談話之準備：甲、反攻大陸問題，告其不欲自由行動。乙、武器接濟時間。丙、軍事團之職權。丁、日顧問問題。
4. 明年軍事整訓與建設計畫。
5. 戰術關於內戰者之研究：甲、精神。乙、技術。丙、以一當百之革命戰術。丁、士兵各自為戰之技術（自動的精神）。戊、思想。己、智識（學業）。庚、官長之意旨、智慧與勇氣決斷。
6. 高級幹部之組訓計畫與設計。
7. 職期調任制之確立。
8. 社會與學校軍訓。

十月二十一日　星期日　氣候：晴陰

雪恥：一、召集政治學校與軍官學校畢業生之訓練計畫及方式。二、軍隊組織教育之設計。三、黨政軍民聯合大學之設計。

朝課後記事，記反省錄及本周工作課目表。十一時禮拜如常。午課後審閱臺灣光復節文告初稿，尚須改正也。晡與妻車遊淡水，對共匪在大陸阻織之嚴密與控置〔制〕，如何使之破敗，甚覺為難。對其控制農村之青年幹部，所謂「村幹」，更應加以研究，如何宣傳能使之回心轉變與向義來歸。一面使一般受村幹所控置〔制〕之民眾，如何設法能使之叛變與群起響應，及殺害其村幹，自動起義反共也，此為最應研究之主要問題。入浴後晚課，觀影片，先審閱閱兵影片，再觀社會小說影片，十時前寢。

十月二十二日　星期一　氣候：上晴下雨　地震

雪恥：本日花蓮大地震，死傷百餘人，倒塌房屋千餘間，據報地震發源地在東部之南湖大山，臺東、臺南亦微有波及，而臺北亦震動數十次，但未有損失。晚間得花蓮大震之報，乃派飛機，令吳[1]主席派員攜帶醫藥與款項前往賑濟，未知災情究竟，心殊悒悶，惟祈上帝佑我苦民，勿使過重為禱。朝課後記事，十時前到軍訓團第九期開學典禮，讀教育與建國關係篇，加以講解完，點名四百五十餘人。召見張、萬、蕭、谷[2]等，指示召訓前中訓團高教班及政治學校畢業生在臺者約千餘人，重加集訓之計畫。午課後召集立法委員黨部改造委員，談話約二小時，再在研究院第十五期生點名。入浴，晚課，觀影劇馬戲入神也。

十月二十三日　星期二　氣候：陰雨

雪恥：一、立院改造黨委二十人尚明大義，示以組織與改造之道，加以整肅與報導之責，並授以權力，使能發奮盡職也。二、顧孟餘、張發奎、黃旭初[3]等所謂第三勢力者，聞已離港赴日，其因何在，應加注意。三、立、監及正、副總統任滿後之法統問題，應加準備。四、本黨革新計畫與黨名，皆應重加檢討也。

1　吳即吳國楨。

2　張、萬、蕭、谷即張其昀、萬耀煌、蕭自誠、谷正綱。蕭自誠，字明艱，1950 年 8 月起任中國國民黨中央改造委員、中央設計委員會主任委員，參與國民黨改造運動。復調任中央第四組主任，主管宣傳，完成英文《中國郵報》、《聯合報》、《中國時報》、《大華晚報》、《自立晚報》的創刊、改制及復刊。谷正綱，字叔常，貴州安順人。1950 年 1 月任內政部部長，3 月任總統府國策顧問，4 月任中國大陸災胞救濟總會理事長，8 月任中國國民黨中央改造委員會委員兼第二組組長。

3　黃旭初，廣西容縣人，民國時期「新桂系」首領之一。1949 年 2 月攜李宗仁信函往廣州拜訪孫科、吳鐵城等人。5 月兼桂林綏靖公署主任，12 月任華中軍政長官公署副長官。年底受李宗仁所託，經海口轉抵香港，並暗中聯絡反蔣反共勢力，1951 年移居日本橫濱。1958 年回到香港，獲聘為總統府國策顧問。

朝課後閱報，修正臺灣光復節告書稿。十時入府辦公，約見禮卿[1]與沈昌煥、時昭瀛[2]等畢。召集一般會談，商討美國對中日雙邊和約意見復文，與聯合國本屆大會之利害得失。與去年相較，我國代表權問題已較穩固，此乃全由我政府在臺力量加強與站穩之故也，去年與今當不可同日而語矣。午課後記事，審閱卅四年十月以後日記，至廿二時止，對毛澤東、馬歇爾以及對俄交涉與撤退長春行營等事，不勝興奮，吁嗟之至。入浴，晚課如常。

十月二十四日　星期三　氣候：雨

雪恥：一、反攻以前，必須對大陸用跳傘戰，分布要轄，如有五萬至十萬人着落，則幾矣。此乃為剿共惟一之戰術，只有如此，方能在敵後控置〔制〕地區號召民眾反正，使之起義反共，以瓦解共匪之組織也。

朝課後記事，審閱岳軍所擬光復節文告稿可用，尚須略加修正。入府辦公，與美國廣播記者勃郎[3]夫妻談話約一小時後，召見二員，修正文稿畢。回寓，午課後到研究院召見學員，審閱其自傳卅人。入浴，晚課。約宴薛岳與歐陽駒[4]等，聽曉峯報告其視察花蓮災情，死者只卅人，並不甚嚴重也。燈下審閱卅四年十一月日記，甚感外交完全是欺詐，無論為俄、為美，皆一邱〔丘〕之貉。如認其文字語言與表面，即為誠意可信之友邦，是誠傻中之傻也，焉得而不敗亡耶。

1　吳忠信，字禮卿，安徽合肥人。1947 年在原籍當選第一屆國民大會代表。1948 年 8 月，轉任總統府資政，1948 年 12 月至 1949 年 1 月任總統府秘書長。1950 年 3 月任中國國民黨中央評議委員。

2　時昭瀛，時任外交部常務次長。

3　勃郎（Cecil Brown），又譯勃朗，二戰期間為美國哥倫比亞廣播公司（CBS）、互助廣播網（Mutual Network, MBS）報導戰地訊息。戰後擔任 Mutual、NBC 和 ABC 的記者，從事廣播新聞工作。

4　歐陽駒，字惜白，廣東香山人。1946 年 6 月任廣州市市長，1949 年 10 月免職。後到臺灣，任總統府國策顧問。

十月二十五日　星期四　氣候：陰雨

雪恥：一、凡是外交全是騙局，不過有大小之分。其間如單獨外交，乃一小騙局，集體外交如聯合國者，不過是一大騙局，豈有公理與信義可言乎。如果我於卅四年十一月決定撤回長春行營以後，明知自力不足，不能接收東北之政策，不因以後美國助運我軍接收東北以為可恃，而堅拒接收，一任俄國之霸佔。將我國軍全力先行肅清關內之共匪，則決不致如今日之失敗，此乃倚賴外力轉變政策、決心不堅之報應，一箸〔著〕既失，則全盤皆敗矣。此乃以外交為信義之結果也。「外交全是騙局」，切記之。

本日為臺省光復節。朝課後讀告書後，到府前大會場致詞後回，記事。續閱卅四年九月份日記，不勝感慨係之。午課後在研究院召見卅人，並審閱其自傳畢，入浴，晚課。續閱日記（卅四年），十一時前寢。

十月二十六日　星期五　氣候：陰雨

雪恥：一、本日英國大選結果，保守黨已佔勝利，邱吉爾組閣以後，其對俄國政策無論為戰為和，不久必有所決定，決不如工黨之懦弱無能、舉棋不定者。此時邱之復出，在世界局勢言，是有其需要也，余信世界大戰更逼緊一步矣。二、日本對美安全條約與和約，已由其眾議院通過，此乃既成之局。惟對我雙邊和約能否在美國批准之前訂立，是於我關係極大也，當如何設法運用，使之完成耶。

朝課後記事，入府辦公。召見海軍參謀學校學員畢，與陳、王、葉、周[1]等商討對柯倫斯談話要旨。午課後召見研究院學員卅人畢，入浴。晚課後，約見柯倫斯閒談一小時，此人乃一優秀明達之美國式將領也。宴畢，與莫懿[2]、賈

1　陳、王、葉、周即陳誠、王世杰、葉公超、周至柔。

2　莫懿即穆賢（Raymond T. Moyer）。

瑞德[1]話別，十時後散去。

十月二十七日　星期六　氣候：陰雨

雪恥：一、幹部藉口中央無指示與上級無命令之推托、不負責任之習性，應澈底革除。二、負責與創造實為幹部之惟一條件。三、研究原子能人才之收容。李國鼎[2]（造船公司）。

朝課後得悉英國大選保守黨已獲得絕對勝利，邱吉爾復出當政，今後國際局勢當有一重心，對俄情勢不致如過去之怯懦優柔，任俄玩弄矣。二次世界大戰以後六年混亂之因素，當然是美國無政治家之所致，而最大原因還在英國工黨之當政，以幼稚無識者之操縱美國世界政策，更使美國之幼稚無能，一任史大林玩弄其於掌上耳。邱雖對華不懷好意，但其決不致受俄之欺弄如此，則可斷言。上午入府辦公，召集軍事會談，督促明年軍事教育計畫。午課後召見學員卅人畢。晚課後，審閱卅四年九月日記。

上星期反省錄

一、花蓮大地震，幸死傷不大，共計軍民死傷不過百人，房屋損失四百餘間，感謝上帝。

二、辭修鹵莽宣布其辭職決心，最後卒打消其辭意，而照常辦事矣。

1　賈瑞德（Harry B. Jarrett），美國海軍將領，1950 年 7 月至 1951 年 11 日任駐華武官。

2　李國鼎，祖籍安徽婺源，生於南京。1948 年任臺灣造船公司協理，1951 年升任總經理。

三、俄國原子彈第三次爆炸洩露後，美國又試炸第十七次聞矣，而且其原子工廠之人數在十萬以上，美、俄原子競賽之激烈，決無緩和與停止之可能。

四、韓國停戰會議已經恢復，能否實現停戰仍成問題，即使停戰一時，無如美、俄不能停止原子競賽，何也。

五、英國大選保守黨勝利，邱吉爾當政以後，第三次大戰又前進幾步，大戰之期日近矣。

六、柯倫斯來見，獨談東北人民為何被俄共如此壓迫，而未能驚悟與反抗之意，彼認為不解，但彼並不問我整個大陸之民意如何，可知美國對東北之政策別有懷抱，不能不及早預防也。

本星期預定工作課目

1. 上阿里山避壽。
2. 審閱卅四、五年日記。
3. 擬剿共失敗之戰略講稿。
4. 審定克氏戰爭原理。
5. 閱克氏戰爭論開始。
6. 擬定下月工作要目。
7. 明年預算案督促呈報。

十月二十八日　星期日　氣候：陰雨

雪恥：一、印亮文〔汝亮〕[1]、李大安[2]等一千餘在韓被俘後，血書陳詞效忠黨國，閱此對舊部更覺慚惶矣。

朝課後記事，手擬講稿要目。對於共匪各種社會運動，如所謂婚姻法案、治安委會與師範教育等，皆應加以研究與設計對策。對於四維八德實踐之設計，參入於各種社會生活與教育之中，使之無形中深入於人民日常生活之中而不自覺，方能有效也。九時到軍訓團紀念周，致詞後禮拜。審閱卅四年日記雜錄欄，感慨無窮。午課後，記上周反省錄畢，與妻巡視基隆市，街道清潔甚有進步。入浴，晚課後閱中國一周所載文化人士祝壽詞，十時後寢。

十月二十九日　星期一　氣候：晴

雪恥：一、本黨政策為：如何戰鬥、如何生產、如何教育（此乃卅四年一月廿一日之記事）。二、學者與農工以同志相結合，進而為兵民相結合，以上原則今能急起直追，實踐力行，猶可為也。

朝課後記事，整書。九時起飛，十時半由嘉義乘上山火車，在樟腦寮站下車遊覽，即登車午餐。十七時到二萬坪站下車，瞭望塔山風景，雄壯奇麗，與妻及黃君璧、孫文英[3]等遊覽，依戀不忍舍也。不及半時，將到神木站，而未到之前一段約有十五分時，向西眺覽，正在夕陽返照，映於雲中，海天一色，無涯無際，而雲海、雲山與右面塔山側映，其光其色，非紫非朱亦非金黃，實為景色之極緻。前年來時亦偶得此景色，但其時甚暫，不到五分時即隱沒

1　印汝亮，韓戰共軍戰俘，與李大安帶頭共千餘名戰俘陳詞「效忠黨國」的血書。
2　李大安，原中共志願軍卡車駕駛員，韓戰時被俘。
3　「孫文英」為筆誤，應作「孫鄺文英」，先生孫沂方。鄺文英為宋美齡夫人秘書，與黃君璧熟識，1951 年黃此行，曾作「登阿里山觀雲海」一圖贈鄺文英。

不現，此次竟有十五分之久，誠飽我眼福，開我胸襟，認為平生最難得之幸福，感謝上帝賜我如此洪恩也。經神木，與妻等下車瞭望後，六時前即到阿里山站，正黃昏而未黑暗也。入浴，晚餐後晚課、午課如常。

十月三十日　星期二　氣候：晴

雪恥：朝課後記事，審閱卅四年九、十月日記，發覺美政府當時即有派艾其生來華視察（以決定其對華政策）之提議，由余堅決拒絕再三方罷。此乃為俄共一貫亡華毀蔣之陰謀，但當時並不覺其艾為如此要員，及其卅八年，初繼馬[1]任國務卿以後，三年以來之毀蔣滅華之一切卑劣舉動，蓋已早植於日本投降之初矣。可知艾奸不撤，則美國對華政策根本無改善之可能也。與妻等在姊妹湖野餐，此湖上次來山並未遊覽其地，湖中天成古木大株十餘根，直立水中，其風景幽雅，如果略加人工，實為阿里山中最幽勝之景色也，妻願經營其事。回閱卅六年六、七月間日記，感想萬千，此失敗期間之日記，應密印分贈部屬，研討其過去之得失，必於一切訓詞為有益也。午課後再閱卅四年十月日記。

十月三十一日　星期三　氣候：晴

雪恥：昨晡特往林場分廠前眺望遠海晚景，甚覺自得。晚餐後觀影劇畢，晚課，十時前寢。

玉山學案[2]：伊川曰「中則正矣，正或未必中也。」世嘗有正而未必中者，不

1　馬即馬歇爾（George C. Marshall）。

2　《宋元學案》卷四十六。

可以其未中而謂之不正云。余以為敬者正也，如敬而越分，或敬而失禮，皆不正之故也。而正則未有不中也，不中則不正矣。所謂主敬立極者，即主正立中之謂也。此意蓄積已久，今日為六十晉五生日，閱玉山文集至此，而特記之。

昨夜妻病，未得安睡。余於二時醒後亦未熟睡。六時後起床，朝課，獨自默禱，記事。仍如往年生日，不忍朝餐，紀念先慈生育之苦也。十時與黃君璧畫家同登祝山，相度地勢，期在七十歲時修建第四基督凱歌堂，以償前願也。正午回寓，約侍從人員聚餐。午課後閱卅四年日記後，山上小學生百餘人來寓祝壽，遊戲。晚宴地方長官畢。觀影劇（昨日誕生），十時後寢。

大中至正之道，近在日用，見於動靜語默，不必他求。慈湖先訓[1]。慈祥和厚、勇決剛果。晦翁[2]語。

1　「慈湖學案」係《宋元學案》卷七十四，黃宗羲原本，黃百家纂輯，全祖望補定。「慈湖」為南宋理學家楊簡（1141-1226），明州慈谿人，字敬仲，世稱「慈湖先生」。

2　朱熹（1130-1200），字元晦，一字仲晦，齋號晦庵，晚稱晦翁，又稱紫陽先生。南宋理學家，程朱理學集大成者，學者尊稱朱子。輯定《大學》、《中庸》、《論語》、《孟子》為四書作為教本，成為後代科舉應試的科目。

上月反省錄

一、象山學案[1]激厲奮迅，決破網羅，焚燒荊棘，蕩夷污澤。又曰：要決裂破陷阱，窺測破羅網。又曰：但以此精神，居廣居，立正位，行大道。慈湖先訓：正欲說，教住即住得，正欲怒，教住即住得。如此即好。晦翁語[2]：居處恭，執事敬，與人忠，便是存心之法，說話覺得不是便莫說，做事覺得不是便莫做，亦是存心之法。朱子曰：打坐時固是好，須是臨事接物，長如坐的時方好。卅一日記事。

二、經濟動員局以辭修不贊成人選，而宣布其辭職，因之重要業務停頓而不能如計成立。

三、動員與節約辦法及幹部與人事組織尚未着手。

四、宗南已就江浙游擊司令職。

五、物價因鐵路加價已引起波動。

六、雙十節閱兵，國軍進步已為中外所重視。

七、美國軍援武器之接濟，仍無實在消息。

八、美國對華政策之失敗，其責任之追究近更加緊，史塔生[3]等之出面，更引起注意，明年大選之成敗，此可作為重大因素之一。如艾奸不去，對華政策不變，則杜魯門競選難望其有成也。

九、日本吉田所宣布對華之騎牆政策，對我雙邊協定置若無視，其氣燄高漲，所謂得意忘形是也。韓國停戰會議雖已恢復，已成為無足重視之物，預料其終無結果也。

---

1 《宋元學案》卷五十八。

2 《宋元學案》卷六十九。

3 史蒂文生（Adlai E. Stevenson II），又譯史丁文生、斯丁文生、史塔生，美國民主黨人，1946 年 1 月至 1953 年 1 月任伊利諾州州長。

十、本月國際變化甚大，其最重要者：甲、英國大選保守黨獲勝，世界大戰又逼緊一步矣。乙、美、俄原子競賽日甚一日。丙、中東伊、埃反英、美形勢未能遏止。丁、希、土已加入北大西洋公約，惟中東防衛部尚未成立也。

十一月

民國四十年十一月

本月大事預定表

1. 以一當十的戰術與精神訓練。
2. 獨立軍事體制與軍事學術。
3. 三次大戰之型態與準備之項目：甲、原子戰。乙、細菌戰。丙、科學戰。丁、技術戰。戊、管導飛彈。己、垂直包圍及戰略壟斷。庚、大規模空運組織。辛、戰略集中及解散的運用。壬、時間因素支配了〔之〕作戰精神。王[1]、傘兵與降落傘之製造及訓練。
4. 教育方針與根本改造計畫（創造）。
5. 緊張勞動與勤奮之風習與教育。
6. 減少普通中學，增加職業教育。
7. 幹部制度之檢討與建立。
8. 講詞、課程與業務之實踐辦法及具體計畫。
9. 研究員與學員之國文、品性及特技者之統計。
10. 對共匪廣播、報紙，設專員分科研究。
11. 阿里山各種日造歷史事物之改變。
12. 克氏戰爭原理校訂完成付印。
13. 雪恥復國之典範講稿之完成。
14. 剿匪戰略失敗總因講稿之擬定。

1　原文如此。

15. 審閱卅四年以後之日記。
16. 各軍官長名冊簿分三種職期調任。
17. 黨政軍高級幹部訓練要旨（品格、氣魄、體力）。
18. 聯合國六屆大會巴黎集會之形勢注意。
19. 政治部組織與權責之說明書。
20. 思想領導之具體目標：平均地權、調劑貧富、製定地政與均富之具體辦法。

十一月一日　星期四　氣候：晴

雪恥：一、本午遊慈雲寺，興我慈庵不知如何之感，觀該寺左側有日人所樹之慰靈碑及殉職紀念碑，以紀念其開闢阿里山殉職諸職員也。乃感日人開山工作之艱危，不知多少日人為此一事業不惜犧牲一切，為其國家富強與個人事業成功，乃對蕃人與自然及一切毒蛇猛獸鬥爭而殉職，以成其志也。回顧國人則如何？只見爭權奪利、借公濟私，曾不肯捐其絲粟以救國自救，更不能望其為國損〔捐〕軀、毀家舒難，所謂盡責殉職矣。此無他，社會與教育不能致力於公與誠之教養，而造成今日私與偽之社會，相習成風，致有亡國破家之結果，能不為之激厲奮迅，決破網羅，起而立矯此敗亡之弊乎？
朝課後記事，審閱講稿及克氏戰爭原理稿。正午在神社萬歲檜前野餐。

十一月二日　星期五　氣候：晴

雪恥：昨午課後續訂戰爭原理稿序文完。十七時十五分到分廠前面，與妻等觀雲海與夕陽晚霞，可謂極自然之景色，實不敢描寫其真相之美麗程度矣，自覺心神自得，恐仙境亦不過如此而已。晚觀影劇後，晚課，十時後寢。
本日朝課後記事，閱報，續審訂戰爭原理之戰術與會戰的理論篇完。正午與妻等乘火車到塔山背之「眠月」山谷，約行一小時，該谷大岩亂堆一如地震時所崩潰者，古木已坎〔砍〕伐殆盡，然其山峰甚秀亦足遊也。其車道沿塔山之背而行，其峰巔尖秀，岩形奇麗，非其正面所能及也。三時回寓，午課後審閱卅四年十一月初日記，正被俄共困梔〔阨〕之時，感想千萬，不知當時如何能有此心力，以度過此一艱危耶。晚課後觀自我平生影劇，此為經兒主編，尚多須改正之處，但亦已難得矣，十時寢。

十一月三日　星期六　氣候：晴

雪恥：一、如何號召民眾，使之鼓動激厲，風起雲湧，信奉愛戴，不惜捐軀殉職，以消滅共、俄，挽救國家之危亡也。二、共匪毀除神像，其果為袪除迷信乎，抑其為根絕文化、毀滅倫理，使人心放蕩、社會不安，易於脅制統治，除了埋頭俯順，終年為其苦工服役，任其驅逼害陷，充其牛馬豬狗，不復知有人生與民族究竟為何而已。如其為袪除迷信，勞動救國，不使之暇逸安定，則猶可說也。余以為復國教育，必須使人民動與實，以改變過去民族之惰性腐化，革除社會之貧愚黑暗，則幾矣。

朝課後閱報，續審戰爭原理。正午遊覽博物館，即在其庭園午餐，再遊慈雲寺，不知其館寺與神社皆相連通也。午課後續審戰爭原理後，再往廠前觀雲海晚景，一樂也。審閱卅四年日記後，晚課，觀影劇，十一時寢。

上星期反省錄

一、法國駐柬埔寨專員[1]又被刺殞命矣。

1　雷蒙（Jean de Raymond, 1907-1951），法國駐柬埔寨專員，10 月 29 日在金邊遭暗殺。

二、六十五歲生日，海外各地華僑及臺省各地軍民熱烈慶祝，馬來、泰國僑民且派代表來臺祝壽，更使余對黨國及全國同胞慚惶不安矣。惟民眾對余復國之信任，及其向背心理則可於此測驗，是乃略得自慰耳。

三、翻閱卅四年勝利後四個月日記及宋元學案類鈔，自覺對我心身修養得益非尠，此為來山最大之收獲也。

四、阿里山雲海美麗，景色奇緻，得未曾見，每日晡時遊覽閒暇，見所未見，補益心身頗大也。

五、審訂克氏戰爭原理頗精，此於一般將領之學業將來影嚮〔響〕必大也。

本星期預定工作課目

1. 遊覽阿里山名勝。
2. 審訂克氏戰爭原理完。
3. 審閱卅四年自八月勝利後之日記。
4. 修正講稿（對英國大選後時局之觀察）。
5. 審閱黨史稿。
6. 空軍參校畢業典禮。
7. 覆馬氏[1]祝壽電。
8. 約宴南洋華僑祝壽代表。
9. 對軍需會議致訓。
10. 設立研究共匪廣播、報紙之專員。
11. 研究共匪此次政協會議[2]內容。

1　馬氏即馬歇爾（George C. Marshall）。

2　中國人民政治協商會議，是中華人民共和國成立初期的立法機關。第一屆全國委員會第三次會議於 1951 年 10 月 23 日至 11 月 1 日舉行，毛澤東致開幕詞，號召繼續「抗美援朝」。

12. 修改阿里山日人遺跡。

十一月四日　星期日　氣候：晴

雪恥：一、有知己之為信，充實之為美，充實而光輝之之[1]為大。大而化之之為聖，聖而不可知之為神。其首句「可欲之為善」句，至今尚不甚解，故未敢錄也。

朝課後記事，審訂戰爭原理（上下午）至利用地形篇完。正午乘火車與妻等至兒玉車站[2]，遠眺新高山峰正面，其道路與形勢甚明顯也，惜其巔上不久為雲彩所罩，不能復見為念。此外，北山雙峰與前山則始終明朗，亦甚秀麗也，即在車站附近午餐，車行約一小時回寓，在途中靜坐。午課後審訂戰爭原理後，審閱卅四年十一月日記完。入浴後觀影劇（跑馬最後五分鐘），對於美國男女性情之研究甚有助益也，廿三時寢。

十一月五日　星期一　氣候：晴

雪恥：一、「士當以器識為先。一號為文人，無足觀矣。」（劉摯[3]語）。二、孔子以柔文剛，故內有聖德，而外與人同。孟子以剛文剛，故自信其道，而不為人屈。眾人以剛文柔，故色厲而內荏（陳右司語）。于苦處中習安樂法

1　原文如此。

2　兒玉車站，以第四任臺灣總督兒玉源太郎命名。1951 年 10 月 27 日，蔣中正前往阿里山視察，於一制高點發現該地頗似張自忠將軍殉國地，故改以其名命名自忠。

3　劉摯（1030-1098），字莘老，北宋哲宗時拜尚書右僕射，有《忠肅集》。

（雜說）。守至正以待天命，觀物變以養學術（方疇[1]語）。余此次來山休養，自覺對知止與知命之道，似更有所悟乎，所以常能不愧不怍、不憂不懼，自誤〔娛〕也。

朝課後記事，上、下午皆審訂克氏戰爭原理至戰略攻擊篇完。正午與妻等登祝山野餐，以雲霧蔽山，不能遠眺玉山之巔為憾也。晡十七時到分廠前觀雲海，適塔山腰胸之間白雲隱現，夕陽返照其間，頓呈朱紫光輝，忽見西方海角夕陽方隱，其一色青綠浮現天際，其光其色之美而麗，皆為平生所未曾見者也。

十一月六日　星期二　氣候：晴

雪恥：昨晡欣觀雲海約半小時，天涯海角，山腰峰巔各種奇麗景色，實非筆墨所能形容。而空中月光為夕陽映照，頓呈綠色而不現赤光，何耶？晚霞明暉非紫非朱非赤非黃，余實不能命其為何光何色，祇可以燦爛光明代之，然此實不足以盡其奇麗耳。晚課後審閱卅四年八月份日記，晚觀影劇還鄉記。

朝課後記事，上、下午皆審校戰爭原理完成，此為半年來之重大工作，竟在阿里山中避受〔壽〕時完成也，未知對於一般將來能有所補乎？正午與妻等再到博物館後園野餐畢，循小學校背之小池，入校巡視一匝，出前門經「受森宮」[2]小廟，此為阿里山惟一之廣場，可供體育操練之用也。午、晚課如常，十七時復到廠前觀雲海，夕陽映海上，波紋頓呈銀海，誠壯觀也。晚霞海角之奇麗，又與昨日不同矣，雲海之中，山巔突出，其景更美，余指君璧曰：在此巔上能繪一孤寺，則實現余在金頂所撰「雲海雲山雲面寺」之絕句矣。彼曰：善。

1　方疇，字耕道，號困齋，宋信州弋陽人。建炎初進士。紹興改元，上書言「四宜憂、十宜行、一宜去」，又言擇宗室為儲貳。後為建康通判，卒。有文集二十卷。

2　阿里山「受森宮」，今改稱「受鎮宮」，是位於臺灣嘉義縣阿里山鄉香林村的北帝廟。

十一月七日　星期三　氣候：晴

雪恥：昨晚再校戰爭原理之跋文（講詞）一篇後，觀影劇（封面女郎）畢，十時後寢。

一、如何能使人民由懶惰而勤勞，由散漫而團結，由愚拙而智慧，由病弱而強壯，由虛偽而篤實，惟以科學、務實、勤勞、力行而益之，以禮義廉恥之教，則幾矣。（卅六年日記）

朝課後記事，批閱公文。九時半由阿里山乘火車出發，十五時後到嘉義，沿途眺望塔山，過「多羅馬」[1]站後方隱埋不見也。塔山形勢可分三段，由多羅馬至十子路對面，可稱外塔山，由十子路至二萬坪對面，可稱中塔山，此中段山景最秀，其峰一如華蓋，由二萬坪至阿里山對面，為裡塔山也。由嘉義飛至屏東，到高雄西子灣新寓住宿約十七時矣，即在沿海樓上望海聽潮，心神為之一新。

十一月八日　星期四　氣候：晴　草山雨

雪恥：昨晡在樓上聽潮，靜默，晚課後入浴。再坐樓上納涼，風光浩蕩明秀，幾與阿里山之幽美，其性完全不同，而其可愛則一也，乃撰四語以記之曰：天空海闊，月白風清，群虎並嘯，萬馬奔騰，此何地耶，是乃高雄西子灣之澄清樓也。因名新寓為「澄清樓」。晚餐後獨坐樓臺聽潮弄月，記事，十時前寢。

本日六時即起，朝課，記事。約見貝樂理（海軍顧問），報告其回美時所得美國對華之影響，第一為對政治部之誤解，全為反宣傳所迷惑也。九時後赴東港，途中審閱政治部歷史與現狀之說明書，修改後交經譯成英文，以便解

1　即「哆囉嗎」，因語音艱澀，在1964年3月改名多林站。

釋。十一時到空軍參校，舉行畢業典禮後點名，聚餐。一時由東港出發到屏東，換機起飛回臺北。聽令傑報告美情。往前草廬，入浴後晚課，與雪艇、孟緝分別談話，晚閱報。

十一月九日　星期五　氣候：晴

雪恥：一、新、速、實口號之實現具體方法。二、黨務以健全幹部制度與充實小組組織為第一急務。三、反攻時期以對人民宣傳為最要之工作，如何使之收效，應積極準備。四、派專員研究匪報與廣播。

朝課後記事，十時到省黨部，第一屆改造省黨部委員會正式成立，致詞點名，以李友邦[1]貪污與通匪及匪之黨員者仍選為委員，成何事體，因痛斥其主持人[2]，令其從速辭職，並先予監視，再定辦法。入府召集情報會談後，批閱二十餘件，十四時離府回寓。午課後重訂戰爭原理，作最後之定稿。入浴，晚課，餐後審閱戰爭藝術化講稿二篇，自覺應作講詞太多，而時間太少，何[3]。廿二時後寢。

十一月十日　星期六　氣候：雨

雪恥：一、麗澤講義[4]：人處憂患時，退一步思量，則可以自解，此乃處憂患之大法。擬以此自勉以勉人也。

1　李友邦，字肇基，臺北蘆洲人。時任臺灣省黨部副主任委員兼改造委員會委員，1952 年因「匪諜案」於 4 月 21 日被處決。
2　即倪文亞，時任臺灣省改造委員會主任委員。
3　原文如此。
4　呂祖謙創麗澤書院。

朝課後記事，十時入府，對軍需會議致詞，強調軍需第一與軍需獨立，而指揮作戰與訓練乃為其次要問題，使一般高級將領舊日輕忽軍需之惡習，能有所警覺與改變耳。召見三員畢，召集軍事會談，對於聯勤部分配腳踏車辦法毫無常識，又發怒動氣，事後甚覺不安。批閱公文，午課後修正四維八德生活化之講稿，與辭修談話一小時餘。晚課後約宴泰國與馬來各僑團代表，特來祝壽者也，續修講稿，廿二時後寢。

上星期反省錄

一、黃百家[1]語：「大人無所不知，無所不能，不過將本然之智能，擴充至乎其極，其體仍然不動，故為不失。」方疇語：「守至正以待天命，觀物變以養學術。」橫浦[2]心傳：「君子以義斷命，而不委之於命。以理合天，而不委之於天。」以上三錄乃為余在阿里山上有得之語，而願以終身行之者也。

二、聯合國大會六日在巴黎集會，美國先提和平與裁軍方案，爭取主動，而俄代表則表示不能接受裁軍，另提以明年六月間召集和平會議，未知其用意何在。又美國和平方案以停止韓戰為先決條件，此乃使俄對韓戰奇貨可居，更難停戰乎。

三、本周在阿里山與西子灣飽嘗山海光景之眼福，實為平生未曾有之樂事也。

四、審閱卅四年勝利後之日記，更覺事業之艱鉅而偉大，不勝感慨。

五、克氏戰爭原理校正三次，修訂完成，此實一重要工作也。

---

1 黃百家（1643-1709），浙江餘姚人，黃宗羲之子。原名百學，字主一，號不失，又號耒史，別號黃竹農家，明末清初術數家、曆法學家、經學家、武術家。

2 張九成（1092-1159），字子韶，號無垢，又號橫浦居士。北宋官員、學者。著有《橫浦集》二十卷（附橫浦心傳錄三卷，橫浦日新一卷）及《中庸說》三卷。

本星期預定工作課目

1. 總理誕辰講稿。
2. 招待馬丁[1]之準備。
3. 戰略失敗之講稿。
4. 事業與抱負及恆心與毅力。
5. 黨務之講評與對匪之研究。
6. 召見學員。
7. 明年度預算之督導。

十一月十一日　星期日　氣候：雨

雪恥：一、關於臺灣講稿編篡〔纂〕成冊印行。二、職期調任制之督導實施。三、考選武官。四、總理誕辰紀念之講稿：甲、本黨歷史與事業。乙、失敗經過。丙、共匪殘殺。丁、退一步着想。戊、服務與奪取，自由與能力，禮義與廉恥。己、今後工作之繁重。庚、學習總理之無我無畏之犧牲精神，與至大至綱〔剛〕之偉大人格，節約勤勞、團結奮鬥提高國際地位。

朝課後續修講稿。九時到石牌，對情報幹部訓話回，續稿，十一時禮拜。午課後記昨事畢，往訪稚老先生病，以其熟睡中，故未見而回到草廬，入浴。晚課後審訂黨員守則淺說十二條完，只有和平為處世之本一條所引故事未妥，尚須修正也，十時寢。

1　馬丁（Joseph W. Martin Jr.）。

十一月十二日　星期一　氣候：雨

雪恥：一、美援武器分配之主動指示。二、腳踏車之分配計畫，仍照指示預定案之修正。

五時起床，朝課，記事，手擬講稿目錄。九時前入府視察，再到中山堂國父誕辰紀念會致詞，其中有二點必致舊幹部如敬之等之不安與不滿者：甲、說明勝利時期之日記中，對南京接收情形之消沉無為，當時已斷定革命之必失敗。乙、對教育者必須有特別精神、氣魄、人格。另有一點特別指出，民意機關之黨員仍爭私見、搶權利，或以為過嚴，其實非此不可。蓋若輩仍醉夢於其自私自利之中，而不知其有黨國之前途與責任也。十時半在軍訓團聽日教官講動員準備計畫。午課後審閱學員自傳，曹翼遠之文字實為第一也。約見讀者文摘[1]後，在院召見學員卅人畢。入浴，晚課，觀影劇，十時半寢。

十一月十三日　星期二　氣候：雨

雪恥：一、收復各縣工作要目：甲、警察與防保。乙、交通與通信。丙、教育與民眾組訓。丁、生產合作社與衛生救濟。戊、積穀金融與財政。己、復員與動員。庚、振作民氣緊張與奮興，及對匪仇恨與敵愾心之鼓勵。

朝課後記事，重核講稿。十時半入府會客，召見五人，與紐約時報主筆史密斯[2]約談半小時，彼乃同情者也。召集宣傳會談，關於日本在臺展覽會，其人員已到，無人招待，行政院與省政府皆推托不管，觀此情形，不勝痛憤。午課後審閱學員自傳，召見卅人，至八時方完。入浴後晚課，晚閱報，批示。為陳、吳[3]咀唔〔齟齬〕不能合作情形，殊為痛心，應求得解決，方能有所進步也，十時後寢。

1　麥克瓦，《讀者文摘》（*Reader's Digest*）編輯。
2　史密斯（Robert A. Smith），美國《紐約時報》主筆。
3　陳、吳即陳誠、吳國楨。

十一月十四日　星期三　氣候：晴

雪恥：一、內地當選人太多。二、包蔽〔庇〕與私人關係未除。三、共匪廣播報紙之研究。四、李友邦案。五、幹部與小組工作第一。六、各地各級黨部之工作與組訓課目及指示，不宜一律。七、為民服務與為民除害之實工：甲、動員。乙、肅奸。八、軍隊與民政工作總檢討。

朝課後批閱要公多件。對國防部各員汽車之裁減在半數以上，可知至柔之不負責與浪費公物，何以領軍。召見十餘人，與紐約時報斯密史談話，彼據法國武官前四月由南京來港，談南京總統府石獅子出汗與面轉向臺灣，人民因之前往參觀者不絕，認此為總統回京之預兆，彼以為人民望余往救之心如何迫切矣。批閱要公後回，午課後審閱學員自傳及召見卅人後，入浴。晚課後與妻車遊淡水，月白風清，忙中偷閒，一樂也。

十一月十五日　星期四　氣候：晴

雪恥：一、無實職學員之工作設計。二、各省黨務主持人之選定。三、臺省黨部職員人事之調整。四、幹部政策運用方法：甲、對流。乙、職期調任。丙、考核。

朝課後統計學員成績，記事。十時到中央改造會，聽取行政院明年度預算報告，其內容比往昔大有進步：甲、自中央至縣市鄉鎮經費之統籌。乙、財政與經濟及建設統一配合。丙、美援與預算配合。此非外員參加籌劃，決不能得此結果，故余願美員之干預收支與預算，彼自想操縱統制，然現時於我無害也。會終以前，對李友邦問題提出嚴懲，以清內部，其實倪文亞與陳雪屏[1]仍如舊習未改也。正午約宴諮〔資〕政、顧問等後午課，審閱學員自傳與召

1　陳雪屏，時任中國國民黨中央改造委員兼第一組主任。

見卅人，甚覺見員考試之吃力。晚間又得感冒，其實見員疲乏之故也。晚課，九時半早睡。

十一月十六日　星期五　氣候：陰　夜雨

雪恥：一、軍用稻草。二、裝甲四縱士兵日記。三、各部隊定期調防與訓練第一。四、人員消耗率之檢討。五、令海、空軍參校畢業生參加軍訓團第十期。六、令二馬任隊附。七、孫碧奇[1]升公使銜。

朝課後記事，入府辦公，聽取情報，指示情報業務之要目。召見美公使與葛利芬[2]，藍欽甚恐其眾議員共和黨領袖馬丁來臺，發見其軍援並未有武器到來，對其政府必加攻擊資料，特來表示歉惶，對馬丁調查勿使其政府難堪之意，並稱已有三大船軍火來臺，正在途中云，其政府畏懼議員有如此也。召集財經會談，午課，未睡。二時到軍訓團，聽白鴻亮講戰爭科學，彼仍未能得要領，可知日本軍學對戰爭哲學與科學，並未有注重研究也。五時回，略息。接見馬丁與魯〔霍〕爾[3]，閒談一小時半，彼乃熱情與直率之美友，始終站在我的方面也。入浴，晚課，九時半寢。

1　孫碧奇，1950 年初，任駐泰國大使館參事，1951 年 11 月升任公使。1956 年 10 月回臺灣在外交部工作，旋任行政院對外業務協調委員會執行秘書。

2　葛利芬（Allen Griffen），又譯葛里芬，美國經濟合作總署遠東特別代表。

3　馬丁（Joseph W. Martin Jr.）與霍爾（Leonard W. Hall）。霍爾（Leonard W. Hall），又譯赫爾，美國共和黨人，1939 年 1 月至 1952 年 12 月為眾議員（紐約州選出）。

十一月十七日　星期六　氣候：陰雨

雪恥：劉念台[1]曰：「學者惟有中立病難醫。凡一切悠悠忽忽，不激不昂，漫無長進者皆是。」此卅四年七月十五日所鈔錄，及今閱之，更覺一般幹部之官僚政客之氣相習成風，何能望其革命耶。

朝課後記事，審閱學員自傳。十一時後到研究院，召見學員卅人畢回。午課後審閱匪區兵民自動解散，對匪怨恨載道，乃知匪之崩潰自弊〔斃〕已開始矣，又閱匪區財政近況之研究後，與妻車遊淡水回，審閱卅四年七月份日記完。晚宴馬丁與霍爾畢，談對日本和約問題，屬馬轉告共和黨設法，必須待其對華日雙邊和約簽字後，再予通過也。此君誠天真爛漫之老青年也。十時半晚課後寢。

上星期反省錄

一、聯合國大會對中國代表權問題，已由泰國代表提議本屆不提此案。又我對俄控訴案，亦由政治會通過列入議程矣。

二、對毛邦初案，已在美國法院正式起訴矣。

三、韓國停戰會議，共匪要求就地停火，而美軍則主張談判停戰，以反對先行停火也。周末則允共匪在原線停戰之提議，但一切停戰條件未談妥以前，則仍不停火，併限一個月為期也。

四、明年度預算已造成，提交立法院，聞該院以其本身補貼不隨，乃加反對也。

五、馬丁來臺於我有益也。

六、對臺新省黨部李友邦案未了也。

1　劉宗周（1578-1645），號念台，因講學於蕺山書院，後人稱其為蕺山先生。明末著名哲學家、文學家、政治人物。「浙東學派」的重要代表人物之一。

本星期預定工作課目

1. 戰士授田委員會應加入新縣制。
2. 共匪在川設立治安小組，與西北各級組織設置報告員制，宣傳其敵我情形於社會民眾，即建立宣傳網。
3. 只有地方自治組織及各種小組會議的健全，方能消除共匪滲透與全面戰術。
4. 召見中信局趙聚鈺[1]，外交人才吳世英[2]、鄭南渭[3]、李慕白[4]（英文新生力報）。
5. 競賽運動與革命空氣之提振（楊博清[5]）（臺糖）。
6. 各項鬥爭：軍事、政治、社會、精神、物質、教育、文化、思想、技術、戰略、戰術如何勝過敵人。
7. 戰地動員之實施辦法。
8. 各軍官長名冊部分三種與職期調任（軍職銓敘冊）。

十一月十八日　星期日　氣候：陰雨

雪恥：一、教育家必須有骨氣、有風格、有思想、有宗旨，決不隨人腳跟，亦不隨風逐流，迎合奉承為事。而其思想宗旨則以民族道德、革命精神、救

1　趙聚鈺，號孟完，湖南衡山人。1949 年任中央信託局臺灣分局經理，兼中央存臺剩餘物資處理委員會主任委員。1951 年擔任人壽保險處經理，規劃軍人保險及公務人員保險。

2　吳世英，北平市人。時任陸軍砲兵學校高級班上校班主任。

3　鄭南渭，浙江定海人。1949 年至 1950 年任美聯社駐臺北記者。1950 年至 1965 年任臺灣銀行研究員，期間並擔任英文《中國日報》社長兼總編輯。

4　李慕白，《新生力報》負責人，該報 1951 年 6 月至 1954 年 4 月委託香港廠商承印，涉及套匯及偽造文書。

5　楊博清，時任臺灣糖業公司主任秘書。

國濟世為其根基也。二、黃黎〔梨〕洲[1]、劉蕺山學案之重印。

朝課後記事，記上周反省錄與審閱卅五年十月日記後，十一時禮拜。正午審閱學員自傳，徐有守[2]、蕭建〔堅〕白[3]、卜昂華[4]皆優秀有望，而且皆出於世家也。午課後到研究院聽黨政業務演習講評，此次又比前期進步矣。召見學員卅人，本期全員召見完畢，乃知考察人員之費力，而閱卷更覺辛苦也，但見一優秀之才則足慰矣。入浴後晚課，觀影劇，十時半寢。

十一月十九日　星期一　氣候：晴雨

雪恥：一、艾其生又在聯合國裁軍演說中，提及中共雖非會員國，亦應邀其參加裁軍會議之說，是其時時不忘情於中共以替代我政府之代表權也，應特加注意。

朝課後手擬講稿要目。十時到研究院舉行第十五期結業典禮，提及八德與教育時，不覺悲憤激烈，對教育部廳長之得過且過，毫無革命實踐精神，視余歷次訓詞指示如耳邊風，乃痛加責備。並以「刺之無刺」與「非之無舉」為戒，勉勵學員醫治「中立病」，為變化氣質之起點也。聚餐時又講評業務演習各要旨約一小時後回。午課後記事。入浴，晚課，晚審閱卅四年（日記）反省錄，感慨無已，十時寢。

1　黃宗羲（1610-1695），字太沖，號梨洲，世稱南雷先生或梨洲先生，浙江餘姚人。明末清初經學家、史學家、思想家、地理學家、天文曆算學家、教育家。與顧炎武、王夫之並稱明末清初三大儒。

2　徐有守，1950 年調任臺灣省立工學院（今國立成功大學前身）訓導員，1952 年 8 月奉調臺灣省立工學院附設高級工業職業學校附設工業職業補習學校教導主任兼代校長。

3　蕭堅白，湖南長沙人。時任國防部第二廳高級參謀。

4　卜昂華，字僖吾，江蘇武進人。原任資源委員會鋼鐵組專門委員，1949 年 1 月調任經濟部臺灣鋼廠廠長。

十一月二十日　星期二　氣候：晴

雪恥：昨晡審閱軍人讀訓淺說及各條所引故事，有多不相稱者，尤以第一條實行三民主義，捍衛國家，引用岳飛故事為不妥，乃改用執信與英士二先烈故事為例也。又黨員守則第一條改引張良錐始皇為例，自覺滿意無已，十餘年來黨員守則淺說之志願，今日始得脫稿完成，自認此亦平生之一大願得償也。

朝課後記事，與令傑談對美宣傳工作方針。十時入府，參觀誕辰書畫禮品畢，辦公。召見四員，胡光熹[1]、林〔孫〕桐崗[2]可取也。召集一般會談，商討對立法院要求增加生活費與反對核實預算辦法，思之痛心，談至十四時，決定堅持到底也。午課後記事，核定張良錐秦為「忠勇為愛國之本」故事文稿。入浴，晚課，晚修正總理誕辰講稿，十時半寢。

十一月二十一日　星期三　氣候：晴

雪恥：一、外交事：甲、孫碧奇與馮大使[3]及巴拿馬公使人選。二、外交部長人選之研究。

朝課後續修總理誕辰講稿。十時半入府辦公，召見十餘人後，召集五院院長，說明明年度預算編成之經過與核實理由，特告立法院黃[4]代院長，轉知其全院委員，對立法院經費，決不能以任何名義項目增加，雖鬧無益，但在臺人員必共同甘苦，決不使你立法委員獨受其苦，余自當負此責也，而別。正午修

1　胡光熹，1948 年 5 月出任聯勤總部工程署器材司司長，1952 年 1 月調任臺灣防衛總司令部工兵指揮官。

2　孫桐崗，字雲亭，1950 年 8 月任聯合勤務總司令部運輸署署長。

3　馮執正，曾任駐德國漢堡領事、駐荷蘭阿姆斯特丹領事；抗戰時期先後出任駐印度加爾各答總領事、駐美國舊金山總領事。1945 年 8 月起，任駐墨西哥大使。馮為上海「永安公司」創辦人郭標之婿，青年時代與宋子文友好，其子馮彥達，1952 年迎娶宋之長女宋瓊頤。

4　黃即黃國書。

講稿完回。午課後記事，批閱公文畢，入浴。晚課後審閱卅五年一月份日記。與孟緝談話，明年度仍想多辦一期軍訓團之高級班也。審查卅五年初與共匪談協商會議停戰協定案，馬歇爾之為害中國大矣。

十一月二十二日　星期四　氣候：晴　溫度：八六

雪恥：一、共匪殘殺美軍俘虜案，與中東英埃衝突案，對韓國停戰不易實現之因素，又增加不少也。二、對臺灣新兵與退伍者之組訓與特別宣傳計畫。三、明年普遍軍訓實施計畫及師資考訓。四、加強自衛隊之組訓。五、動員與征集新兵十萬人計畫。

朝課後記事，十時前到中央會議，又專論立法院待遇預算及對付方針，仍照昨日所談者堅持到底，決不因其少數人之橫暴而為之遷就，並轉告其立法院，如不尊重行政地位，則行政院自不尊重立法權利，果爾則立法院不值一文，無異自暴自棄之意警告之。蓋對此種無恥無道之所為，不能不以堅嚴之態度出之。午課後批閱公文，統計駐外武官優劣成績二小時。晡與令傑同往草廬，商討對美宣傳計畫。晚觀影劇（タラワ之戰[1]），晚課。

十一月二十三日　星期五　氣候：陰

雪恥：一、韓國停戰之分界線今已協議，但停戰全部協定未在卅日之內期間完訂以前，並不停火也，此當然是共匪有意停戰之所致。

朝課後與雪艇、少谷談，辭修應到立法院報告行政施政案，不可予人以違憲

1　タラワ即「塔拉瓦」。「隨陸戰隊在塔拉瓦」（*With the Marines at Tarawa*）是導演路易斯．海沃德（Louis Hayward）1944 年所拍攝的簡短紀錄片，在次年獲得奧斯卡金像獎最佳紀錄短片獎。

口實或示弱之感，並商討對毛訟案後，記事。十時入府辦公，接韓大使金弘一[1]之到任國書畢。召見武誓彭[2]等，訓誡其立法委員之失言無理，以後不得再有此事。召集情報會談，聽取此次北平偽政協總報告畢，批閱公文。午課後批閱公文畢，與令傑往草廬，入浴，回寓。晚課後審閱卅五年一月份日記完，甚感馬歇爾之殘忍冷酷，甚於共匪與史魔，其之左右僚屬必有重要共黨份子在內指使，至今相信其仍受美共之操縱，為俄帝之傀儡，豈僅其國務院而已哉，深為美國憂矣。

十一月二十四日　星期六　氣候：陰

雪恥：一、何輝雲[3]匪奸案之研究，及今後對學員考察方法及保送手續應加改正。二、各級主管應負責查考與保證連帶之責。三、宏濤須至調查會成立證明後再回國。

朝課後記事，與令傑談話，指示其對美宣傳方針，贈其精勤慎重四字以勉之，該甥乃為孔氏最有望之子也。入府辦公，對共匪在大陸上電信之組織，以及俄共有線電之監視聯絡等之方法，其進步之快與密，殊足驚駭。會客後召集軍事會談，解決要案數通。午課後研究克氏戰爭論之準備計畫，約見霍華達系[4]記者，答復其重要問題（組織亞洲反共軍也），入浴。晚課，審閱卅四年

1　金弘一，韓國獨立黨人，化名在中國參軍。1948 年返韓，相繼出任韓國陸軍士官學校、陸海空軍參謀學校校長。時任韓國駐華大使，1960 年卸任。

2　武誓彭，字希林，1948 年被選為第一屆立法委員，1949 年 12 月追隨政府來臺。1951 年 6 月，在革命實踐研究院受訓後，成立立法委員黨部，推進政黨政治。

3　何輝雲，廣東興寧人。時任行政院中央公務人員生活必需品配給委員會業務組組員。

4　蔣中正接受霍華德系報紙記者魯克斯（Jim G. Lucas）訪問，表示建立亞洲反共軍以抵禦亞洲共產主義，不但合宜，而且必要。此項計畫之實施至少需有六十師部隊，其完成期限，預計約需十八個月至兩年。在經費方面，只需美國在歐洲，建立並裝備六十師費用中之三分之一至四分之一即可。此項部隊中之二十師，可由自由中國擔任；二十師可由新獲獨立之日本擔任；所餘二十師可分別出自韓國、越南及菲律賓等亞洲所有自由國家。

（日記）工作預定表及其一月初旬日記，不勝感慨，甚有益也，十時後寢。
妻風疹甚澈為慮。
今晨二時後又地震，花蓮、臺東又有死傷也。

上星期反省錄

一、韓國停戰會議，對於分界線問題雖得初步協議，但其他問題甚多，尤以共匪反對監察業務之設置與交換俘虜〔虜〕二事未定，則如何實行停火也，決不可能。
二、太〔大〕西洋聯防公約各國外長在羅馬參加其公約理事會，尚未得其決議之消息。
三、俄國反對西方裁軍建議。
四、立法院反對核實其經費案甚劇，余堅持不之理。
五、臺灣臨時省議員如期選舉完成。
六、審閱卅四年日記開始，此比讀任何史鑑為有益。

本星期預定工作課目

1. 動員：甲、山河木石使之增強戰力與戰術。乙、廢物利用與節儉（一點汽油一點血）。丙、勞動與研究創造。丁、火力與機動力如何增強。戊、機關部隊與人員之組成，能否合乎動員之要求。己、戰地動員之精神（軍民動員一元化）。
2. 組訓工作以防共與監察為要務。
3. 公營事業與廠場防奸之特殊組織與滲入監察（獎勵智識分子充任基工之辦法）。

4. 競賽運動與動員工作之實踐。
5. 謀略及政策機構與實施檢討組織。
6. 軍隊學校化，學校軍隊化，生活與戰爭。
7. 軍官銓敘名簿，隊、教、署三職及武官。
8. 人事職責契約化，對各級主官確定其職掌，明定其責任與工作之標準及期限。
9. 加強軍訓，畢業後須待服務期滿給文憑。
10. 統帥體系與軍隊主體及其重心。

十一月二十五日　星期日　氣候：陰

雪恥：一、電適之，保智囊團人才。二、電宏濤，速組空軍調查會。三、戰略失敗原因之講稿：甲、卅四年冬撤退長春行營之決心，與主力進至錦州為止之計畫。乙、馬歇爾提出停戰方案，其間有附件一項，國軍為恢復主權而開入東北九省之運兵，不受一律停止調動軍隊之限制，為此而遷就其他停戰之要求，此乃依賴外力而不重實際之結果也。丙、卅六年夏撤退吉、長之方針不能實行之原因（將領反對、民意、政治、經濟、社會與外交影響，尤其是東北與華北之民意代表請願與哭訴，更使無法實行）。
朝課後閱報，記事，記工作預定表。十一時禮拜，下午審閱卅四年一月份日記完，此比讀任何史鑑為有益也。醫假牙，午課、晚課如常，十時後寢。

十一月二十六日　星期一　氣候：晴

雪恥：一、韓國停戰之分界線，本日雙方同意已算畫定，但停火尚有所待，而且戰爭比前為烈也。二、北大西洋公約國羅馬會議，乃加強諸國整軍及其艾總司令部之職權乎。三、最近大陸匪報與香港所謂第三勢力報「中國之聲」

周刊皆一致攻擊我父子，尤其對經國詆毀無所不至。此張發奎、顧孟餘等敗類投機求美不成，乃決心降匪，願供其驅使反誣，不惜為共匪反蔣之工具也，惟有置之一笑。

朝課後手擬失敗總因，在戰略之改變與決心不堅定之講稿要目。十時入府辦公，約見日本展覽會代表稻田等，作禮節上之會拜，會客六人。批閱匪區黨政基層組織之調查報告，可謂嚴而密矣，如不能早日反攻，則大陸人民將無焦〔噍〕類乎。午課後赴吊居覺生喪，大殮也。下午修正改造教育講稿開始。入浴，晚課，十時後寢。

十一月二十七日　星期二　氣候：晴

雪恥：一、郭克悌[1]、李毓九[2]等之比較優秀人員，發現其皆為共匪之潛伏分子，殊令人寒心。尤其劉樹裳[3]逮捕供認後跳樓自殺，可知其黨員受毒之深，更足驚駭。今後對人員之考察與調查方法必須澈底改正，否則不足以防奸也。二、毛邦初投靠李宗仁，以期侵吞公款，逃避罪犯，可知人心之惡劣，無所不至，若非激發廉恥教育，何以復國救民耶。

朝課後續修講稿。十時入府，見藍欽與史幹克[4]後召見數人，召集宣傳會談。閱顧孟餘等所出之中國之聲，對余父子攻訐侮辱甚於共匪，顧、張[5]等自知其忘恩負義，罪在不赦，乃不得不投共以自救也，其果自救乎，抑自殺耳。午課後批閱公文，入浴。晚課，審閱卅四年二月日記，十時寢。

1　郭克悌，號書堂，河南孟津人。1949 年 4 月，任臺灣工礦公司董事長。1951 年當選為中國工程師學會臺灣省分會會長。1953 年任中原理工學院代理董事長。

2　李毓九，1949 年起，任臺灣農林公司總經理、紙業公司董事長，兼任國民黨工礦黨部委員、省產業黨部委員、交通銀行監察人、行政設計委員會委員、國民大會代表。

3　劉樹裳，1951 年 8 月任主計處主計官。

4　史幹克（Hubert G. Schenck），又譯斯幹克、施幹克，美國共同安全總署中國分署署長。

5　顧、張即顧孟餘、張發奎。

十一月二十八日　星期三　氣候：晴　新竹狂風

雪恥：一、革命空氣、愛國情緒與民族意識之提高，熱烈、奮興、積極、主動的精神。二、動員勞動服務，創造、合作與武藝之獎勵。三、實踐新生活（新、速、實之促進）、節約、生產與克己。

五時起床，朝課後審檢舊日記，自民國六年至十二年各年日記皆得保在，惟已潮濕與蟲蝕甚多為惜，十三年日記被共匪偷竊，總未能發現為憾，好在當時軍校日記尚有一部事跡可以參考耳。七時乘火車，九時前到湖口校閱卅二師演習反斜面陣地之工事與戰鬥，此為余所指定之課目也。下午自十三時起，即赴山崎村校閱渡河演習及超越絕壁、通過障礙與衛生等演習，此等特技與戰鬥軍紀精神，是決非在大陸上所能求其進步也，此乃失敗之益乎。十七時回臺北，在車上審閱黨史料「新學風倡導」一章，午課、晚課如常，晚審閱日記，二十二時後寢。

十一月二十九日　星期四　氣候：晴

雪恥：一、陳石孚[1]案。二、國防大學校長人選。三、日教官之用處。四、教官薪金之籌撥。

朝課後記事，十時到中央改造會，辭修來談經濟部改組與人選，余贊同其意，屬其自定人選呈報可也。上午討論青年黨新改選之中央委員會問題，決定仍主張由其第三者調解，並邀左、李[2]來臺主持，現仍承認其舊日之系統也。正午宴評議委員，據報李宗仁正式為毛邦初作證，自認其為中國總統，而以余為非法也，此更足證實毛之叛國，與李之卑劣無恥，非用國法制裁不可也。

1　陳石孚，曾任政治大學教務主任、外交系主任、《中國郵報》總編輯、《中央日報》總主筆。

2　左、李即左舜生、李璜。

午課後審核軍人讀訓第一、第二條故事人物後，召見學員十八人畢。入浴，晚課，觀影劇少女夢遊仙境，故事甚佳也。

十一月三十日　星期五　氣候：雨

雪恥：一、美軍前線部隊對停戰條件未協定以前，只劃定分界線之當日，其指揮官即發佈其停止射擊命令，自動實行停火。而共匪軍隊竟在美軍陣地前設置球場賽球，於是美兵眼紅認為看不順眼，而美國得此報導以後，全國嘩然，莫名其妙。於是其政府與李奇蔚又聲明，否認停火命令，此種幼稚淺薄之舉動，不僅為共匪測知美軍急於停戰之心理，而更足要脅居奇，不肯停戰，並且貽笑世界。美國對於此等軍國大事之處理如此輕忽，何以領導國際反共耶。

朝課，記事。到軍訓團對高級班政工會談，訓示後入府，情報會談。午課後審閱學員自傳，召見將領十八員。晚課，入浴後審閱胡璉、石覺等自傳，其中趙學淵[1]、高希亮[2]皆甚優秀也，十一時前寢。

1　趙學淵，湖北麻城人。1946 年任國防部人力計畫司司長。韓戰時為駐韓國武官。1951 年 12 月任參謀學校教育長。

2　高希亮，時任教育部學生軍訓處處長。

上月反省錄

一、行政院各部改組案，辭修顧慮多端，猶疑不決，因之各種業務無法進展。

二、陳與吳[1]之隔閡，應另定適才適所辦法。陳、吳二人誰留誰去，其利害如何，此為一大問題。

三、明年度預算，因核實立法院經費，掀起重大風潮，其勢洶湧，幾難遏止，幸堅持鎮定，全力支持行政院到底，乃得漸平矣。

四、毛邦初勾結李宗仁，在美要求法院，不接受我政府控毛吞款案，美政府證明認我與政府為惟一之中華民國政府，彼等奸謀敗露，仍未如期出庭辯護。毛逆如不能逃避法網，若非入牢，只有自殺之一途也。

五、月初由阿里山、高雄北回，身心覺有進步。

六、本月著述較多：甲、克氏戰爭原理譯本修訂完成。乙、黨員守則淺解與每條故事手訂完成。丙、軍人讀訓淺解與故事亦已完成十之八九矣。丁、改造教育與變化氣質等講稿三篇，亦已修訂完成矣。自覺收獲頗大，而審閱卅四年日記，得益更多也。

七、馬丁來臺訪問，於我有益也。

八、聯合國大會在巴黎召開，其對我國之侮辱與險惡形勢，當較去年此時好轉矣。

九、羅馬召開北大西洋公約國會議。

十、韓戰雙方分界線雖已劃定，但並未停戰。

十一、第卅二師第二期校閱完成。

十二、研究院十五期結業，該期學員與高級班學員召見完畢。

---

1 陳、吳即陳誠、吳國楨。

蔣中正日記

Chiang Kai-shek Diaries

十二月

民國四十年十二月

本月大事預定表

1. 訓詞頒發與考核，凡軍事學校考試，必須考試訓詞一課，並定為重要課目。
2. 本年各軍事機構考績辦法如何。
3. 核心組織與設計組織為第一工作。
4. 召開黨員第七次全國大會之方針與準備：甲、對現任中委。乙、各派取舍。丙、名稱。丁、組織人數。
5. 各總部作戰會報應有政工參加。
6. 明年實施行政三聯制與競賽制度。
7. 實踐新生活（特重新、速、實之提倡）。
8. 革命空氣、愛國情緒與民族意識：甲、熱烈。乙、奮興。丙、團結合作。丁、公私分明。戊、創造。己、勞動服務。庚、武藝（合作）。辛、主動積極。
9. 戰略、政略與策略之擬訂。
10. 運用策略之研究與組織。
11. 工業與科學之督促。
12. 手令實施程度之考核重要。
13. 選拔人才，保荐獎勵，加強組織與聯絡方法。
14. 幹部掌握組織，組織掌握政策。
15. 實行會計制與銓敘制。
16. 公民常識、體育與德育之提倡。
17. 公營事業人事之管理。

18. 核心組織選拔（選拔優秀黨員一百人）。
19. 侍從室培植人才之組訓計畫。
20. 各省黨務主持人之選定。

十二月一日　星期六　氣候：陰晴

雪恥：一、通告戰略顧問，對外國軍人接洽，必須遵守國防部所定辦法。二、陳石孚之調查。三、所謂香港中國之聲一群，顧孟餘、張發奎為汪精衛[1]改組派[2]之餘孽，張國燾[3]為共產黨之啦吸〔垃圾〕，今皆以反蔣為其投共之資本。但一面偽裝反共，又反蔣也，可知惡肖終為惡肖，乃可得一定理，只有好人變惡，決無惡人變好之理，感化云乎哉。一生革命經驗至此，方敢下此定理也。

朝課，記事，記本月工作預定表，審閱行政院施政方針。十時到月會講演一小時後，召集軍事會談，召見二人。午課後以天雨未能往烏來度廿五年結婚紀念。在寓審閱學員自傳，胡璉、石覺皆有望也。晡與妻車遊烏來，至第一水壩折回。入浴，晚課，妻約林、沈二夫人[4]晚餐，觀影劇。

1　汪兆銘（1883-1944），字季新，筆名精衛，同盟會員，歷任國民政府常務委員會主席、軍事委員會主席、行政院院長、國防最高會議副主席、中國國民黨副總裁等要職。抗戰期間出掌日本在南京組織之「中華民國國民政府」，被視為漢奸。

2　「改組派」全稱為「中國國民黨改組同志會」，是北伐以後，中國國民黨內部一個政治派別，成員在未得到汪兆銘（精衛）本人承認的情況下，奉其為精神領袖，曾被視為當時黨內最大的文人派別，並參與了一連串的黨爭與內戰，多數時間是與蔣中正一派對立。

3　張國燾，字愷蔭，又名特立，江西萍鄉人。中共早期領導人之一，在中共黨內失勢後，改投國民黨。1948 年底因政治環境變化，舉家遷居臺北；1949 年冬又移居香港，至 1952 年 10 月任《中國之聲》雜誌社社長。

4　林、沈二夫人即林熊徵夫人盛關頤、沈昌煥夫人黎佩蘭。

上星期反省錄

一、近觀共匪公營事業之財產整理，與往日之倉庫清查，以及其增產節約運動與林區勘察工作等積極行動。反觀我黨政之消極矛盾，自私把持，殊令人寒心憂惶，究不知如何戰勝仇寇矣。

二、最近測驗黨政幹部之能力、習氣、學術、言行與精神，仍如過去之因循苟且，毫無主動創造之精神，但有悲憤，無論如何刺激與勤督嚴教，亦不能改變其氣質與作風於萬一。每一念及，輒自愧惶，惟有勿忘勿助之語，聊以自解。茫茫前途，憂心如焚，奈之何哉。

三、韓戰情勢，美國態度其必在巴黎聯大會後另有策動，希圖與俄妥協也，可恥之至。

本星期預定工作課目

1. 派藹士[1]與佩箴[2]職務。
2. 陸大教育方針之審訂。
3. 周菊村[3]、文立徽[4]、車蕃如、吳淵明[5]。
4. 三聯制監督組之設立。
5. 各軍區官任動員官之職務。

---

1 陳其采，字藹士，號涵廬，浙江吳興人。曾任國民政府主計處主計長、國民政府委員。1949 年底去香港，後赴臺灣，任總統府國策顧問。

2 周佩箴，浙江吳興人。服務金融界四十年，抗戰勝利後回到上海，繼續擔任中國農民銀行常務董事、交通銀行常務董事及東亞銀行董事長。

3 周菊村，1949 年到臺灣後，先後出任中國國民黨總裁辦公室高級參謀、總統府第二局高級參謀。1952 年 1 月任砲兵第十四團團長。

4 文立徽，號力揮，湖南衡山人。時任第十九軍第四十五師第一三三團長，1956 年調任總統府侍從武官。

5 吳淵明，號琛，江西寧國人。1950 年 5 月，任第二二一師師長，10 月調任總統府參議。1954 年 10 月，任第八十七軍第十師師長。

6. 年度動員計畫令。
7. 動員使每人適才適所，各展其長。
8. 動員演習之參加（人與物，詳密統計精確數字）。
9. 招待美參議員與蒲立德[1]。
10. 招待日教官。
11. 日商品展覽會人員之招待。
12. 戰略失敗原因之檢討與講詞。
13. 研究院人事組織科與第二局人選（車[2]）。

十二月二日　星期日　氣候：晴

雪恥：一、公私義利之辯〔辨〕與夷夏漢賊之分。二、領袖與黨員，個體與整體之關係，以及此次失敗之教訓。三、抗戰以後，所有四維、六藝與新生活運動、國家觀念、民族意識，皆為共匪有計畫之反宣傳，以及一般智識階級隨風逐流，道聽塗說，以共匪之是為是，外人之非為非，禮義掃地，廉恥蕩然，是非不明，利害不明，於是整個大陸盡入於俄共鐵幕之內，能不警悟乎。

朝課後記事，九時往祭居覺生，以其今日出殯也。親到其家中弔唁，居夫人其悲哀之情，殊堪敬堪憐，當有以慰之。回寓，重修軍人讀訓之故事第七、

1　蒲立德（William C. Bullitt Jr.），又譯蒲利德、蒲雷德、蒲雷塔、浦雷德，暱稱威靈，美國外交官，曾任駐蘇聯大使、駐法大使。

2　車即車蕃如。

第八條，以袁崇煥[1]與陶侃[2]為例皆不相稱，乃以祖逖[3]與史可法[4]代之，似較適切。禮拜如常。正午與妻在圓山軍訓團野餐，其湖中介壽亭之環境與地位最佳而麗也。午課後重核改造教育講稿。晡與妻往草廬入浴。晚餐後重校講稿與讀訓故事畢，晚課，十時後寢。

十二月三日　星期一　氣候：晴陰

雪恥：一、專設行政三聯制機構，督察實施。二、準備與研究為作戰計畫主要工夫。三、責任、榮譽與愛國之三心為軍人之基本條件。四、時間的把握、自動的精神和指揮學術、修養之不足。五、各軍區司令部擔任地方動員計畫官（調查、教育與訓練）。六、人事與制度、自私與公忠及信仰與信任之關係。七、對外人「不敢說」，引起外人對領袖之疑忌。八、不聽指揮之限界：甲、掩護共匪或任匪滲入。乙、反對領袖與背叛中央，及破壞制度、違反法規之言行與命令。

朝課，記事。九時到軍訓團紀念周，聽日教官講解動員實施手續與辦法，約二小時半，甚有益也。午課後重條〔修〕讀訓第一、第二條故事，甚費心力。五時到軍訓團，召見學員卅人畢，赴草廬入浴，晚課。晚審閱講稿，十時後寢。

1　袁崇煥（1584-1630），字元素，號自如。進士及第，授職兵部，守衛山海關及遼東；指揮寧遠之戰、寧錦之戰，大力構築「關寧錦防線」，多次和後金部隊線交戰。期間對崇禎皇帝有「五年平遼」的承諾，得言聽計從，支給錢糧。後因誅殺毛文龍、在己巳之變護衛不力，以及擅自與後金議和等罪，被明廷判以凌遲。

2　陶侃（259-334），字士行，晉朝名將。出身寒門，以戰功累遷至太尉，並握重兵，都督八州軍事，並任荊、江兩州刺史。治下荊州太平安定，路不拾遺，深受人民愛戴。

3　祖逖（266-321），字士稚，東晉初期北伐名將。「聞雞起舞」就是他和劉琨的故事。

4　史可法（1602-1645），字憲之，又字道鄰。甲申之變、清兵入關之後，輔佐南明朝廷。弘光帝登基，任兵部尚書、武英殿大學士，督師江北，節制四鎮。弘光元年，揚州殉難。

十二月四日　星期二　氣候：晴

雪恥：一、各軍師長應訓組當地民眾，使軍民打成一片。二、加強各團軍官教育團。三、壓倒敵人士氣、脅制敵將精神、發現敵人錯誤三事，為將領重要業務。四、準備之意義：甲、搜集情報。乙、調查資料。丙、發現錯誤（改正），集中戰力於一點。五、缺乏空軍陸地單獨作戰之準備。六、修養、無我與團結之精神（公私分明）。七、軍隊之於生活與風氣之影響。

朝課後記事，重審讀訓第二條，陣亡將領與先烈名次及其事歷之輕重、前後分別，甚費心神，對於張紹良[1]與夏爾璵[2]二烈士尤為關切也。入府辦公，會客，召集一般會談後批閱，至十四時回寓。午課後重修讀訓故事，新增戚繼光[3]一條，甚覺自得。晡召見學員卅人畢，草廬入浴，晚課。晚記上月反省錄完，廿二時寢。

十二月五日　星期三　氣候：晴

雪恥：一、教育方針：甲、義務服役心理。乙、尊重兵役與國防之心理。丙、勞動服務心理等之養成。二、動員，在師管區司令部監督實施與負責整理，即詳密統計與精確數字（人與物）及使之適才適所。三、動員開始日期之標準重要性。四、愛國、榮譽、責任、勇敢。

朝課後記事，整理記要，增補與修正講訓第一、第二條故事、人員。十時入

1　張紹良（？-1913），1913 年為滬軍九十三團營長。隨蔣中正討袁，後因猛攻上海製造局，壯烈成仁。

2　夏爾璵（1871-1916），字次岩，中國同盟會會員，參與革命、討袁諸役。1916 年 5 月 1 日晨，為暗中與袁世凱勾結的屈映光逮捕，在杭州梅花碑就義。

3　戚繼光（1528-1588），字元敬，號南塘、孟諸，山東登州人。募兵組成戚家軍，肅清閩浙倭亂，從參將升任福建總兵。其後受命鎮守北方邊境，防範蒙古，擔任薊州總兵十四年，官拜左都督。著有《紀效新書》與《練兵實紀》，詳述其行軍練兵的經驗與戰術。

府辦公，召見駐外武官十六人，多有可取之才。正午到軍訓團，召見高級班學員卅人後回。午課後審核先烈事略後，再召見學員卅人畢，入浴。晚課後約宴蒲立德，十時辭去即寢。

記錄「舊學理新運用」，不僅為韓戰軍事如此，凡一切事業，皆應依此原則研究，以求進步也。

十二月六日　星期四　氣候：晴

雪恥：一、核心組織應分黨政、經濟、工業、教育、社會、外交各組之設計與研究（智囊團）。

朝課（五時後起床），記事，八時半到軍訓團參觀動員基本演習。十二時後召見學員卅人，十三時半方畢，講話、短評三次。上午得李宗仁為包蔽〔庇〕毛邦初案，發表談話，以彼仍為代總統，而余為一已經下野之平民，又稱彼即將回臺灣就職，所有在蔣控制之公款皆應由其支配。其意即毛所侵吞之公款乃可由其命令處置，而毛則受其命令而行，並非犯法也。余始閱之甚悲憤，何天生此無恥之廣西子以擾亂我之心神，及再一思索，則置之一笑而已。午課後自十五時至十七時半，在團聽美國顧問講韓戰陸、海、空、勤作戰情形，以時間太長，小便忍之太久，以致疲憊不堪。回寓，入浴，晚課，二十時後就寢。近日工作煩忙，今為最倦。

十二月七日　星期五　氣候：晴

雪恥：一、共匪在臺工作之口號：甲、全面聯絡，重點着手。乙、用原始方法對付科學情報。丙、挖心臟、鑽空隙，應研究對策。

朝課後記事，手擬講稿要目。十時到軍訓團，舉行高級班第二期及普通班第九期畢業典禮，講述東北進兵與撤退動作與最後失敗之關係，自覺尚未透澈，盡我所言也。與羅又倫談軍官學校問題，與曉峯談對李宗仁無恥之言行，中央暫不作表示，以待美國法院對毛邦初案判決以後再定。正午聚餐，訓話，讀對克氏戰爭原理之觀感一篇，以勗勉學員。回寓疲倦已極，且有熱度，乃就寢。午課後校閱讀訓淺釋，無誤，頗自慰。與妻車遊回，晚課。約宴美參議員史米思[1]與史巴克門[2]，談至十時後辭去。

十二月八日　星期六　氣候：晴

雪恥：一、演詞實施設計與督導實施，專員之設置。二、宋邦緯[3]、（石覺）、王征萍[4]、張載宇[5]、宋承緒[6]、（宋達）來見。三、軍隊銓敘名簿（隊職、教職、署職、武官）四種。四、謀略實施與政策機構之重要。五、文武學校發給畢業文憑，必須遵令就業服務一年期滿無疵，方得領取之制度。

昨夜不適，服藥安眠，今晨七時半方起床。朝課如常，批閱要公。十時入府辦公後，會客畢，召集軍事會談，美援軍火所到者，仍只輕武器與彈藥之類，而其所允野重砲，本應上月可到者，至今音息絕無。馬系[7]之軍部與艾系[8]之國

1　史密斯（H. Alexander Smith），又譯史米斯、史米思，美國共和黨人，1944 年 12 月至 1959 年 1 月 -1958 年為參議員（紐澤西州選出）。

2　史巴克門（John J. Sparkman），又譯斯巴克門，美國共和黨人，1946 年 11 月至 1979 年 1 月為參議員（阿拉巴馬州選出）。

3　宋邦緯，字希武，安徽合肥人。來臺後，歷任聯合作戰中心陸軍組組長、陸軍總司令部第三署組長、國防部高級參謀、第九軍副軍長、1957 年 3 月第十軍副軍長。

4　王征萍，原名逢炳，號無畏，浙江諸暨人。時任國防部第四廳副廳長，1955 年 1 月調任陸軍總司令部第四署署長。

5　張載宇，原名道燾，安徽合肥人。1950 年 7 月，任國防部第四廳第一組組長。1951 年 1 月，任國防部大陸工作處第四組組長。1952 年 1 月，任聯合勤務總司令部第二補給分區司令。

6　宋承緒，1949 年 12 月任國防部第四廳辦公室主任。到臺灣後，任臺灣省政府主任秘書。

7　馬系即馬歇爾（George C. Marshall）。

8　艾系即艾其遜（Dean G. Acheson）。

務院人員，其仇視中華與陰助共產如故，名為反共而實則助共也。清理積案後，午課畢，校閱黨員守則至深夜方完。晡約日本教官茶點，相敘甚歡，廿二時後寢。

上星期反省錄

一、一生最大缺點，明知幹部人選與核心組織為事業之基礎，而二十八年來特別注重之事，至今竟一無着落，不能實現，何哉？今後應以此為第一急務，當放棄一切，而先完成此一工作也。

二、一生注重科學，視科學為革命惟一之要務，而總未能實踐科學之精神與方法，何耶？今後事事之處理，應以科學為標準，而定可否為要。

三、本周最為忙錄〔碌〕，而自認為工作最大收獲之一周，高級班第二期結業與動員演習，以及守則與讀訓之淺釋皆已告成頒發，此乃為余之責任也。

四、聞琉球群島行政權已由美國移交日本政府管理，其將使日人對臺灣之野心復活乎哉。

本星期預定工作課目

1. 輜汽一團副團長李正平[1]（結舌）不行。

2. 蕭西清[2]軍政咀唔〔齟齬〕實情查報。

3. 武官中選拔研究各團研究專員。

1　李正平，時任聯勤輜重兵汽車運輸第一團副團長。

2　蕭西清，時任第八十軍軍官戰鬥團團長，1952 年 2 月因案免職。

4. 二廳應加史地學術。
5. 共匪政治急務動員、增產節約、思想改造、統一戰線，與澈底清除反共分子。
6. 林場、糖廠員工之調查與管理。
7. 省黨部負責人與研究院組織員速選定。
8. 審閱卅五年與卅四年日記。
9. 黨史稿之審閱。
10. 修正講稿。
11. 研究幹部人選與核心組織實施辦法。
12. 軍官調動計畫。
13. 重校戰爭原理。

十二月九日　星期日　氣候：晴

雪恥：一、日本來臺展覽會代表道面豐盛〔豐信〕[1]，以美國援華軍事團長蔡斯往觀其展覽會為榮，對余稱中、日皆須仰賴美國援助，余稱根本問題還在中日能夠合作，彼默然無言。二、敬之等無常識、無遠見，一與日人交往，總以為對日人不夠誠意。推彼之意，最好臺灣仍送還日本方足乎，此種幹部不知分寸、不識大體，焉得而不敗亡乎。
朝課後記前、昨二日事，禮拜未終，以故先回。午課後約日本展覽會來臺人員五十餘人茶會，彼會長道面稱，日本上次侵略中國，雖為軍閥罪惡，但余輩平民亦應負責，幸賴總統寬大，以德報怨，使日本全民永世不忘。余答其過去之戰爭殊為天命，但已過去，不可再提，惟望今後中日能精誠合作耳。
晡與妻車遊淡水。

1　道面豐信，日本味之素株式會社社長。

十二月十日　星期一　氣候：晴

雪恥：昨晚課後十時寢。今晨六時起床，整檢舊日日記，安置鐵櫃之內，六年至十年日記因裝置不下，故包封另藏。朝課後，八時往樹林口機場，校閱在臺北附近第六軍全部，及陸、海、空、勤各機關、各部隊憲兵與保安及要塞部隊亦參加在內，共計三萬餘人，整齊有序，可觀也。閱兵後參觀對傘兵掃盪〔蕩〕演習，約一小時畢，巡視營舍與何（俊）[1]師師部後，回臺北圓山，集合上校以上人員點名、訓話、聚餐，並介紹蔡斯將軍後散會。午課後召集財經會談約一小時，本年財政已可勉強過去，惟最近物價與利息漸漲，經濟尚未能穩定為慮，特提臺灣橫斷公路急不可緩，如政府財政拮据，應鼓勵民間組織公司民營，予以保息也。十六時起飛，在屏東下機，到高雄澄清樓，心神為之一鬆，空氣清新，潮音月色，頓入仙境矣。饑甚，菜心淡飯更覺其味無窮。餐後在樓上聽潮觀月。晚課畢，九時寢。

十二月十一日　星期二　氣候：晴

雪恥：一、杜勒斯此次到日發表宣言，稱日本民族實使其敬愛更為加深云，是美國人對日本之崇拜如此，與對中國侮蔑之情緒，未知我國人聞之，能否愧煞自勉乎。惟吾人殊不能自立自強，則將來禍東亞以自害者，仍為美國杜勒斯等一知半解之政客也，能不戒懼乎哉。二、毛邦初案，美法院已判決其所誣告與不承認政府各點皆駁斥無效，仍令其繼續繳款與交代，並已將其所存各款由其政府查明，禁止銀行支付，可知美國政府組織之嚴密矣。三、臺

1　何俊，字識之，湖北沔陽人。時任第六軍第三六三師師長，後任第六十九師師長。

灣臨時省議會已正式成立，其正、副議長黃朝琴[1]與林頂立[2]亦如計選出矣。朝課前後，風和日暖，漁船蕩漾，排列如隊，眺望遠海帆色旗布為可樂也。朝餐後記事，記上周反省錄。午課後研究今後幹部人選，與本年物色人才之審定。晡與妻在浪前沙上觀朝〔潮〕。散步回，入浴，晚課，觀影劇。

十二月十二日　星期三　氣候：晴

雪恥：一、杜魯門突然回白宮，據正式報導，是為韓戰問題有所決定，如此時有所決定，則必為妥協無疑。惟美急於妥協屈服，則俄共更居奇與拖延，決不為美完全放鬆何。二、西歐各國財政困難，尤其是英國明言聲明，前定一百卅一億三年整軍費，以其財政困難，不能如期實現。此固為拷詐美援為多，而使俄國對韓戰更不肯讓步，則敢斷言也。

本日為西安蒙難第十五年紀念日，回憶當時情境，惟有感謝天父，使我脫離死亡，保留子身。如其不為拯救中華民族，登諸獨立自由之域，則何必再有今日之我，徒使貽笑於世人耶，小子勉之。

朝課後在海際觀士兵乘筏網魚為樂，約一小時回樓。記事，研究明年重要工作與考慮時局，不覺過午矣。午課後審閱卅四年二月份日記完，慚惶不置，外交之研究與判斷，只可在惡劣之根據與狡詐之心術上着眼〔眼〕，切莫以樂觀而陷於大意疏忽之惡症，以致不治也，此乃為失敗最寶貴之教訓。入浴，晚課，觀影劇，十時寢。

1　黃朝琴，1946 年臺灣省參議會成立，膺選為首任參議會議長。歷任第一、二、三屆臨時省議會，及第一、二屆省議會議長，先後達十七年之久。

2　林頂立，創辦《全民日報》，1951 年 6 月 16 日，《全民日報》、《民族報》、《經濟日報》合併為聯合版，出任總管理處主任委員。1953 年改組為《聯合報》，任發行人。

十二月十三日　星期四　氣候：晴

雪恥：一、萬思默[1]曰：易以知險，簡以知阻，不是要知險阻。當險阻處，一味以易簡之理應之，自不知險阻耳。余為此易簡之理，莫非天理，即人之固有之良知是也。二、挑選武官為侍從副官之辦法。

今晨五時起床，月色朦朧，潮音澎湃。雞聲初啼，風吹不寒。大陸時令已入大寒，而此間猶在仲秋之季節也。朝課，先靜默半小時，而後讀荒漠甘泉與體操畢，記事。寫經兒信後，朝餐畢，審閱卅四年三、四月間日記，正英、英〔美〕、俄三國賣華協定之後，各種情勢陸離怪狀，美、俄鬼態，令人疑懼不置之經歷，實增益我淺簿〔薄〕之見不少也。除午課外，直閱至黃昏始畢，對於羅斯福逝世之感想尤足多也。晚課後觀影劇，十時後寢，失眠，或以日間對舊事感慨太多之故歟。

十二月十四日　星期五　氣候：晴

雪恥：萬思默曰：潛則藏乎淵，止則幾乎寂。淵寂者，天地之靈根，學易之歸趣也。

一、明年主要工作：甲、總動員之實施：子、精神動員。丑、經濟（物質）動員。寅、人力動員。乙、行政三聯制之實施與組織。丙、競賽運動。丁、實踐運動。戊、體育康樂與整潔運動。己、增產節約，勞動服務。庚、學習技藝競賽。辛、改造風氣，變化氣質。壬、健全組織，加強幹部。二、革命空氣，嚴正紀律（蓬勃朝氣之養成）。三、訓練與考驗養成幹部之方案。

朝課後記事，終日審閱卅四年四、五月間日記，對於六全大會選舉，與舊金山國際會議共匪代表參加，與俄國對共匪扶植之真切，乃知俄國當時已為共

1　萬廷言，字以忠，號思默，明代思想家，學官、經師，膺服心學，尤精於《易》。著有《易學》、《易說》。

匪今日偽組織加入聯合國，替代我政府作打算也，能不警戒。午課、晚課如常。晚觀影劇，九時後寢。

十二月十五日　星期六　氣候：晴

雪恥：今晨六時起床，朝課，記事。考慮明年度重要工作與實施計畫未完，對於明年政治反共與軍事總目標尚未想定也。八時半出發，往臺中校閱中部防守區陸、空軍各部隊，風猛而氣候尚暖，部隊整齊，則不如北部防區之精神矣。在大肚山校閱營作戰演習，疏散、躍進以及攻防動作皆有進步，一如實戰矣。在戰車尉官訓練班內聚餐，去年亦在於此也。午課如常畢，先往司令部，再往成功營房（大肚山南麓）巡視，甚覺士兵被服之不足，營舍空乏可憐也。五時半方回澄清樓，入浴，晚餐後晚課。九時後寢，尚不覺太疲倦也。

胡[1]之生日（十七日）。

上星期反省錄

一、杜魯門由其休養地突然回白宮，據報是為決定韓國停戰方針，不久就由其國務院與挪威、瑞典、瑞士三中立國出而參加監察停戰之行動，其求和之急可想而知。美杜如此天真，如何能求得俄共實現其停戰之願望，即使俄共本想停戰，而亦不得不改變其之政策，抑何可笑之至。

二、照北大西洋公約國理事會所表現之神態，直等於兒戲，焉得不為俄帝所竊笑耶。

1　胡即胡適，生於 1891 年 12 月 17 日。

三、四國所提裁軍計畫，雖各相持不下，形同水火，而其所謂裁軍機構是否成立，猶未可知也。

四、杜勒斯與史米斯、史巴克門要求日本與我簽訂雙邊和約，日本必須視英國政策而定，杜等已覺其上日、英之大當，而知日本為不可靠矣。然而至此，亦難使美國當局關於此事對美國在東方之禍害，其嚴重性之大，未能澈底覺悟耳。

五、毛邦初案已有美國法院駁斥其被告理由，不予受理，而勒令其繳帳繳款矣。不過，國家為李宗仁等又受一次賤視與侮辱，此等敗類之醜態，實非任何湔雪所能清除也。

六、共匪改造思想運動與勒索華僑贖款，不過是其窮兇極惡、惡貫滿盈之一端而已。

七、美奸謝維斯[1]自卅四年以來，其政府已明知其為俄共在其國務院賣華助共之間諜，審問九次之多，而於本周方以免職聞。

本星期預定工作課目

1. 明年重要津貼與情報游擊補助經費之預算。
2. 外匯之準備數目。
3. 各會談方法與功效之研究。
4. 對日和約促成之方法。

1 謝維斯（John S. Service），又譯謝偉志、謝偉思，美國外交官，曾任駐華大使館三等和二等秘書、中緬印戰區美軍司令部外交顧問等職，1945 年返美，被以洩密罪逮捕。1951 年未通過忠誠審查，遭國務院革職。

十二月十六日　星期日　氣候：晴

雪恥：六時起床，天色黎明，明月當頭，清風徐來，潮聲浪花，悅耳醒目，此景此情，徒作不易多得之感也。

朝課，記事。八時半由澄清樓與妻同行，九時半到臺南機場，與白魯斯達[1]夫婦相見，彼自東京特來訪余，以其多年未見之老友，亦為美共和黨有力之參議員也。寒暄後即到閱兵臺舉行閱兵，開始約一小時方完，校閱操演。在體育場附近戰鬥演習，各種動作皆如實戰，今年一年間之訓練進步實多，此乃卅二師日本教練示範之效用非尠也。正午點名、聚餐後，巡視六十四師及空軍總倉庫畢，以傷風加劇，乃即回高雄澄清樓，服藥休息。午、晚課如常。晚與白魯斯達談對日和約問題，彼稱杜拉斯心急異常，已感其受日本與英國之愚。日對中國雙邊和約，杜與史密斯、史巴克門（民主黨）議員雖用壓力，亦鮮效果。

十二月十七日　星期一　氣候：晴

雪恥：一、軍隊之於社會風氣與生活之影響。二、軍隊學校化，學校軍隊化。三、革命黨員必須具備教育與宣傳調查及領導社會組織（監察統制）之技能。四、革命本分：甲、勞動服務。乙、積極創造。丙、熟練武藝（互助合作，團結協調）。五、新、速、實之競賽。

昨夜傷風，服藥安眠甚酣。今朝六時後起床，與白魯斯達及藍欽夫婦[2]朝餐，余特托白君轉告杜勒斯，如中日雙邊和約不成，則今後遠東後患以及美國對遠東前途之悲慘，皆應由其一人負之。客辭去後朝課，記事，記上周反省錄。經兒來談上海與太湖來人所報實情，今後反攻問題，還在如何打破其嚴密之統制與組織之方，以及中小學生之思想如何滌滌之點着手也。

1　白魯斯達（Ralph Owen Brewster），美國共和黨人，曾任眾議員，1941 年 1 月至 1952 年 12 月為參議員（緬因州選出）。

2　藍欽夫婦即藍欽（Karl L. Rankin）及其夫人波林・喬登（Pauline Jordan Rankin）。

十二月十八日　星期二　氣候：陰

雪恥：昨午課後審閱講稿與元旦文告稿，不能用也。晚課後閱學案類鈔，九時後寢。

今晨六時半起床，朝課，記事。八時半出發到岡山，校閱空軍軍官與通信、機械各學校閱兵式後，舉行空軍分列式，乃比以往進步矣。集合訓話後，巡視機械與通信二校各課堂畢，甚覺此一年來各校進步之大也。正午舉行空軍軍官學校第廿九、第卅各期畢業典禮，講解空軍信條與誦讀訓條，此皆余十九年前之手定文字，不禁感慨係之。聚餐後與辭修談話，批准尹仲容任經濟部長。午課如常，十四時後回澄清樓休息，入浴，閱報，批閱公文。晚課後獨自晚餐，以妻病，今回臺北矣。晚審閱卅四年五月分日記完，記事。

十二月十九日　星期三　氣候：晴

雪恥：一、美國乃知日本正謀加入英磅〔鎊〕集團，且其明言不能不追隨英國政策矣。此在日本政客官僚出身之吉田茂等為美國對中國之教訓，不能不倚賴英國，以對美而自重，自為必然之勢。否則英國對中國之教訓，以不隨英國而信賴美國者，英非置之於死地不可也。吉田之投機與實際主義，豈肯再如中國對美之愚忠，而再被你美國遺棄以重蹈覆輒〔轍〕乎。惟此乃不過日本對美第一次之初試而已，美國之後悔正未有艾也。

朝課後九時半到屏東機場，校閱第八十軍第四師、第七十一師傘兵等各部隊，與傘兵掃盪〔蕩〕演習後，點名聚餐訓話，十四時回澄清樓。午課後審閱元旦文告，另擬要旨，交希聖重寫。晚觀影劇後晚課，十時後寢。

十二月二十日　星期四　氣候：晴

雪恥：一、義理隨事變以適用，事變因時勢而順應。二、組織黨政須適乎戰鬥體。三、幹部組織與人事考核及設計工作之重要。

朝課後記事，九時半到左營校閱海軍。閱兵後往黃色灘頭，參觀陸戰隊登陸戰，分五波登陸，其距離間隔以及行動整齊迅速，與各種設備後勤補給，皆比去年大有進步，余所理想中之海軍登陸訓練可說已實現矣。回程巡視倉庫管理登記方法亦能如期完成。在此一年中，陸、海軍之整訓與學術，實為從來所未有之進度也。聚餐訓話後回。午課，入浴，批閱公文。柯克條陳收復海南島，此必英、法所主動，而令美國要求我為其作犧牲品也，可惡已極。晡約柯克夫婦與蒲雷德[1]、蔡斯、貝樂理等茶會後，晚課畢，經兒來同住，在澄清樓前談話。晚觀影片「永不分離」，十時寢。

十二月二十一日　星期五　氣候：晴

雪恥：一、菲特列二世[2]箸〔著〕作。二、亞列山大[3]戰史。三、拿翁[4]戰史為明年預定研讀之書。

昨夜失眠，未能睡足四小時，但今日精神如常，並不覺有疲倦之感。六時後起床，朝課。七時半上峨嵋艦，記事。八時出高雄港，率領六艘太字號驅逐艦向馬公港進發，途中作防空、防潛等各種隊形變化與實彈射擊，及中途加油與煙幕對空射擊等演習，甚覺海軍學術進步之大，此等動作皆為中國海軍

1　蒲雷德即蒲立德（William C. Bullitt Jr.）。

2　腓特烈二世（Friedrich II, 1712-1786），又譯菲烈德、菲德列，1740 年任普魯士國王兼布蘭登堡選帝侯，被後世稱為腓特烈大王。

3　亞歷山大大帝（Alexander III of Macedon, 356BC-323BC），古希臘馬其頓王國國王，統治期間進行前無古人的大型軍事征服活動。被認為是歷史上最偉大的將軍之一。

4　即拿破崙（Napoléon Bonaparte）。

從來所不知者也。余覺卅四年終，免前海軍總司令陳紹寬[1]之職，當時內心似覺歉仄太不重情，今則以為當時如不決心撤陳，則卅八年彼必率全部海軍投共，連今日此一微弱之海軍根苗，亦必為其鏟除無餘矣。晡抵馬公，泊港外，與柯克談不能進攻海南理由，甚詳。修正告海外僑胞文。晚課、午課如常，八時後就寢。

十二月二十二日　星期六　氣候：晴

雪恥：昨夜宿於峨嵋艦上，甚安眠。今晨五時前起床，朝課畢方六時，登駕駛室外觀月覓星，東方猶未白也，月白風清，絕無冬季氣象，無異古鄉四月時節也。六時半天明，入艙記事，審閱元旦文稿。八時半召集各艦長等聚餐畢，訓示海軍主管官，最要者為組織與管理、保養與統計之學識，特別應注重清潔整齊與衛生事宜。至於海、空軍預算經費維持費，則重於製造建設經費也。故今後海軍官長對於行政方面更應注重，不可以戰術技能為足也。中國一般行政機關主管，對於組織管理毫不注意學習，所以行政效率永難提高也。九時半在馬公登陸校閱，先閱兵，再觀反登陸演習畢，巡視要塞總臺部，澎湖軍隊與社會在此一年來進步甚大為慰。在艦隊司令部點名後，聚餐訓話畢，飛回臺北。

1　陳紹寬，字厚甫，國民政府時期海軍部部長、海軍總司令。1945 年冬，不欲率「長治」艦赴山東堵擊共軍，遭免除其職務。

上星期反省錄

一、十九日共匪忽提出聯軍戰俘名單，而且其中有去年失蹤被俘之師長[1]亦在其內，共匪此舉完全迎合美國人之心理以餌之，以期美國作更大之讓步與更速之姑息。彼美雖表示共匪所提俘單僅為十分之一，而非全部之名單，認為不滿，但其內心之急求停戰可想而知，至其後果如何則不計也，是必又一次重上共匪之圈套無疑。惟無論其停戰之後果如何，余認為只要我臺灣已能自立，則其危害於我之程度自比去年大減矣。可痛者，美國所俘共方之俘虜，有簽名效忠於我政府，要求歸來臺灣之舊屬，彼美將不顧道義，亦不理我政府之抗議，其必忍心交還共匪屠殺矣。美國其果有人道與公理乎，悲痛極矣。

十二月二十三日　星期日　氣候：陰

雪恥：昨日未刻回蒔林，即巡視陽明山研究院，第十六期已開學矣。其中有指定受訓之人員，如牛踐初[2]等以自高位置不願應命，引為無望。此等特殊階級之觀念，如此失敗慘痛之教訓，仍不能使之刺激改革，吾黨如不改組，誠無救藥矣。入浴後回寓。晚審閱卅四年六月份日記。晚課後廿二時寢。

今晨六時起床，朝課畢，續審閱日記至正午方完，自覺可慰。以是年對俄對美外交方針，雖至卅八年後，卒為此八年來長期之國際空前陰謀所算，不能免於失敗，但所有主張與見解，自認為合於正義，並未錯誤，雖敗猶安也。上午禮拜如常，下午午課後記事。與經國談服從最高領袖標語只可用於軍隊，

1　係指美軍狄恩（William F. Dean）將軍。1950 年 7 月 23 日「上星期反省錄」曾記其事：「韓戰大田失陷，美軍狄恩司令失蹤，在美海軍陸戰隊兩師已在浦項登陸成功，則大田雖失守而戰局不難挽救，南韓已無為韓共整個侵略之慮，俄國侵略陰謀初步受到打擊矣。」

2　牛踐初，名懷善，江蘇淮安人。1948 年在江蘇省第六選區當選第一屆立法委員。

而不能用於社會與政事為要。巡視研究院，入浴，晚課，閱報。與曉峯談國大代表聚餐，決發其節金，每人三百元，表示慰勉，但余不到會，以示對李案不主用憲法彈核〔劾〕[1] 也。閒觀家人包紮聖誕禮品助興也，廿二時寢。

十二月二十四日　星期一　氣候：陰

雪恥：橫浦心傳：君子以義斷命，而不委之於命；以理合天，而不委之於天。此說又有造化，不止於能安分而已。慈湖先訓：正欲說，教住即住得；正欲怒，教住即住得，如此便好。

七時前起床，朝課，閱報，記事。十時前到軍訓團，舉行第十期及研究院第十六期開學典禮，讀改造教育與變化氣質[2] 篇，讀後解釋時過於憤激，又失言矣。與立法院黨部委員警告，立法委員如果無理取鬧，自行暴棄，則行政部門對立法院只有置之不理，任憑立法院如何彈核〔劾〕控訴，一概聽之，則立法院何以自處。屬其轉達此意，好自為之。攝影後與保安部幹部點名，訓話。正午回寓，摘錄匪方廣播，甚覺有益。午睡濡滯偷懶，戒之。午課後修正元旦文稿，入浴，晚課畢，約宴美國游擊工作人員五十餘人。

1　先是 1951 年 8 月，毛邦初透過美國專欄作家皮爾遜等人，指控中華民國政府吞沒鉅額美援款項。蔣中正下令停止毛本兼各職，並限即日回國。臺北組成專案小組調查毛案，俞大維、周宏濤等人專程赴美，向美國法院控告毛邦初。毛竟靠攏久寓美國的李宗仁，公開否認蔣中正的總統地位，國內立法院乃有彈劾李宗仁之動議。

2　「改造教育與變化氣質」，蔣中正講詞，1951 年 11 月 19 日在「陽明山莊」講。內容強調三民主義的救國教育：（一）精神教育，即我們固有的民族德性教育；（二）生產教育，即職業教育、技術教育，也可說是勞動教育等。

十二月二十五日　星期二　氣候：晴

雪恥：昨晚宴後，審閱宋元學案類鈔立身篇完，此乃一年來或作或輟，竟得於今晚校完，亦一修身之試課，尚未敢自棄也。廿二時半寢。

五時後起床，盥洗，默禱，靜默卅分時，再行其他朝課、體操。讀荒漠甘泉及讀雅谷〔各〕書與頌贊唱詩畢，再同妻並禱後記事。檢查舊日記，令經兒研讀卅四年日記，此為現實經歷教訓，比讀任何歷史皆為有益耳。十時入府辦公，宏濤自美回來，報告毛邦初案辦理經過，恐其經手之款所餘無幾。此人奸兇早所料及，故不予空軍實權。因之卅八年失敗，而空軍尚能安全撤臺，幸未被其所賣。惟撤換不早，明知其惡而不澈底免除，如陳紹寬之於海軍者，以致有今日之叛變，喪失國體，仍為之慚怍無地。惟至柔之驕愚，其責莫大也。

十二月二十六日　星期三　氣候：朝雨　後晴

雪恥：昨上午與宏濤談話後會客，召集一般會談。十三時後回寓，全家在寓度聖誕，惟孝文因考試，孝章[1]因病未到耳。餐後與武、勇二孫藏物尋物為樂。午課後審閱元旦文稿，入浴。晚課前與少谷談陳、吳[2]關係，若不調整財政部人事，恐無法合作持久，望辭修能先自主動調整也。晚宴蒲立德、柯克與陳、吳二家全家，並觀影劇，廿三時寢。

朝課後記事，十時飛抵花蓮，校閱軍隊，視察地震災區一匝，幾乎已恢復原狀，而且新增建築不少，此乃軍民合作之成效也。在中學校點名聚餐，即在去年舊址休息後，校閱演習畢，十四時乘機飛臺北。午課如常，回寓審校文告稿，猶多不愜意之處，修正未完。晚課後與李主席彌談緬、泰與雲南事，閱報後廿二時半寢。

1　蔣孝章，為蔣經國和蔣方良長女，1937 年隨父母回國，1949 年隨家庭來臺。

2　陳、吳即陳誠、吳國楨。

十二月二十七日　星期四　氣候：陰

雪恥：一、全島公路兩側之樹木殘缺者，應限期補種，並定護樹法令。二、山地林木不許再伐，並令恢復造林。三、橫斷路組織公司築路之獎勵。

朝課後記事，十時飛抵宜蘭，校閱第十八軍，閱兵後在圓山神社前參觀營演習，再到圓山橋校閱四種架橋演習，到軍部參觀體操畢，再到空軍製造廠聚餐畢，召見縣長與議長及黨委後，乃乘原機三時前回臺北。午課後修正元旦文告稿，以事忙不及詳改，屬岳軍審核也。往草廬入浴後，晚課，餐後召見國楨，將其辭職書當面交還，彼猶不願收還，乃切戒之，政治幹部如此無耐心，不肯負責，此政治之所以不能有成也。廿二時寢。

十二月二十八日　星期五　氣候：陰晴

雪恥：一、申命記：「耶和華必在前面行，他必與你同在，必不撇下你，也不丟棄你。」、「這個耶和華，就是每一個人的自己的心靈，而這個同在，卻又是每一個人的理想與希望。每一個人都抱着自己的理想與希望同起臥，都為着這理想與希望而奮鬥，而這最高的理想與最大的希望，就是歡樂……。這歡樂的心理包含着自由、平等、博愛的精神，正反映着人類偉大的力量，誰代表自由與和平，誰就必然獲得最後的勝利。這是我們的信心，這信心在我們面前行，正如耶穌說的：信者得救。為了救自己、救人類，我們今天必須大發宏願以實踐，去實現自己的理想和希望。」以上是工商報聖誕節的社論，實先獲我心，故特錄之，以作座銘。

本日朝、午、晚課皆如常。上午校閱新竹第五十二軍及卅二師等陸、空各部隊。十七時回寓，修正元旦文稿。晚與蒲立德談話，彼來辭行也，廿二時後寢。

十二月二十九日　星期六　氣候：晴

雪恥：昨日第五十二軍成績優良，自覺軍隊大有進步，惟為吳國楨辭職，而辭修不識大體，好逞意氣，故終日悒鬱不樂。他們只知自做英雄好漢，而不知其敗壞大事，以後皆要由我一人來擔任其罪魁禍首之責也。天乎。

朝課後修正元旦文稿，作最後之核定畢。約雪艇、少谷，明告其轉勸辭修，不能令國楨辭職之理由，必須忍耐堅留也。上午到淡水游擊幹訓班舉行畢業典禮，巡視一匝，頗具規模矣。正午回寓，記事。午課後十七時飛到金門，巡視街道，老少民眾一見余面，驚喜若狂，此種親愛精神自然流露，情不自禁的情形，引起了我心靈對大陸同胞無限的悲傷情緒。今日的金門民情，就是我古鄉武嶺的親友之親愛亦無過於此，以此類推，金門之民情如此，全國民情之渴望於余者如何迫切，自可知矣。晚宿於金門縣政府內西側之洋樓。晚課後修正講稿，廿二時寢。

上星期反省錄

一、臺澎陸、海、空年終校閱，至周末已經圓滿完成。今年陸、海兩軍之進步，實為余統兵以來為最高之巔點，此亦為余一生軍事教育之理想，至此方得實現也。今年之軍事進步，不僅為本年度工作之成功，乃認為余一生對於軍事理想最大之成功也。自覺本人對於軍事、學術亦有重大心得也，故特誌之。

二、民國卅四年日記審閱一過，此比閱覽任何歷史之效益為大，故令經兒鈔錄一份，研閱之。

三、明年元旦文告兩篇與月會講稿，皆在百忙中完成其事，乃覺心身健全，而且最近睡眠甚安，此或為修養進步之效乎。

本星期預定工作課目

1. 金門、馬祖與臺灣各部隊換防。
2. 三軍官長調動命令。
3. 對大陸戰略與作戰計畫之研究。
4. 改組黨部各方面問題之考慮：甲、對兩方幹部方針去取之決定。乙、對老者之安置。丙、對桂系與反動分子之方針。丁、時局與後果。戊、對所謂第三勢力之態度。己、對國際（美、日之影響）。己[1]、對舊有委員之處理。
5. 策略運用與研究會議之人選及組織。
6. 明年度黨、政、軍、教之工作方針與計畫。
7. 各級將領之調動計畫。
8. 高級班下期學員人選（陸大教官在內）。

十二月三十日　星期日　氣候：晴

雪恥：一、防火隊之演習與組織。二、軍隊學校化。三、對敵心理作戰要目：甲、研究敵人的錯誤與弱點。乙、壓倒敵軍士氣。丙、脅制敵將精神，為主將作戰基本要領。四、保荐人才為幹部最大任務，必須養成選賢保能之風氣。五、號召青年口號：甲、勞動服務。乙、創造自動。丙、武藝精強。

五時半起床朝課畢，修正月會講稿後，召見游擊訓練班之美國主持人「漢密登」[2]後，十時到乳山南麓之沙頭閱兵畢。到雙乳山校閱技術教練後，再到埕下校閱戰鬥教練畢，即到山外村第五軍部休息。點名聚餐後，到陳坑視察醫院，慰問病兵後，經後埔洋宅到田埔視察水泥坑道畢，再回洋宅，參觀二百

1　原文如此。

2　漢彌頓（Edward S. Hamilton），又譯漢密登，美軍中校，在中央情報局下西方公司工作，草擬整個東山島作戰計劃。

師克難成果後，即到機場起飛，十七時到臺北。回寓途中審核講詞完，付印。入浴，補習午課。晚審核元旦文告，作最後之修正，廿二時後完。晚課畢，廿三時前寢。

十二月三十一日　星期一　氣候：晴

雪恥：一、休閒是罪惡，忙碌是幸福。二、「身無事做，尋事去做；心無理想，尋理去想。務使此身常勤，此心常存。」以上二則皆顏習齋[1]語錄。

朝課後閱報。九時到軍訓團紀念周，宣讀時代考驗青年講詞畢，對研究院第十六期學員點名，決定高級班第三期遷讓石牌[2]續辦也。回寓，記事，記上周反省錄。午課後入府召集軍事會談，檢討美國軍援，重要武器皆未照其所允者到着，至年終尚不足百分之卅二總數也。十九時灌片，告軍民與華僑二篇文告畢，甚顯疲乏矣。晚餐後與妻往草廬入浴，晚課。回寓，閱港報。今日以國楨辭職之意尚未解決，惟此為慮耳。廿三時前寢。

1　顏元（1635-1704），字易直，又字渾然，號習齋，明末清初思想家，顏（元）李（塨）學派創始者。著有《存學編》四卷、《存性編》二卷、《存治編》一卷、《存人編》四卷、《朱子語類評》一卷、《禮文手鈔》五卷、《四書正誤》六卷、《習齋記餘》十卷等。

2　此事係因美國軍事援華顧問團團長蔡斯，欲借圓山軍官訓練團處所為其辦公寄住地點，蔣中正只能忍痛遷讓。

上月反省錄

一、年終陸、海、空軍校閱如期完成，其成績優越，認為國民革命軍成立以來所未曾有者也，此乃得力於圓山軍訓圓〔團〕教育之成功所致，殊堪自慰。

二、軍訓團高級班第二期學員又於本月畢業，從此團長以上之高級將領皆有成績與考績可憑矣，此為整軍基本之成就也。

三、軍人讀訓淺說脫稿頒印，與卅四年日記審閱完畢，此於革命事業之成就，皆將發生重大之影響也。

四、美參議員史密斯與斯巴克門（民主黨），皆能對日和約為我不辭跋涉，積極活動，殊足感佩，此種仗義執言，實美國民族之特性也。

五、李宗仁無恥言行，人人皆為可誅矣，監察已一致通過其罷免案矣。

六、毛逆邦初案，美法院已正式受訴矣。

七、韓戰月初美國積極遷就，以為年杪可成立停戰協定，不料到頭仍無結果，此於世界之大勢關係最大也。

八、北大西洋公約國二次會議皆無具體成就，英國不願參加其歐洲建軍計畫，所謂四十五個師歐防軍之建立，仍等於畫餅，能不令俄史撚髯冷笑乎。

九、聯合國六屆大會，除所謂「和平」與「裁軍」雙方提案爭執外，其最後毫無結果，乃可斷言也。

十、余認為本月在一年中最為忙錄，而其心得與收獲亦為最大，尤其是軍訓團動員演習，實為一生所希求，而今始得其要略也。三年來之痛苦與辛勞，上帝其不我棄乎，心焉祝之，感激無涯。

雜錄

蔣中正日記
Chiang Kai-shek Diaries

蔣中正日記
Chiang Kai-shek Diaries

雜錄

美國國防新機構

一、經濟穩定處。

二、運輸調配處。

三、國家生產管理處。

四、工資控置〔制〕處。

五、人力動員處。

姓名錄

人事之預定

胡振甲[1]　第八師副師長　調第七十一師副師長

周敬亭[2]　調八師副師長

江無畏[3]　二〇六師參長　調第四師參長或 64D 參

賴道修[4]　四師參長　調二〇六師參長（緩調）

林森木　調二〇一師長？

1　胡振甲，1951 年初調任第七十一師副師長。1952 年部隊改編為第九十三師，任副師長；12 月，升任該師師長。

2　周敬亭，字善九，山東德平人。1950 年 1 月，任第五十四軍第七十一師副師長。1951 年 2 月，任第五十四軍司令部高級參謀。

3　江無畏，號尊理，廣東南海人。1950 年 6 月，任第二〇六師參謀長，1952 年 11 月調任總統府侍從參謀。1954 年 9 月，調任第九十三師副師長。

4　賴道修，時任獨立第四師參謀長，2 月在革命實踐研究院第十期研究員結業。

李法寰[1]　三四〇師副師長　留俄
羅重毅[2]　卅二師副師長　湘　十二期
劉篤行[3]　卅二師參長　四十二才　湘　十二期
丘一介[4]　卅二師副師長（調換）　川
黎振俍[5]　50A 戰團副　惠州　四十才　六期
周伯道[6]　87A 副軍長　浙　四七才　校五
嚴學遊[7]　63D 參長　惠州　校十二　大廿期
陳中堅[8]　六十三師副　調
董修璋[9]　九一師團長　調
三四〇師長調換

張鍾秀[10]　熱　校十　留美　擬調砲十三團　不宜
賴慶燦[11]　三門　校十　史政處　擬調換　被俘未受訓　不調
劉孝聲[12]　閩　校十一　大十九　擬調二師參長？

1　李法寰，時任第三四〇師副師長，1953 年 7 月任陸軍總司令部第三署第五組組長。
2　羅重毅，時任第三十二師副師長，後升任師長。
3　劉篤行，時任第三十二師參謀長，2 月在革命實踐研究院第十期研究員結業。
4　丘一介，四川安岳人。時任第三十二師副師長。
5　黎振俍，時任第五十軍軍官戰鬥團副團長，後任陸軍第八十七軍軍官戰鬥團副團長。
6　周伯道，號搏濤，浙江諸暨人。1950 年 12 月，任第八十七軍副軍長。1953 年 9 月升任軍長。
7　嚴學遊，廣東惠陽人。時任獨立第六十三師參謀長，2 月在革命實踐研究院第十期研究員結業。
8　陳中堅，時任獨立第六十三師增設副師長，1952 年 10 月任第六十三師師長。
9　董修璋，曾任青島保安總隊第三大隊長、青島保安師第三團團長。時任第九十一師第二七二團長。
10　張鍾秀，熱河建平人。1950 年 3 月，任國防部戰略計畫研究會史政處處長，12 月，調任重迫擊砲第十三團團長。
11　賴慶燦，1950 年 7 月時任砲兵第十三團團長，在革命實踐研究院軍官訓練團第二期受訓。
12　劉孝聲，福建福州人。原駐日本軍事代表團第一組，後調第二師參謀長。

蕭家驥[1]　蘇　　校六　　大十六　擬調二〇一師長？

韓哲民[2]　瓊桂　校十　　大十九　六十四師參長　應調換

周伯道　調八十七軍長　校五工　將乙三

朱元琮[3]　調七十五軍長　校八　大十六

孟廣珍[4]　調九十六軍長　校六　大十一？

林森木　調二〇一師長　西北軍校　大十三？

徐廳長[5]　調六十七軍長

劉廉一　調第三廳長

第六十三師歸五十軍　第四師歸七十五軍 第六十四師歸八十七軍

郭　永[6]　調八十七軍長

邱〔丘〕梅榮　蕉嶺　校十二　大廿一　陸總五署督訓組長

李慎端[7]　湘　　校十　　大十八　五十軍副參長

于豪章[8]

呂渭祥　縉雲　校十二　空軍通校畢業　浙游擊指揮

粵　林書僑〔嶠〕[9]　瓊山　校十六　四十五師一三四團團長

仝　鍾　靈[10]　惠陽　校十四　七十五師參長

1　蕭家驥，1951 年 12 月出任澎湖防衛司令部參謀長，1952 年 9 月調任總統府參軍。

2　韓哲民，原任第六十四師參謀長，後調第八十軍砲兵指揮部指揮官。

3　朱元琮，字仲瑜，江蘇武進人。1950 年 7 月，升任第七十五軍副軍長。1951 年 5 月，調任第五軍第七十一師師長。1952 年 8 月調任第五軍第九十三師師長，12 月調任總統府參軍。

4　孟廣珍，1950 年 10 月任第六十七軍軍官戰鬥團團長，1951 年 2 月革命實踐研究院軍官訓練團第五期結業。

5　徐即徐汝誠。

6　郭永，號頤卿。又名濟中，湖南醴陵人。1950 年 3 月，任第五十二軍副軍長兼第二師師長，9 月任第五十二軍副軍長。1953 年 3 月，升任第五十二軍軍長。

7　李慎端，湖南湘潭人。時任第五十軍副參謀長，1952 年 12 月調任臺灣中部防守司令部第三處處長。

8　于豪章，號文博，安徽鳳陽人。1949 年底到臺灣，任高級參謀。1950 年 3 月，調金門，任第十軍上校團長。1951 年 11 月，任第六軍第三三九師第一〇一五團團長。

9　林書嶠，號伯寧，海南瓊山人。第四十五師第一三四團團長，駐防金門。

10　鍾靈，時任第七十五師參謀長。

陳思永[1]　西昌　校十　大廿期　史政處長

王大均　臨海　校八　步大一五　研究院八　十八軍及二〇八師旅長　憲兵政工

趙振宇　河南　校八　大十七　戰略研究會

徐魁榮[2]　陸戰隊二旅長

阮幼志[3]　嵊縣　校十五　美步校　卅三才

馬公亮[4]　16D 副

吳嘉葉[5]　16D 參長

戴傑夫[6]　340D 副 80A

陳有維[7]　湘　校八　空二五　廳副

董　熙[8]　察哈爾　太原軍校　大十二　陸總副參長　四二才

張偉華[9]　六合　校八　空三　四二才　四廳副　空

仲偉成[10]　吉林　校十　大廿　卅七才　二廳副

華金祥[11]　無錫　校十　大十八　卅七才　三廳組長

徐之佳[12]　江山　士官　陸大將班

胡　炘[13]　六七軍參長　溫州　校十　留美

1　陳思永，1951 年 1 月任國防部史政處處長。
2　徐魁榮，時任海軍陸戰隊第二旅旅長。
3　阮幼志，字世瑜，浙江杭州人。
4　馬公亮，字月浪，浙江嵊縣人。時任第十六師副師長。
5　吳嘉葉，號其蓁，浙江浦江人。1950 年 7 月，改任第十六師參謀長。1952 年 3 月，調任第四十一師副師長。
6　戴傑夫，號澤清，湖北沔陽人。原任傘兵總隊副參謀長，1951 年 5 月升任參謀長。
7　陳有維，時任空軍副廳長。1953 年 10 月任空軍官校校長。
8　董熙，時任陸軍總司令部副參謀長。
9　張偉華，時任國防部第四廳副廳長。
10　仲偉成，時任國防部第二廳副廳長。
11　華金祥，號康治，江蘇無錫人。時任國防部第四廳第二處副處長。1952 年 2 月，調任國防部第三廳第二組組長。
12　徐之佳，時任軍官訓練團主任。
13　胡炘，字炘之，浙江永嘉人。1950 年 6 月，任臺灣北部防守區副參謀長。1951 年 2 月，調任第六十七軍參謀長。1952 年 11 月，調任總統府高級參謀。

葛賡虞[1]　聯絡室　第二軍官團　工校　湘
陳　倬[2]　戰略研會秘主　士官　大將六　蘇
龔至黃[3]　陸總副官長　校七　合肥

政校　張士丞[4]　漆敬堯[5]　記者
陳伯中　第三組　仲肇強[6]　臺大語文科
李世勳[7]　甘　卅二才　政校　高考　監察院組長
王天民[8]　遼中　四一才　北平師範　臺農院訓導
朱景熹[9]　江西　卅五才　法專　第四組
林鼎銘[10]　潮陽　四九才　中山大學社會系　紀律委會
都本仁[11]　安東　四九才　留美　臺中農學院教授
馮葆共[12]　閩　四一才　暨南大學　紀律委會總幹
劉述先[13]　遼北　四〇才　北平師範　潮州中學
易大德[14]　江西　四四才　校六　上海法學院　第五組專員
鄒景忠[15]　瀋　卅六才　政校　東北大學高考　中央銀行

1 葛賡虞，時任總統府駐國防部聯絡室高級參謀。
2 陳倬，時任國防部戰略計劃研究會秘書處主任。
3 龔至黃，安徽合肥人。時任陸軍總司令部副官處處長。
4 張士丞，福建建甌人。1950年9月，任《中華日報》記者。1952年7月，改任《中華日報》編輯。
5 漆敬堯，時為《臺灣新生報》採訪副主任。
6 仲肇強，山東濟寧人。曾就讀山東大學，時就讀臺灣大學外國文學系，1952年畢業，論文題目為「英國小說概論」。後定居美國。
7 李世勳，號績山，甘肅涇川人。時任監察院科長、中國國民黨中央直屬第七區黨部小組長。
8 王天民，時任臺灣省立農學院教授兼訓導主任。
9 朱景熹，時任中國國民黨中央改造委員會專門委員。
10 林鼎銘，時任中國國民黨中央改造委員會紀律委員會總幹事。
11 都本仁，時任臺灣省立農學院教授、聯合國第三屆禁煙會議代表、第三知識青年黨部委員。
12 馮葆共，時任中國國民黨中央改造委員會紀律委員會總幹事。
13 劉述先，時任臺灣省立潮州中學校長。
14 易大德，時任中國國民黨中央改造委員會專門委員。
15 鄒景忠，時任中央銀行發行局專員。

黨部　羅博平[1]　大埔　　四五才　集美高師　屏東改委
　　　芮　晉[2]　溧陽　勞大　軍校政訓班　第一組總幹事
　　　紀廷藻[3]　鄂　　日大　四三才　臺黨視導
　　　郭子洵[4]　合肥　幹校　卅四才　臺南改委
　　　樂　幹[5]　川　　校六　日警　第六組
　　　劉景生〔星〕[6]　江西　暨南　卅四才　臺南改委

國大　　葉祖灝[7]
立院　　張光濤[8]
史料會　徐文珊[9]
聯絡組　蔡大冶[10]
工人　　竺墨林[11]　河北

優等　林斯孝[12]　林森　東北講武堂　　陸大十三期　留美　國防參事
　　　戴仲玉[13]　長汀　軍校五期　　四二才　國大

1　羅博平，1950 年出任臺灣省屏東縣改造委員會委員兼書記長，屏東縣委員會第一、二屆委員兼書記及省代表，屏東縣立介壽圖書館館長等職。
2　芮晉，江蘇溧陽人，時任中國國民黨中央改造委員會第一組總幹事。
3　紀廷藻，時任中國國民黨臺灣省黨部視導。
4　郭子洵，時任中國國民黨臺南縣改造委員會委員。
5　樂幹，字書田，四川筠連人。時任中國國民黨中央改造委員會專門委員。
6　劉景星，時任中國國民黨臺南市改造委員會委員。
7　葉祖灝，時為國民大會代表。
8　張光濤，時為立法院立法委員。
9　徐文珊，時任中國國民黨中央黨史編纂委員會委員。
10　蔡大冶，歷任國防部幹訓團通信班少將班副主任、國防部高級參謀、總統府第二局副局長、陸軍供應司令部通信署署長。
11　竺墨林，時任中華民國鹽業工會全國聯合會常務理事兼秘書長，糾集鹽工發起「曬者有其田」運動。
12　林斯孝，時任國防部參事。
13　戴仲玉，字作城，1949 年 8 月任中國國民黨福建省執行委員會主任委員，未就職即去臺灣；10 月任僑務委員會委員。1954 年 2 月任中國國民黨中央委員會第三組副主任。

奚樹基[1]　宜興　中山東吳留德比　四二才　臺省新聞處
石劍生[2]　福州　浙大中幹　　　　卅才　改造會
朱登皋[3]　松江　交大政校留美　　交通部
葉禧年[4]　新興　空校四　　　　　金門副參長
張錫杰[5]　祁門　海校　　　　　　第四廳副
傅紹杰〔傑〕[6]　滿族　講武　　陸大　陸大戰術系
李惟錦[7]　四川　校八　大十四　留美　軍校教育處
陳堅高　裝甲部作戰科長　南匯　卅三歲
張莫京[8]　67D　高篤倫[9]　96D 副
張載宇　大陸工作處
張仁耀[10]　鎮江　電雷

張銘傳[11]　臺省黨幹　四川　留德
張寶樹[12]　訓委　河北　帝大
王家樹[13]　第二組幹　浙嘉　中國公學法　　卅九才

---

1 奚樹基，號翼鴻，江蘇宜興人。1949 年 10 月任臺灣省立地方行政專科學校教授。1950 年 8 月兼任臺灣省新聞處主任秘書，1952 年 2 月兼任臺灣省立法商學院教授。
2 石劍生，1949 年任總裁辦公室第六組編審。1952 年 9 月創刊《集粹》，任發行人。
3 朱登皋，時任交通部航政司幫辦兼港務科科長。
4 葉禧年，號奇哲，廣東新興人。1949 年 7 月，任海南空軍指揮部參謀長。1950 年 9 月，任金門防衛司令部增設副參謀長。1951 年 9 月，調任國防部人評會委員兼革命實踐研究院軍訓團高級班班附。1952 年 4 月，調任空軍通訓學校教育長，9 月調任國防大學教育處處長。
5 張錫杰，時任國防部第四廳副廳長。
6 傅紹傑，號鐵豪，河北密雲人。時任陸軍大學戰術系主任。
7 李惟錦，四川成都人。原任陸軍軍官學校教育處處長，1952 年 9 月，調任第十師師長。
8 張莫京，湖南醴陵人。1951 年 1 月調任第六十七師師長。
9 高篤倫，湖南湘陰人。時任第九十六師副師長。
10 張仁耀，字瀾滄，江蘇鎮江人。時任海軍第二艦隊參謀長。
11 張銘傳，四川人。時任臺灣省改造委員會總幹事。
12 張寶樹，時任中國國民黨中央訓練幹部委員會委員。
13 王家樹，浙江紹興人。時任中國國民黨中央改造委員會第二組總幹事。

易大德　第五組專委　江西　校六　法學院　四四才
馮葆共　紀律委會幹　南平　暨南　經濟　四一才
劉述先　潮州中學長　遼北　北平師範　四〇才
羅博平　大埔　集美師範　屏東改委　四五才
劉脩如[1]　湘　大夏　經濟　內政部司長　四一才
徐世良[2]　浙溫　復大　幹校　臺中改委
周正祥[3]　奉化　幹校　臺改會幹
于　惠[4]　河北　卅九才　中法大學肄業　工院主委
陳鎮惡[5]　江蘇　五一才　江蘇師範　工院改委
程邦藻[6]　皖　軍需監副　需校
李葆初[7]　卅六才　高教班　陝西　查何校出身
鈕先銘[8]　九江　士官　大陸處副　法通信校
姜獻祥[9]　浙　江山　航校三　第一廳副　卅九才
榮孝雨[10]　江西　校四　十八軍參長　四四才
空　易國瑞[11]　湘　校六　航一　空警旅長
胡　炘　六十七軍參長　校十　留美　裝甲與參大　卅六才
孫鳴玉[12]　部參議　講武堂　陸大十五　四〇才
陳　倬　戰略計畫會主任　江蘇　士官　四三才

1　劉脩如，湖南新化人。時任行政院內政部社會司司長。
2　徐世良，時任中國國民黨臺中縣改造委員會改造委員。
3　周正祥，時任臺灣省改造委員會第三組總幹事。
4　于惠，時任臺灣省立工學院管理組主任。
5　陳鎮惡，時任臺灣省立工學院副教授。
6　程邦藻，時任聯勤總部軍需署軍需監副署長。
7　李葆初，時任保安司令部上校副處長。
8　鈕先銘，時任國防部大陸工作處副處長。
9　姜獻祥，浙江江山人。時任國防部第一廳副廳長。
10　榮孝雨，時任第十八軍參謀長。
11　易國瑞，時任空軍警衛旅旅長。
12　孫鳴玉，時任國防部少將參議。

海　　袁鐵忱[1]　海造船所長　　　河北　留德

陸　　龔至黃　陸總副官處長　　合肥　校七　四四才

高班　傅伊仁[2]　趙善蔭[3]　卓鈴嘯[4]

錢懷源[5]　海　蔡名永[6]　空　許朗軒[7]　曹永湘[8]

顧世純[9]　山東　校十六　駐英　卅才

段志緯[10]　山東　校十四　駐俄副武官　父留俄華僑　卅六才

黃宗石[11]　溫州　校八　留英　駐美副武官　四〇才

周家驄[12]　瓊山　海校　駐美　卅六才　二廳

姚紹榮[13]　無為　需校　留美　駐日　卅八才　海總

劉　俊[14]　粵　空七　駐美副武　卅三　空二署

雷光三[15]　吉林　校十一砲　駐瑞典　卅八才　二廳

1　袁鐵忱，時任海軍第一造船所所長。

2　傅伊仁，時任第八十軍第二〇一師六〇二團團長。

3　趙善蔭，時任陸軍總司令部第四署代署長。

4　卓鈴嘯，時任砲兵第十團團長。

5　錢懷源，浙江上虞人。時任海軍參謀研究班主任。

6　蔡名永，湖北雲夢人。1950 年 4 月，任空軍總司令部第三署作戰處處長。1951 年春，入圓山軍官團高級班第一期，同年秋畢業。1952 年 4 月，升任空軍總司令部第三署副署長，12 月調任總統府高級參謀。

7　許朗軒，號永洪，湖北沔陽人。1950 年 9 月，任第六十七軍副軍長。1953 年 4 月，調升第七十五軍軍長。

8　曹永湘，1950 年任第七十五軍副軍長。1952 年 9 月，調任國防部第五廳廳長。

9　顧世純，字信篤，山東博興人。歷任國防部第二廳第三組參謀、駐菲律賓武官處副武官、武官。

10　段志緯，號希雨，山東招遠人。1948 年 6 月，出任駐蘇聯陸軍副武官。

11　黃宗石，浙江瑞安人。1945 年任輜重兵汽車第一團團長，其後任軍令部第二廳副處長、處長。1952 年 3 月，任陸軍總司令部第五署副署長。

12　周家驄，福建閩侯人。歷任國防部第二廳第四處參謀、國防部第二廳第一處第一科科長、東南軍政長官公署第二處副處長。

13　姚紹榮，1952 年 7 月任海軍總司令部第四署第三處陸軍軍需處長。

14　劉俊，廣東合浦人。曾任空軍飛行員、駐美大使館空軍副武官，時任空軍總司令部第二署辦公室主任。1957 年 5 月任空軍第一聯隊參謀長。

15　雷光三，號星潭，吉林永吉人。時任國防部第二廳辦公室副主任，1956 年 5 月任陸軍裝甲兵第二師砲兵指揮官。

楊學房[1]	山東	大十五	駐美武官	四三才			
梁希文[2]	湘	校十二	大十九	駐葡、美	卅二才		
陳慶甲[3]	林森	馬尾	留意德	駐印	卅八才	二廳	
陳朝原[4]	鹽城	校十四	武官班	駐法	軍校教官	卅五才	
廖更生[5]	樂昌	交校外語班		駐印	國防部	四〇才	
王　鎮[6]	黃陂	校六	大十三	駐俄	戰略計畫會	四三才	
汪子清[7]	漢口	校十三	英情報校	駐希臘	第二廳	卅六才	
劉方矩[8]	懷寧	士官		駐伊朗	第二廳		
張國疆[9]	河北	校九	大十七	駐俄	第二廳專員	卅七才	
王志尚[10]	武進	空校五	駐英副武官	參校教官	卅九才		
王觀洲[11]	閩	校六	駐法	四三才			
師文驥[12]	長沙	空校四	駐聯合國	參校教官	卅八才		

---

1 楊學房，字留軒，山東樂陵人。駐美武官處副武官、總統府第三局高級參謀。時任總統府駐國防部聯絡室主任。

2 梁希文，前駐美副武官，3 月 24 日蔣中正指示周至柔應派定職務。

3 陳慶甲，1949 年 5 月隨國防部第二廳遷往臺灣，原任國防部第二廳第四處副處長、1952 年 4 月調任國防部大陸工作處辦公室主任。

4 陳朝原，1956 年 2 月任國防部聯絡局副局長。

5 廖更生，1945 年 10 月任駐日軍事代表團參謀（兼英文翻譯）。

6 王鎮，號鎮平，湖北黃陂人。歷任軍政部軍務署交輜兵司司長、國防部第三廳副廳長、駐蘇聯武官、陸軍運輸學校校長等職。時任國防部戰略計畫研究委員會委員。

7 汪子清，漢口人。1946 年 11 月任國防部情報軍官訓練班教務主任。1947 年 7 月情報軍官訓練班擴大為國防部情報學校，任教務處處長，兼情報班、電訊班班主任。1957 年 1 月時任駐韓使館武官。

8 劉方矩，號與絜，安徽懷寧人。歷任駐伊朗武官、國防部第二廳專員、國防部第二廳處長、國防部外事聯絡組組長。1952 年 5 月為國防大學校編譯處處長。

9 張國疆，字迸夷，時任國防部第二廳第八處副處長，1952 年 10 月調任總統府參軍。

10 王志尚，1956 年 2 月任國防部聯絡局副局長。

11 王觀洲，字子仲，福建林森人。1949 年任陸軍砲兵學校校長，1951 年 4 月任陸軍總司令部砲兵訓練處處長。1954 年 12 月調任馬公要塞司令部司令。

12 師文驥，號逸昂，湖南長沙人。時任空軍參謀學校後勤系主任教官，後任國防大學教官，1963 年 8 月，任總統府專門委員，在第一局辦事。

卓獻書[1]　揭陽　校四　駐泰　四四才

湯德衡[2]　宜興　留德奧陸軍及外交學院　駐伊朗 四三才

武官　郭德權[3]　黑江　陸大八　駐俄　海軍　五一才

外交　孫秉乾[4]　吉林　早稻田及高級班

吳世英　韓國　楊博清（臺糖）

許紹昌[5]　杭　政校　駐伊朗

傘兵　趙位清〔靖〕[6]

傘兵　陳麓華

陸校　王寓農[7]　學員總隊長

龐宗毅　幹訓總隊長

吳功材　學生總隊大隊長

陳佑民[8]　憲兵參處長　校七　四二才

砲訓處　吳世英　校十一　留美砲　河北　卅七才　曾任團師長

劉新銘[9]　校十　湘潭　卅七才　一〇一九團長

新疆　海玉祥[10]　新疆中警　國代　廿五才

1　卓獻書，前駐泰國武官，1950 年時任國防部部員，7 月在革命實踐研究院第七期研究。1953 年任駐韓大使館秘書。

2　湯德衡，江蘇宜興人。1953 年 1 月奉委為國防部參議，在第二廳或政治部服務。

3　郭德權，曾任駐蘇聯武官，1948 年在黑龍江省選區當選第一屆立法委員。

4　孫秉乾，號中陽，吉林榆樹人。1947 年起，任駐曼谷總領事、駐泰國大使館一等秘書兼總領事、外交部亞東司專門委員。1952 年出任駐橫濱總領事，後又改任駐大阪總領事（加公使銜）。

5　許紹昌，字持平，浙江杭州人。曾任駐韓國大使館參事。1951 年任駐伊朗大使館參事銜代辦。1954 年任外交部美洲司司長。

6　趙位靖，曾任傘兵第二團團長，1949 年 9 月由廈門歸建。1952 年 10 月，任國防部陸軍傘兵總隊副總隊長。

7　王寓農，號士昌，浙江杭縣人。時任陸軍總司令部監察處處長，1952 年 5 月調任陸軍軍官學校學生第二總隊總隊長。

8　陳佑民，時任憲兵司令部參謀處處長。

9　劉新銘，時任第八十軍第四十九師第一四六團團長。

10　海玉祥，時任國民大會代表。

新疆　札克忠[1]　新疆分校　卅二才

蒙　金崇偉[2]　蒙會委員　四二才

農　沈宗澣〔瀚〕[3]　尹仲容

王志鵠[4]　宜蘭農校長

鄒景忠　瀋陽　中政校　高考　卅六才　中央銀行

金融　謝慶堯[5]　盧定中[6]　刁培然　央行　曹廷贊[7]

王　鍾[8]　甘豫昌[9]

吳德昭[10]　粵　政校　卅四才　財部秘書

趙聚鈺　中信保險處

孟昭瓚[11]　河南財廳

財金　鄭逸俠[12]　湖北　留英　中行漢經理

水利　江　鴻[13]　江寧　四七才　留德　臺工教授

---

1 札克忠，時任國防部附員。

2 金崇偉，時任蒙藏委員會委員。

3 沈宗瀚，原任金陵大學教授，後任中央農業實驗所所長。1949 年隨農復會遷臺灣，1964 年繼蔣夢麟任農復會主任委員。

4 王志鵠，字思九，江蘇崇明人。曾任北京大學化學系教授、西北聯合大學農業化學系教授。時任臺灣省立宜蘭農業職業學校校長。

5 謝慶堯，上海人。時任中央銀行業務（外匯）局副局長。

6 盧定中，時任中央銀行國庫局副局長。

7 曹廷贊，1954 年 12 月 28 日成立中華全國排球委員會，擔任首任主任委員。

8 王鍾，時任中央銀行總經理。

9 甘豫昌，江蘇寶山人。時任中央造幣廠廠長。

10 吳德昭，1950 年 6 月出任財政部秘書。

11 孟昭瓚，號叔玉，1947 年當選為行憲國民大會代表。1954 年至 1958 年，任行政院政務委員，兼國民住宅興建委員會主任委員，同時兼任中央銀行理事暨中國農民銀行監察人等職。

12 鄭逸俠，1949 年 5 月，任中央銀行桂林分行經理。7 月途經廣州到臺灣，先後任土地銀行經理、臺灣糖業公司董事等職。

13 江鴻，字清之，江蘇江寧人。歷任行政院水利委員會示範水利工程處主任、臺灣省高雄港務局總工程師，1952 年 5 月任臺灣糖業公司農業工程處處長。

凌〔淩〕鴻勳〔勛〕[1] 夏光宇[2] 雷寶華[3] 礦冶(留德美) 陝工業 江 杓 秦大鈞[4] 無錫 留法 航空工程

鍾皎光[5] 臺大

王雲五[6] 張果為[7]

日人 藤山愛一郎[8] 日本製糖與化學會社

長谷川清[9] 海軍 可代聘企業家與技術設計人才

久保田[10] 開發東北朝鮮水電與海南鐵礦

秦純雄[11] 謝人春[12] 鄭 忠[13](俄通)

---

1 淩鴻勛,字竹銘,廣東番禺人,原籍江蘇常熟。1948 年 4 月當選中央研究院第一屆院士。1951 年至 1971 年,任中國石油公司董事長。

2 夏光宇,1949 年赴臺灣,任交通部設計委員,1951 年改任技監,又受聘兼行政院設計委員會委員。1953 年兼任行政院剩餘物資清理委員會委員。

3 雷寶華,字孝實,1948 年冬到臺灣,任臺灣糖業公司顧問,旋任協理。1958 年,升任總經理。並曾任行政院設計委員會委員。

4 秦大鈞,來臺後,1952 年任臺灣省立工學院院長。1956 年,工學院改制為大學,出任成功大學首任校長,兼文理學院院長。

5 鍾皎光,字高光,號明達,廣東梅縣人。1948 年臺灣大學機械工程學系任教,1953 年任系主任,次年任臺大工學院院長。

6 王雲五,字岫廬,籍貫廣東香山,生於上海。1949年後到臺灣,並主持臺灣商務印書館。1951 年 1 月出任行政院設計委員會委員兼政制組召集人,5 月獲聘總統府國策顧問。

7 張果為,號格惟,安徽宿松人。1937 年 8 月至 1939 年 8 月曾任福建省政府財政廳廳長,來臺後在臺灣大學經濟學系任教。

8 藤山愛一郎,曾任製糖公司和化工公司總經理。1951 年起歷任日本商工會議所會長、日本經營者團體聯盟常任理事、經濟團體聯合會顧問、日本金屬公司經理、日本航空公司董事長等職。

9 長谷川清,臺灣日治時期第十八任總督。1946 年被視為戰犯被捕,2 個月之後獲釋。1951 年 1 月任新海軍再建委員會顧問,1952 年 11 月任水交會顧問。

10 久保田,曾主持東北與朝鮮間之水豐發電工程,及開發海南島鐵礦等大工程。

11 中島純雄,化名秦純雄,日本士官學校四十六期,原陸軍步兵大佐,圓山軍官訓練團戰略戰術教官,實踐學社研究專員,1951 年 3 月聘任,1963 年 12 月解任。

12 海巻益次郎,化名謝人春,原日本陸軍裝甲少佐,圓山軍官訓練團教官,1950 年下半年聘任,1952 年上半年解任。

13 酒井忠雄,化名鄭忠,日本士官學校四十二期,原陸軍步兵中佐,圓山軍官訓練團戰術及情報教官,實踐學社研究專員,1950 年 11 月聘任,1963 年 12 月解任。

法律　　吳祥麟[1]　薩孟武[2]　杜光塤[3]
　　　　查良鑑　海寧　留美　四十七

海（不行）趙志麟[4]　馬焱衡[5]　褚廉方[6]
　　　　　黃　超[7]（文字糊塗）
國文不行　周雨寰[8]　于豪章　李有洪[9]（25D 副）　郭　棟[10]16D
貌文壞　　張庭傑[11]　防校教長
高班

立委　　詹爾斌[12]　陝西　留俄　　　　四六才
立委　　田誼民[13]　山東　北平郁大　　四五才
立委　　馬濟霖[14]　山西　中國大學　　四二才
立委　　張鴻學[15]　東北　明治大學　　卅五才　文差

---

1 吳祥麟，曾任公務員懲戒委員會委員，時任立法院立法委員。
2 薩孟武，曾任國民參政員、中央政治學校行政系、法政系主任，時任臺灣大學法學院院長。
3 杜光塤，曾任西北大學教務長、教育部督導、監察院監察委員，時任立法院立法委員。
4 趙志麟，號稚林，河北安國人。1949 年 8 月任國防部海軍總司令部通信處代理處長，1951 年 8 月 15 日調任國防部海軍總司令部第二署署長。
5 馬焱衡，歷任中榮艦艦長、太康艦艦長，後任海軍兩棲訓練司令部司令。
6 褚廉方，歷任丹陽艦艦長、崑崙艦艦長，1952 年任太湖艦艦長。
7 黃超，字子超，廣東人。1950 年 8 月任陸軍傘兵總隊司令部司令。
8 周雨寰，字艾芹，四川忠縣人。1948 年 1 月任第二〇八師第三旅旅長，後任第八十七軍第二二二師師長。1950 年 1 月調任海軍陸戰隊副司令兼第二旅旅長，8 月升任海軍陸戰隊司令，並成立陸戰隊學校。
9 李有洪，字海涵，山西交城人。時任二十五師師長。
10 郭棟，1950 年 8 月任第十六師師長。1952 年 11 月調任第四十一師師長。
11 張庭傑，號漢三，江西懷仁人。時任空軍防空學校教務處處長。
12 詹爾斌，字斌如，陝西安定人。時任立法院立法委員。
13 田誼民，山東聊城人。北平郁文大學畢業，曾任山東省政府委員、中國國民黨山東省黨部執行委員。1950 年 4 月，遞補立法院第一屆立法委員。
14 馬濟霖，時任立法院立法委員。
15 張鴻學，時任立法院立法委員。

監委　孫式菴[1]　青島　齊魯　四五才

立委　王大任　東北　東大　政校　四〇才

立委　黃　俊[2]　臺山　留美　電釬研究　四〇才

立委　穆　超[3]　大連　明治大學　卅七才

立委　楊家麟[4]　雲南　復旦　四二才（胡健中介）

仲肇湘[5]　蘇　交通　四六才（胡健中介）

任培道[6]　湘　留美　五二才　婦運召集人

女黨員　張希文[7]　河北　早稻田　四五才　校長　婦運會

李德洋[8]　臺北警局　留日　四十三才

劉欽禮[9]　山東　四十才　校十三及警校　警務處副

樂　幹　楊濟華[10]　高雄警長　留美　卅八才

情報　陳仙洲[11]　河北　四十五才　臺督察處長　西北陸幹　民國大學

沈之岳　黃其欣[12]　漳浦　卅五才　警校廈大　鐵警局長

1　孫式菴，山東青島人。曾任青島市政府代理民政局局長。1948 年 7 月起，任監察院監察委員。

2　黃俊，號兆俊，廣東台山人。曾任粵漢鐵路特別黨部職工科科長、駐華美軍東南區總部突擊總隊副總隊長及顧問，時任立法院第一屆委員（工會南區選出）。

3　穆超，時任立法委員。

4　楊家麟，號宇光，雲南元江人。1948 年 1 月膺選為雲南省第二選區第一屆立法委員。1949 年隨政府遷臺後，仍任立法委員，長期兼任中國國民黨中央設計考核委員會副主任委員，並為經濟組召集人。

5　仲肇湘，字紹驤，江蘇吳江人。江蘇省第三選區第一屆立法委員，歷任中國國民黨中央設計考核委員會委員、國立政治大學教授、《中央日報》總主筆。

6　任培道，字仲瑜，湖南湘陰人。1945 年 11 月，擔任臺灣省立臺北女子師範學校首任校長。1951 年 5 月遞補當選為大學暨獨立學院（包括專科以上學校）教員團體立法委員。

7　張希文，河北棗強人。第一屆國民大會代表（河北婦女團體選出），時任臺灣省國語推行委員會附設實驗小學校長。

8　李德洋，時任臺北市警察局局長。

9　劉欽禮，時任臺灣省警務處副處長。

10　楊濟華，時任高雄市警察局局長。

11　陳仙洲，時任臺灣省保安司令部督察處處長。

12　黃其欣，時任臺灣區鐵路黨部改造委員會改造委員、鐵路警察局局長。

（政工）　劉戈青[1]　閩　　四〇才　浙警校　警務副處

金鑑聲[2]　餘姚　卅八才　仝右　刑警總隊副長

王魯翹[3]　濟南　卅八才　仝右　陽明山警局

楊濟華　湘鄉　卅八才　中央警校　留美　高雄警局

李德洋　萬縣　四三才　仝右　　留日　臺北警局

王成章　江西　校六　留日警官

劉傳村[4]　苗栗議員（中學）五六才

黃聯登[5]　高雄市黨部　楊文彬[6]　雲林改造委員　卅二才

林仁和[7]　高雄參議長　陳玉波[8]　仝上　副議長

（卓韻湘[9]）閩侯　海校 馬尾　留美 四八才　油輪公司

臺　丘斌存[10]　花蓮　四八才　暨南　留新嘉坡　教育局長

蔡石勇[11]　臺北縣議員　早稻田

李兆彥[12]　卅六才　臺南師範　　曾文農校長

蘇泰山[13]　四五才　臺南師範　　高雄縣黨委

徐毓英[14]　四五才　早稻田　　苗栗中學長

陳修福[15]　四三才　臺北師範　　花蓮縣議會

1　劉戈青，時任臺灣省警務處簡任四級副處長兼刑警總隊長。

2　金鑑聲，浙江餘姚人。時任臺灣省警務處刑警總隊副總隊長。

3　王魯翹，山東濟南人。時任陽明山警察所薦四所長。

4　劉傳村，時任苗栗縣議員。

5　黃聯登，時任臺灣省參議員，高雄縣選出。

6　楊文彬，時任中國國民黨雲林縣改造委員會改造委員。

7　林仁和，字景星，臺灣高雄人。曾任高雄市參議會參議員，時任高雄市議會第一屆議長。

8　陳玉波，字樹仁，臺灣澎湖人。時任高雄市議會第一屆副議長。

9　卓韻湘，時任中國油輪公司總工程司。

10　丘斌存，字高基，曾任臺灣省政府財政廳副廳長，時任臺灣省政府顧問、臺灣地方行政專科學校教授。

11　蔡石勇，時任臺北縣參議會參議員。

12　李兆彥，時任臺南縣立曾文農職校校長。

13　蘇泰山，時任中國國民黨高雄縣黨部執行委員。

14　徐毓英，時任苗栗中學校長。

15　陳修福，時任花蓮縣議會議員兼校長。12 月任臺灣省臨時省議會議員。

陳騰飛[1]　卅一才　水產校　　航業海員黨部

林進生[2]　四八才

林孟元[3]　留日　卅六才　臺中改委

謝東閔[4]

新竹　魏傳旺[5]

臺南　胡龍寶[6]

臺　林石城[7] 屏東議長

楊文彬 雲林

何瀛發[8]　四九才　明治大學　　臺中　東勢中學校長

柯　太[9]　卅三才　早稻田（知英文）旗山中學長

葉廷珪[10]　四五才　明治大學　　臺南市長

林進生　四八才　東京高音　　臺東女中學校長

湯炳賢[11]　三五才　臺北師範　　花蓮議員

何瀛發　四九才　明治大學　　臺中　東勢初中校長

鄒清之[12]　四二才　上海商學院　新竹　改造委員

1　陳騰飛，時任中國國民黨中華航業海員黨部改造委員。

2　林進生，時任臺灣省立臺東女子中學校長。

3　林孟元，時任中國國民黨臺中縣改造委員會改造委員。

4　謝東閔，號求生，時任中國國民黨臺灣省改造委員會委員，4 月出任臺灣新生報業股份有限公司董事長。

5　魏傳旺，時任中國國民黨新竹縣改造委員會改造委員。

6　胡龍寶，臺灣臺南人。時任臺南縣議員、中國國民黨臺南縣改造委員會委員。1952 年 2 月，出任中國國民黨臺南縣黨部主任委員。

7　林石城，時任屏東縣議會議長。

8　何瀛發，1946 年 4 月至 1951 年 9 月任東勢初級中學校長。

9　柯太，時任旗山中學校長。

10　葉廷珪，曾名山嚴，臺灣臺南人。時任臺南市第一屆民選市長。

11　湯炳賢，1946 年委充富沅國民學校校長，時任花蓮議議會議員兼校長。

12　鄒清之，時任中國國民黨臺灣省改造委員會委員。

林章達[1] 四九才 早稻田 臺南女中校長
林水木[2] 五十才 臺北師範

蕭作梁[3] 政校 留德 湘 四十二才
鮑德澂[4] 香港大學 蘇 五四才
劉 杰[5] 子英 北平師範 晉 四九才
羅敦偉[6] 北京大學 湘 五二才
李士英[7] 河南訓政校 豫 卅九才 滕 杰〔傑〕[8]
章任堪[9] 哈佛大學 皖 四五才 葉溯中[10]
李壽雍[11] 震東 倫敦大學 蘇 四九才
邱昌渭[12] 哥倫比亞大學

---

1 林章達，時任臺南市立初級女子商職校長。
2 林水木，臺北市人。時任臺北市建成區區長。
3 蕭作梁，湖南武岡人。曾任政治大學外交系主任、國際關係研究室主任。
4 鮑德澂，號淵如，江蘇東台人。曾任地政署參事、地政部常務次長，時任中國國民黨中央改造委員會設計委員會委員、行政院設計委員會委員。
5 劉杰，字子英，時任立法委員、中國國民黨中央改造委員會設計委員。
6 羅敦偉，字紹卿，湖南長沙人。經濟學家、統制經濟理論代表人物。時任中國國民黨中央改造委員會設計委員會委員。
7 李士英，號了人，河南尉氏人。1949 年 7 月至 1950 年 3 月任中國國民黨總裁辦公室秘書。1951 年 1 月，任行政院設計委員會委員，3 月任中國國民黨中央改造委員會設計委員會副主任委員，8 月調任中央改造委員會第四組副主任。1952 年 6 月，調任教育部廣播事業管理委員會委員。
8 滕傑，號俊夫，江蘇阜寧人。1948 年 12 月，出任南京市市長兼中國國民黨南京市黨部主任委員。1949 年 4 月，離開南京，是為中華民國最後一位南京市市長。到臺灣後，擔任中國國民黨國民大會黨部書記長。
9 章任堪，浙江上虞人。時任司法院法規委員會委員、最高法院推事、中國國民黨中央改造委員會設計委員會委員，兼任《中央日報》主筆。
10 葉溯中，1946 年當選制憲國民大會代表，1948 年在教育會東區當選第一屆立法委員，1950 年在臺北創辦復興書局。
11 李壽雍，字震東，1950 年 11 月至 1952 年 10 月任中國國民黨中央改造委員會設計委員會委員。1961 年 3 月至 1971 年 7 月任考選部部長。
12 邱昌渭，字毅吾，1949 年 6 月任總統府秘書長。1950 年 3 月，改任總統府國策顧問，11 月兼任中國國民黨中央改造委員會設計委員。

端木愷　紐約大學
黃季陸[1]　俄亥俄大學
方　治[2]　東京帝大
王師復[3]　倫敦大學
羅時實[4]　劍橋大學
李中襄[5]　交通大學　　四八才
卓韻湘　閩　海軍學校　留美　四八才　油輪公司工程司
方子衛[6]　鎮海　電信學　留美

海　段允麟[7]　江西　太倉艦
　　張仁耀　太湖艦
　　袁鐵忱　河北　造船所　海校輪機　留德
海軍　高　舉[8]　二廳副
　　孫　甦[9]　海總辦公室主任
　　俞柏生[10]　海總五署副長

---

1 黃季陸，名陸，又名學典，四川敘永人。1950年3月，任行政院政務委員。1952年4月，兼內政部部長。
2 方治，字希孔，1949年5月任總統府國策顧問，1950年任中國大陸災胞救濟總會秘書長。
3 王師復，福建林森人。時任臺灣大學教授兼經濟學系主任，並兼任中國國民黨中央改造委員會設計委員。
4 羅時實，字佩秋，江西南昌人。在臺歷任考試院第二至四屆考試委員、國防研究院文化研究所所長、中國文化學院三民主義學門主任、《中華日報》常駐監察人等職。
5 李中襄，字立侯，原籍江西南昌，生於浙江寧波。時任立法院秘書長，並兼任中國國民黨中央改造委員會設計委員。
6 方子衛，字公安，浙江鎮海人。歷任吳淞無線電臺處長、國民政府交通部顧問技師等職，時任行政院設計委員會委員。
7 段允麟，號夢平，江西南昌人。1951年3月任太倉艦艦長。
8 高舉，號超然，福建閩侯人。曾任永順艦艦長、太康艦艦長、海軍總司令部第五署副署長。時任國防部第二廳副廳長。
9 孫甦，號更生，江西萬載人。曾任永興艦艦長，時任海軍總司令部辦公室主任。
10 俞柏生，字伯蓀，江蘇宜興人。1947年5月任海軍軍士學校代校長，1950年任海軍總部第五署副署長，後任馬公巡防處處長。

吳志鴻[1]　江西　電雷學校　卅七才

張樂陶[2]　南通　四四　大夏　臺大秘書

龔履端[3]　南平　四〇　暨大　省農學院副教

卓獻書

閩　王維樑[4]　晉江　四一　暨大　臺南市秘（中央日報）

浙　韓樹聲[5]　松陽　四四　校六　黨總幹事　縣長

僑　陳別同[6]　潮安　四一　新加坡　上海藝大

僑　陳詩豪[7]　潮安　卅八　新加坡支部　中山大學工

劉義生[8]　高雄要塞副司令

葉際豪[9]　裝二参長　溫州　校十

劣　席震炫[10]　九十六師副師長

侯殿成[11]

李翼中　臺社會處長

1　吳志鴻，抗戰末期由軍政部交通司派印度見習，時任海軍總司令部馬祖巡防處處長。

2　張樂陶，時任臺灣大學秘書。

3　龔履端，時任臺灣省立農學院副教授。

4　王維樑，號尚任，福建晉江人。曾任福建省永泰縣、明溪縣縣長、臺南接管委員會委員，時任臺南市政府秘書。

5　韓樹聲，號枕石，浙江杭州人。時任臺灣省空襲防護委員會臺南分會總幹事。

6　陳別同，廣東潮安人，新加坡華僑。曾任新加坡《國民日報》編輯，時任《中興日報》副社長、中國國民黨新加坡直屬支部執行委員。

7　陳詩豪，廣東潮安人，新加坡華僑。共同推動成立馬來亞聯合邦華校教師會總會，後主持新加坡德新中學。時任中國國民黨新加坡直屬支部秘書。

8　劉義生，湖北沔陽人。曾任軍事委員會銓敘廳任官科科長。時任高雄要塞副司令。

9　葉際豪，浙江永嘉人。陸軍裝甲兵第二師參謀長，後升任副師長、師長。

10　席震炫，曾任第九十五師第二八三團團長。時任第九十六師副師長。

11　侯殿成，曾任砲兵第二十三團團長。

東北　張一中[1]　　劉廣沛[2]　（郭紫峻[3]）
路國華[4]　　王鍾琳
辛鍾珂[5]　　韓逢奇〔奇逢〕[6]（韓　新）
潘維芳[7]　立法員　山東　臧啟芳[8]與高崇民[9]關係
林直中[10]　鐵道黨部　浙　臧廣田[11]　師院教授　渤海公司
張　建[12]　粵　四九　軍醫教育　經理民盟與劉達人[13]關係
法政　趙　琛[14]　浙　五二　日明治大學　劉百閔[15]　石嘯冲[16]　何在

投機

趙耀東　耀中　　留美　紡織公司與臺大
鄧友德　川　四十　復旦

1　張一中，吉林敦化人。第一屆國民大會代表（敦化選出）、第一屆監察委員（吉林選出）。

2　劉廣沛，遼寧海城人。曾任善後救濟總署東北分署副署長，時任軍人保險管理委員會委員兼總幹事。

3　郭紫峻，字建極，山西崞縣人。曾任中央調查統計局副局長、制憲國大代表、中國國民黨天津市黨部主任委員。1948 年在天津市選區當選第一屆立法委員。

4　路國華，號紹德，遼寧瀋陽人。第一屆國民大會代表（瀋陽市工會選出）。

5　辛鍾珂，號復元，山東濰縣人。時任圓山第四軍官訓練班副主任，後任國防部第二廳第四組組長。

6　韓奇逢，上海婦科醫師，樂善好施，捐資興學，1953 年 6 月獲總統頒發褒揚令。

7　潘維芳，時任立法院立法委員。

8　臧啟芳，曾任東北大學校長，1949 年赴臺灣，任國立編譯館編譯委員，兼《反攻》雜誌主編。

9　高崇民，1946 年 8 月，被選為東北行政委員會副主席兼民政委員會主任。1948 年 8 月，任東北人民政府副主席兼司法部部長。1949 年 9 月，出席中國人民政治協商會議第一屆全體會議。

10　林直中，時任中國國民黨臺灣區鐵路黨部改造委員。

11　臧廣田，遼寧蓋平人。曾任西北農學院、私立東北中正大學教授。時任國立編譯館、反攻出版社編纂。

12　張建，號掃霆，廣東梅縣人。曾任中央軍醫學校教育長、軍醫署署長、國防醫學院副院長、廣東省教育廳廳長。1950 年由香港遷臺。因於日記中表示對當局不滿，1951 年遭調查局軟禁，一年半後獲釋，於新竹市開業行醫。

13　劉達人，貴州興義人。時任外交部歐洲司第二科科長。

14　趙琛，字韻逸，浙江東陽人。1951 年 1 月，任行政院設計委員會委員兼司法組召集人。1952 年任最高法院檢察署檢察長。

15　劉百閔，原名莊，浙江黃巖人。曾任國民參政會第一、第二、第三、第四各屆參政員，1948 年在南京市選區當選第一屆立法委員。1949 年 4 月去香港，與錢穆等籌建新亞書院。

16　石嘯冲，奉天遼陽人。曾任軍事委員會政治部第三廳科員。政治學者，1949 年後留在大陸，任教於上海華東師範大學。

陳惠五[1]　山東　卅八　中大　青島市黨部

鮑幼玉[2]　鄞　廿七　中大　彰化中學教員

青年　潘振球[3]　蘇　卅三才　幹校　成功中學校長

張紹恩[4]　番禺　校十一　大廿一　六十七師團長

粵　劉德星[5]　梅縣　校八　大十八　陸總高參

江肇基[6]　番禺　校六　二百師副師長

甘慕良[7]　五華　校十四　十四師四十一團長

鄭　彬　瓊山　校二　特大四　四師副師長

林崇軻[8]　陽江　校三　大將班　67A 戰鬥團副

柯遠芬[9]　粵　校四　大十

鍾　靈　75D 參長　校十四

蔡紹達[10]　18A 副參　校十三

凌澤光[11]　14D 副團長

林書僑〔嶠〕　金門團長

丘仁漢[12]　14D 附員

1　陳惠五，山東臨淄人。曾任三民主義青年團青島區團部幹事兼科長、中國國民黨青島市黨部執行委員。時任臺灣省高雄市黨部第二組組長。

2　鮑幼玉，浙江鄞縣人。歷任中國反共救國團總團部第一組專員、副組長，駐美大使館文化參事處助理文化專員。

3　潘振球，江蘇嘉定人。1949 年 7 月，就任臺中第二中學校長。1950 年 7 月，調任臺北成功中學校長。1956 年 6 月，奉令籌設臺灣省訓練團，任教育長，負責訓練臺灣省政府幹部。

4　張紹恩，廣東番禺人。時任第六十七師第一九九團團長，後任臺北團管區司令。

5　劉德星，時任臺灣防衛總司令部副參謀長。

6　江肇基，號仲源，廣東番禺人。時任第二〇〇師副師長，後調任第八十一師師長。

7　甘慕良，廣東五華人。時任第十四師第四十一團團長，後調第二十三師第六十七團團長。

8　林崇軻，號毅行，廣東陽江人。原任第九十六軍軍官戰鬥團副團長，1 月 5 日派任第九十六軍軍官戰鬥團團長。

9　柯遠芬，號為之，廣東梅縣人。曾任臺灣警備總司令部參謀長、總統特派戰地視察第三組組長。時任胡璉兵團幹部訓練學校（怒潮學校）校長。

10　蔡紹達，字滌新，廣東揭陽人。時任第十八軍副參謀長。

11　凌澤光，廣西同正人。時任第十四師副團長，後任第九師副參謀長。

12　丘仁漢，時任第十四師附員。

趙善蔭　新會　校十　大廿　八十七軍參長　未任團長

駱效賓[1]　無為　校十二　留美

皖　劉鐵君[2]　桐城　校十一　大十九　部高參

王化興[3]　瀋　陸大十一　軍訓團副教長

彭戰存

黎振伋　惠陽　校六　五十軍戰團副

副　楊維翰[4]

車蕃如

軍　尹　俊

賴道修　校十二　大廿一　四師參長

長　鄒鵬奇　湘　校六

艾　瓊[5]　鄂　校四大九

范　麟[6]　川校六

戰鬥團　鄧定遠[7]　鄂　校六　大十五

劉梓皋[8]　湘　洛陽分校四

1　駱效賓，1950 年時任臺灣防衛總司令部砲兵指揮部主任。1952 年時任陸軍總部第一署副署長。

2　劉鐵君，曾任軍務局參謀，時任第三六三師副師長，9 月改任第五十師副師長。

3　王化興，號洽南，遼寧瀋陽人。時任軍官訓練團副教育長，1952 年 3 月調任海軍陸戰隊司令部參謀長。

4　楊維翰，字墨林，陝西西安人。1949 年參與古寧頭戰役，後任第五軍副軍長。1951 年 4 月任聯合勤務總司令部金門補給區司令。1955 年 1 月，調任國防部高級參謀室高級參謀。

5　艾瓊，號業榮。1949 年到臺灣，任第一軍團副司令官、陸軍軍官學校校長、澎湖防衛司令官、國防部常務次長。

6　范麟，號燭天，四川資陽人。1950 年 10 月，任基隆要塞軍官守備團團長。1953 年 4 月，任第六十七軍副軍長。

7　鄧定遠，字超平，湖北鄂城人。時任第一屆國民大會代表、臺灣保安司令部保安幹部總隊總隊長。

8　劉梓皋，湖南安鄉人。1950 年 10 月至 1952 年 3 月，任高雄要塞副司令兼守備團團長。

胥立勛[1]　劉次傑[2]　蕭宏毅[3]

副師長　杭世騏[4]　馬永芝〔用之〕[5]　孫竹筠[6]

周建磐[7]　湖北　校七　二〇一師長

楊貽芳[8]　皖　軍校　留日　陸大

劉篤行　湘　校十二　卅六才　卅二師參長

鄭為元[9]　合肥　校八　留義　三九才　陸總署長

雷日新[10]　湘　校六　四〇才　一九八師參長調五十師參長

周勗光[11]　川　軍校十二　卅五才　九十二師參長

師長　蕭家驤　金壇　校六　大十六　三廳一組

候選　葉　成[12]

郝柏村[13]　鹽城　校十二　大廿　卅三才　戰略會參謀　顧祝同[14]

1　胥立勛，四川鹽亭人。1949 年 11 月，任金門防衛司令部作戰處處長。1950 年 4 月，任第十一師、第十七師副師長。1952 年 11 月，任總統府高級參謀。

2　劉次傑，號白籬，湖南湘潭人。時任第五軍第十四師第四十二團團長，後任第十四師副師長、第六十九師副師長。

3　蕭宏毅，號萇楚，湖南湘鄉人。歷任第五軍第七十五師第二二四團團長、第七十五師副師長，1953 年 10 月升任第五軍第七十五師師長。

4　杭世騏，安徽定遠人。原任第一八八師副師長，5 月改任第十九軍參謀長。

5　馬用之，又名杰，四川溫江人。曾任整編第六十六師代理參謀長、第六十六師高級參謀。時任第十九軍第十八師副師長。

6　孫竹筠，貴州黃平人。1949 年 12 月，任第十九軍第十八師副師長。1951 年 7 月，調任第十九軍第四十五師副師長。1952 年 10 月，調任總統府侍從參謀。

7　周建磐，原任第八十軍第二〇一師副師長，1951 年 1 月升任第二〇一師師長。

8　楊貽芳，號喆君，安徽合肥人。時任第九十六軍參謀長，1952 年 6 月，調任第九十六軍第三十九師師長。

9　鄭為元，安徽合肥人。1950 年 11 月，任國防部第二廳第五組組長。1951 年 2 月，升任陸軍總司令部第五署署長。1953 年 5 月，入國防大學校聯合作戰系受訓。

10　雷日新，湖南臨武人。原任第五十四軍第一九八師參謀長，八月調任第二〇〇師參謀長。

11　周勗光，號旭光，四川梁山人。時任第九十二師參謀長，後任臺中師管區副司令。

12　葉成，字力戈，浙江青田人。整編第七十八師師長，1949 年 10 月離開新疆，轉經印度加爾各答後到臺灣。1952 年 8 月第七十五軍軍長。

13　郝柏村，字伯春，江蘇鹽城人。時任戰略顧問委員會參謀。

14　顧祝同，字墨三，江蘇漣水人。1950 年 2 月至 3 月，任行政院政務委員兼代國防部部長。1952 年 4 月，調任總統府戰略顧問委員會副主任委員。

曾正我[1]　伯韜[2]舊部　興寧　校六步一　前四十師長任臺南

練卓羣[3]　梧州　南寧軍校
劉恩霖[4]　遼　校十一　大十八　留土
熊振漢[5]　鄂　校八　大十七
江執中[6]　湖北　校七　高雄第一總臺
蘇維中[7]　江西　校八　臺中防區高參
諶志立[8]　沔陽　校八　大十六　一廳組長
劉耀漢[9]　河北　留美
顏地木[10]　屏東　卅七才　東京東洋大學　農校長
臺黨　藍萼洲[11]　大埔　廣州大學
林挺生[12]　臺北　臺大化學科　工會理事長　工校校長
林　慎[13]　臺北　廈大

1 曾正我，廣東興寧人。曾任第四十師師長，後任陸軍總司令部作戰計畫委員會委員。
2 黃百韜（1900-1948），一名伯韜，字煥然，號寒玉，祖籍廣東梅縣，生於河北天津。1948 年 8 月任第七兵團司令官，11 月 22 日在徐蚌會戰中於碾莊地區兵敗殉國，1949 年 1 月追贈上將。
3 練卓羣，廣西梧州人。曾任華中軍政長官公署副參謀長，1954 年 3 月，任國防部人員司第一組組長。
4 劉恩霖，號霖之，遼寧綏中人。時任總統府戰略顧問委員會辦公室參謀。
5 熊振漢，湖北應城人。曾任國防部第二廳參謀、華中軍政長官公署第二處處長。
6 江執中，湖北黃岡人。時任高雄要塞第一總臺總臺長。
7 蘇維中，時任臺灣中部防守區司令部高參兼第五十軍幹部訓練班教育長。
8 諶志立，號鼎勳，湖北沔陽人。曾任戰車第一團團長，時任國防部第一廳組長，1952 年 6 月調任國防大學教官第一組主任教官。
9 劉耀漢，曾任第六補給區司令，本年 2 月在革命實踐研究院第十期研究員結業。
10 顏地木，1946 年 5 月至 1951 年 7 月任屏東初工校長。
11 藍萼洲，號曉瀾，廣東大埔人。1950 年 10 月，任中國國民黨臺灣省改造委員會委員兼第五組總幹事。1953 年 1 月，任臺灣省黨部委員兼第三組總幹事。
12 林挺生，時任臺灣省工業會理事長、臺灣區機器工業同業公會常務理事長、臺灣區電工器材工業同業公會理事長。
13 林慎，號沐恩，臺灣臺北人。立法院第一屆立法委員。1950 年 4 月，任臺灣省反共保民運動委員會常務委員，10 月任中國國民黨臺灣省改造委員會委員。1952 年 10 月，任中華婦女反共抗俄聯合會常務委員。

謝東閔　彰化　中山大學

鄒清之　新竹　上海商學院

立黨　何人豪[1]　漢三　黨校　江西　四十五才

胡　淳[2]　仁沛　中華大學　步校　湖北　卅九才

曲直生[3]　倫敦大學　河北　四九才

趙自齊[4]　熱河　軍校十三期　朝陽大學　卅九才

黃　通[5]　蘇　軍校七期　文治大學　四三才

曹　俊[6]　陳逸雲[7]　牛踐初

陳蒼正[8]　浙　四〇才　羅大愚[9]　遼　四〇　留日　陳顧遠[10]

謝承炳[11]　靖江　四三才　中國公學

臧元驤〔駿〕[12]　山東　校四

立委　張書翰[13]　河北　卅六才　北大政治系

劉崇齡[14]　中山　四一才　大夏大學

1　何人豪，字漢三，江西會昌人。1948 年在江西省第三選區當選第一屆立法委員。1949 年隨立法院遷臺。

2　胡淳，曾任成都中央軍校政治教官，1948 年當選第一屆立法委員。1949 年隨政府遷臺。

3　曲直生，曾任河北省蠡縣縣長、河北教育廳督學、中央大學經濟學教授。1948 年當選第一屆立法委員。1949 年隨立法院遷臺。

4　趙自齊，字治平。1948 年在熱河省選區當選第一屆立法委員。1949 年隨立法院遷臺。

5　黃通，名慶漢，改名慶儒，字席珍，號伯通，江蘇海門人。1948 年在南京市選區當選第一屆立法委員，1949 年隨立法院遷臺。

6　曹俊，字為章，江蘇寶山人。時任第一屆立法委員，並在臺北市執業律師。

7　陳逸雲，字山椒，1948 年當選第一屆立法委員。到臺灣後任聯合中國同志會婦女委員會主任委員。

8　陳蒼正，1948 年當選為第一屆立法委員，1949 年隨立法院遷臺。1953 年任中國國民黨立法院黨部書記長。

9　羅大愚，原名慶春，字澤南，化名魏中誠。曾任遼寧省政府秘書長、國民政府教育部東北區教育復員輔導委員會委員、國民政府主席東北行轅經濟委員會設計委員兼書記長、中國國民黨遼北省黨部主任委員。1948 年在遼寧省選區當選第一屆立法委員。1949 年隨立法院遷臺。

10　陳顧遠，字晴皋，1948 年在原籍陝西當選立法院立法委員。1949 年隨立法院遷臺。

11　謝承炳，時任立法院立法委員。

12　臧元駿，時任立法院立法委員。

13　張書翰，字筱齋，吉林伊通人。曾任熱河省臨時參議會參議員。

14　劉崇齡，時任立法院立法委員，2 月在革命實踐研究院第十期研究員結業。

改造會　李　煥　錫俊　漢口　　　卅五才　　　幹校

仝上　　張振宇[1]　啟東　卅九才　　中央大學

仝上　　李東菴[2]　山西　四五才　　山西大學

仝上　　蔣廉儒[3]　江西　卅五才　　幹校

　　　　于德純[4]　蒙　張國柱[5]　　察哈爾

　　　　侯天民[6]　遼北　千葉教會　四八才　蒙

　　　　孫玉琳[7]　南京　金陵大學　四一才

　　　　陳達元[8]　閩　　金陵及特警班　　　　四五才

　　　　王澍霖[9]　熱河　政校　　　四〇才　　　國文差

監黨　　郝遇林[10]　奔湖　河北　　　政校　　　　四四才

　　　　劉效騫[11]　二〇一師　政工　徐州　幹校

　　　　石　垓[12]　七十五軍政工　　川　　校八

1　張振宇，時任中國國民黨中央改造委員會秘書處總幹事。

2　李東菴，號璧恆，山西大同人。時任中國國民黨中央改造委員會第七組專門委員。

3　蔣廉儒，字廉予，時任中國國民黨中央改造委員會設計委員會專門委員。

4　于德純，號紹文，卓索圖盟喀爾沁左旗人。歷任察綏蒙旗黨務特派員、察哈爾蒙旗黨務特派員、察哈爾蒙旗黨務主任特派員。時任監察院第一屆監察委員。

5　張國柱，號砥亭，察哈爾懷安人。歷任經濟部鎢礦工程處幫工程師、行政院經濟委員會專門委員、行政院善後救濟總署專門委員、察哈爾省政府主任秘書、察哈爾省黨部執行委員。時任監察院第一屆監察委員。

6　侯天民，號田敏，遼北四平人。曾任國民參政會參政員、制憲國民大會代表、遼北省社會處處長、中國國民黨遼北省黨部委員。時任監察院第一屆監察委員。

7　孫玉琳，曾任南京市參議會參議員、監察院閩臺行署委員，時任監察委員。

8　陳達元，福建漳浦人。歷任制憲國民大會代表、臺灣警備總司令部調查室主任、臺灣行政長官公署參事。時任監察院第一屆監察委員。

9　王澍霖，歷任中國國民黨熱河省黨部委員兼書記長、省議會議員、制憲國民大會代表，行憲後任監察委員，後兼任監察院監委黨部書記長。

10　郝遇林，時任監察院監察委員。

11　劉效騫，江蘇銅山人。1950年5月，任第八十軍第二〇一師政治部主任。1952年11月，調任第三十三師政治部主任。

12　石垓，四川江油人。1950年10月，任海軍陸戰隊政治部主任。1951年12月，任第七十五軍政治部主任。

胡湘淳[1] 96D 政工 湘

朱耀祖[2] 師遜 卅五才 政校 泰興 第一組總幹事

政工 王國華[3] 卅四才 軍校十四 彰化副書記

秦孝儀 蕭政之[4] 九十六軍政工

唐 智[5] 卅三 嘉義工職校 幹校

呂 甄[6] 卅六 臺北工專 仝上

楚崧秋[7] 卅二 政治部 仝校

王 道

王醒魂[8] 64D 政工

劉效騫 201D 政工

曾繁志[9] 208D 政工 王成德[10] 340D 政工

黃 密[11] 政校 泰縣

立委 孫秉權[12] 雲南 高師 卅八才

立委 劉 平[13] 廣東 中大 四二才 法律

立委 許占魁[14] 蒙 卓盟 卅五才 聯大

---

1 胡湘淳，時任第九十六師政治部主任。

2 朱耀祖，時任中國國民黨中央改造委員會第一組總幹事。

3 王國華，時任中國國民黨彰化縣黨部副書記長。

4 蕭政之，號伯達、正之，湖北漢陽人。曾任海軍總部政治部組長，時任第九十六軍政治部主任，後任第四十五軍政治部主任。

5 唐智，時任臺灣省立嘉義工業職校校長。

6 呂甄，時任臺北工業專科學校人事室主任。

7 楚崧秋，時任國防部政治部設計委員。

8 王醒魂，號化成、化宇，廣東興寧人。曾任教導師政工處處長，時任第六十四師政治部主任。

9 曾繁志，湖北雲夢人。時任第八十七軍第二〇八師政治部主任。

10 王成德，察哈爾懷安人。1950 年 11 月，任第八十軍第三四〇師政治部主任。1952 年 11 月，調任第八十軍第四十九師政治部主任。

11 黃密，號安山，江蘇泰縣人。時任國防部總政治部設計指導委員會專任委員，後任國防部印刷廠廠長。

12 孫秉權，時任立法院立法委員。

13 劉平，號公量，廣東陽山人。時任立法院第一屆立法委員，並在臺北新竹區執業律師。

14 許占魁，時任立法院立法委員。

	王志鵠	宜蘭農校	蘇	留義日	農科
	孫嘉時[1]	臺大教授	蘇	留日	
	常德普[2]	仝左	卅七才	桂大	河南
國大	梁興義[3]	訓練會	卅九才	清華	山東
	楊有壬[4]	第五組	四四才	中國公學	吳興
	沈裕民[5]	黨史委會	四五才	越南大學	文昌
	瞿韶華[6]	第一組	卅七才	朝大	河北
土地	李穆堂[7]	僑委會	四一才	早稻田	粵
	金遠詢[8]	第六組秘	四四才	法政	湘
	談益民[9]	第二組秘書	卅八才	復旦	
東北	王冠吾	吉林	留日	五十三	
	王大任	遼寧	東北大學	四十	
國代	趙友培[10]	蘇	正風文學院		
	趙家焯[11]	湘	民國大學	陸大	
	胡長怡[12]	河南	軍校政治科	四五才	
立委	封中平[13]	泰興	中國公學		

1 孫嘉時，時任臺灣大學教授、中國國民黨第一知識青年黨部總幹事。
2 常德普，河南鎮平人。時任中國國民黨中央改造委員會訓練委員會總幹事。
3 梁興義，號仁甫，山東嘉祥人。時任中國國民黨中央改造委員會訓練委員會總幹事。
4 楊有壬，時任中國國民黨中央改造委員會第五組總幹事。
5 沈裕民，時任中國國民黨中央改造委員會黨史史料編纂委員會總幹事。
6 瞿韶華，河北定興人。時任中國國民黨中央改造委員會第一組總幹事。
7 李穆堂，廣東新會人。1950 年 10 月任中國國民黨中央改造委員會第三組專門委員，1951 年 4 月兼僑務委員會委員。1952 年 11 月調任中國國民黨中央改造委員會第五組專門委員。
8 金遠詢，時任中國國民黨中央改造委員會第六組秘書。
9 談益民，時任中國國民黨中央改造委員會第二組秘書。
10 趙友培，時任國民大會代表。
11 趙家焯，時任立法院立法委員。
12 胡長怡，字翕如，時任立法院立法委員。
13 封中平，時任立法院立法委員。

汪道淵[1] 皖 中央大學 地方行政專校教授

劉聖斌[2] 遼 清華 留英

伍根華[3] 臺山 中山大學

段 焯[4] 甘肅 中國大學 卅九才

立委 馬樹禮[5] 漣水 菲列濱大學 印尼 四一才

唐嗣堯[6] 河南 北京大學 留德

段 焯 甘 卅九才 北平中國大學

杜均衡[7] 四川 四〇才 中國公學經濟系

監察 張一中 吉林 卅九才 早稻田

立法 王任遠[8] 河北 四十一才 朝陽大學 青年團

立法 李宏基[9] 河南 四十一才 北平大學 組織部秘書主任

項潤崑[10] 東北（女）

監察 孫玉琳 南京

張光濤 冀 教育

錢納水[11] 中央日報

許占魁 蒙 卓盟 政校西南聯大

---

1 汪道淵，字守一，安徽歙縣人。時任臺灣省立地方行政專科學校教授。

2 劉聖斌，時任立法院立法委員。

3 伍根華，時任立法院立法委員。

4 段焯，字子昌。1948 年在甘肅省第二選區當選第一屆立法委員。1949 年隨立法院遷臺。

5 馬樹禮，名書南，號未甫，曾任馬來亞柔佛新山寬柔學校校長、第三戰區政治部組長、第三戰區政治部副主任、前線日報社社長。1948 年，在上海市選區當選立法委員。1949 年隨立法院遷臺。

6 唐嗣堯，時任立法院立法委員。

7 杜均衡，時任立法院立法委員。

8 王任遠，河北清苑人。曾任制憲國民大會代表。1948 年在天津市當選第一屆立法委員。1950 年，隨政府撤遷來臺，奉派為中國國民黨南方執行部委員，負責敵後佈建事務。

9 李宏基，字劍華，河南武安人。1948 年 5 月，在河南省第二選區遞補當選第一屆立法委員。

10 項潤崑，1948 年在瀋陽市選區當選第一屆立法委員。1949 年隨立法院遷臺。

11 錢納水，1948 年當選立法委員，1949 年隨立法院遷臺。歷任《中央日報》、《中華日報》主筆。

師連舫[1]　東北

孫秉權　滇　　滇高師

李守廉[2]　熱　　政校

劉　平　粵　　中央大學法系

立法　程　烈[3]　吉　　政校

梁肅戎[4]　遼北　長春法大　日法官訓練所

劉　真[5]　方　豪[6]

毛之〔子〕水[7]　錢思亮

章任堪　上虞　　法律　　留美

臺大　方東美[8]　陳　康[9]　希臘文　哲學

周之鳴[10]　民族報　東陽

瞿荊州[11]　溫崇信[12]　林一民[13]（教育）

張茲闓[14]

---

1 師連舫，字豫川。1948 年在合江省選區當選第一屆立法委員。1949 年隨立法院遷臺。

2 李守廉，號大維，熱河凌源人。曾任熱河省政府委員兼民政廳廳長、浙江省政府委員。1950 年 6 月，任國防部總政治部設計委員。1951 年 1 月，任行政院設計委員會委員。1955 年 9 月，任中國行政學會常務理事兼總幹事。

3 程烈，字鵬飛。曾任國民政府國防部預算局處長。時為立法委員，常駐預算委員會審查國家預算。

4 梁肅戎，遼北昌圖人。時任立法院立法委員。

5 劉真，字白如，安徽鳳陽人。時任立法委員、臺灣省立師範學院院長。

6 方豪，字杰人，浙江杭縣人。天主教神父，歷史學家。時任臺灣大學歷史學系教授。

7 毛子水，名準，字子水，以字行。1949 年 2 月，應臺灣大學傅斯年校長請託任教中文系。11 月，《自由中國》創刊，為發起人之一。

8 方東美，安徽桐城人。時任臺灣大學哲學系教授兼系主任。

9 陳康，時任臺灣大學哲學系教授。

10 周之鳴，1949 年 5 月 4 日《民族報》創刊，任發行人；1950 年 2 月 1 日辭職。

11 瞿荊州，1948 年 12 月至 1951 年 3 月，任臺灣銀行總經理。

12 溫崇信，1948 年任北平市政府秘書長、社會局局長。1950 年 8 月任臺灣省物資協調委員會主任委員。

13 林一民，1951 年至 1954 年任臺灣省立農學院院長。

14 張茲闓，字麗門，廣東樂昌人。1948 年 7 月，任中國石油公司總經理。1950 年 3 月，任財政部政務次長。1951 年 4 月，兼任交通銀行菲律賓分行經理。1952 年 4 月，轉任經濟部部長。

王崇植　生產事業管理處

周德偉[1]

張海平[2]　交部土木工程　　留美

程石泉[3]

陳漢平[4]

周森鏞[5]　農復會編輯　　閩　　政校新聞學院　卅三

劉聖斌　秦大鈞　李　濟[6]　　　留英

周鴻經[7]　全漢昇[8]　曹文彥[9]　　留英

---

1 周德偉，字子若，湖南長沙人。1950 年至 1968 年擔任財政部關務署署長，並在國立臺灣大學、國立政治大學兼任教授。1955 年 2 月兼任行政院外匯貿易審議委員會副主任委員，致力於外匯貿易改革方案。

2 張海平，曾任行政院全國經濟委員會專門委員。

3 程石泉，江蘇灌雲人，祖籍安徽歙縣。曾任上海市教育局代理局長，時任革命實踐研究院講座。1952 年赴美，任教於匹茲堡大學（University of Pittsburgh）和賓州州立大學（Pennsylvania State University, Capitol Campus）。主要著作有易學三書：《易學新探》、《易辭新詮》、《易學新論》。

4 陳漢平，字建之，1950 年 9 月任中國國民黨中央改造委員會第七組副主任。1952 年 5 月，任財政部常務次長。

5 周森鏞，號肇豐，福建福州人。時任行政院農業復興聯合委員會編輯。

6 李濟，字受之，改字濟之，湖北鍾祥人。1929 年 6 月起，任中央研究院歷史語言研究所專任研究員。1948 年 3 月，當選中央研究院第一屆院士，1950 年 8 月，創立臺灣大學考古人類學系，並出任首任系主任。

7 周鴻經，字綸閣，1949 年 6 月任中央研究院總幹事，來臺事籌建南港新院址，並代理數學研究所所長，兼臺灣大學教授。1950 年任「中國自然科學促進會」首任理事長。1951 年，兼任正中書局董事長。

8 全漢昇，廣東順德人。中國經濟史學家。1949 年 1 月隨中央研究院歷史語言研究所遷臺，累遷為終身職研究員；並受臺灣大學校長傅斯年囑託，任教臺灣大學經濟系。1952 至 1955 年間並兼系主任。

9 曹文彥，字臥雲，浙江溫嶺人。歷任駐雪梨總領事館副領事、駐墨爾本辦事處主任、駐波士頓辦事處領事。

沈宗澣〔瀚〕　戴運軌[1]　凌純聲[2]　林　霖[3]　林一新[4]

朱　謙[5]　資委會主任

侯家源[6]　臺交通處　　　　　　蘇州

朱一成[7]　電力公司董長　　　　江西　留美

林一新　經濟思想

林　霖　貨幣與銀行　　　　　梅縣

王師復　經濟學

全漢昇　經濟史

楊樹人[8]　國際貿易與貨幣銀行

張果為

彭孟緝　胡　璉　石　覺　羅　列　袁　樸　車蕃如

趙家驤　陳簡中？[9]　羅又倫　王叔銘　黎玉書〔璽〕[10]

李　彌

俞柏生　青島海校畢業　　　　卅九　　海總副署長　宜興

1　戴運軌，字伸甫，浙江奉化人。曾任臺灣大學教務長兼代理校長，時任物理學系教授兼系主任。

2　凌純聲，字民復，號潤生，江蘇武進人。時任中央研究院歷史語言研究所研究員、臺灣大學考古人類學系教授。

3　林霖，號可立、學曾，廣東梅縣人。1949 年 1 月受臺灣大學校長傅斯年之邀，應聘為經濟系教授，8 月開始至 1952 年 7 月兼系主任。

4　林一新，福建閩侯人。時任臺灣大學經濟學系教授。

5　朱謙，字伯濤，時任資源委員會主任委員，兼臺灣造船公司董事長。

6　侯家源，字甦民，江蘇吳縣人。1950 年 4 月，任臺灣省政府顧問，繼任臺灣省交通處處長。1951 年，兼任國防部軍事工程總處處長。

7　朱一成，歷任國民政府交通部電信總局局長、交通部顧問、行憲國民大會代表。1950 年 5 月至 1955 年 1 月，擔任臺灣電力公司董事長。

8　楊樹人，時任臺灣大學法學院商學系教授，專攻國際貿易貨幣銀行。並於 1951 年 10 月任中央研究院經濟研究所「設所諮詢委員會」委員，協助策劃籌備事宜。

9　陳簡中，江西贛縣人。曾任駐美大使館武官，時任革命實踐研究院講座。後任第四十五師師長。

10　黎玉璽，號薪傳，四川達縣人。1950 年 6 月，任海軍第二艦隊司令。1952 年 4 月，調任海軍總司令部副總司令兼海軍艦隊指揮部指揮官。

汪奉曾[1]　校十六　美步校　卅二　警衛團長　長沙
陳思永　西昌　校十　大廿期　史政處
秦孝儀　心波　上海法學院　卅一　衡山
夏功權　軍校十五　戰車　空十四　鄞　卅三
張振宇　中大　啟東縣　卅九　中央秘書
趙振宇　思昊　校八　大十七　河南　戰略研究會　裝甲兵
李　煥　（錫俊）　幹校　中央二組　漢口
王大均　憲部政處　張沛然[2]　河北　軍需校　公路局主計處
郭修甲[3]　金門作戰處長
政校　林作梅[4]　閩　政校　公賣局
華僑　卓賢〔獻〕書

應付之款

1．械款　997,185
2．黨費
甲、瑞　509,421
乙、美　351,192
丙、公債　308,473
丁、普利　1083,865
3．特費　128,593
4．專款　620,000

1　汪奉曾，湖南長沙人。1949 年 5 月，任臺灣省警備總司令部警衛旅第二團團長，後任國防部警衛團團長。1952 年 7 月至 1953 年 6 月，奉派赴美陸軍指揮參謀大學留學。
2　張沛然，時任臺灣省公路局主計處處長。
3　郭修甲，原任金門防衛司令部作戰處長，時任第六十七師副師長。
4　林作梅，1950 年時任臺東縣菸酒公賣局局長，8 月至 10 月，參與臺東縣縣長選舉失利。

一月

一、年初二星期聯合國對匪綏靖妥協之空氣甚濃，尤以英國邦聯會議，印度之態度為甚，及至第三星期共匪明白拒絕停戰以後，其勢稍殺，而美國民情激昂，其上下兩院並通過指共匪為侵略及不欲其參加聯合國之議案，因之英亦不得不認匪為侵略者，然美國務院反蔣賣華之陰謀不僅未變，而且變本加厲也。

二、美國在東京之軍事會議決定對匪繼續作戰，不放棄韓國並實施反攻，此一決定實為我國家復興最大之關鍵，麥克合瑟之英斷其有助於中華民族，殊非淺尟。

三、整軍調員計畫已實施十之八九矣。

四、臺省各縣市民選長官亦已如期完成。

五、黨員歸隊已如期結束，其補行登記者不過萬餘人而已，連前登記者在臺黨員共計為九萬人。

六、陳、吳[1]鬥爭甚烈，金融幣經濟動盪不定，殊為可慮。

二月

一、杜勒斯進行對日和約，商訂美日間臨時安全協定後，分訪菲、澳、紐，而獨置中國於度外。

二、對黨政軍整理方案皆作具體指示。

三、嘗思外蒙古雖由我承認其獨立，而疆界並未劃定，此乃收復外蒙歸還祖國之要點。

四、聯合國對共匪調解小組與懲處委員會同時成立，殊為滑稽，而美、英用

1 陳、吳即陳誠、吳國楨。

意全在妥協也。

五、讀總理中國存亡問題遺著，不勝感慨。

六、國楨與辭修衝突最烈，經濟與金融亦起動搖，危機甚深也。

三月

一、麥帥對共匪之警告與停戰明言不能以臺灣與聯合國代表權為條件之宣言，又促其政府與國務院美奸之怒，以及英國反蔣賣華人員之指責，益見若輩不可告人之陰謀，仍在積極其妥協之妄想，其受俄共愚弄非死不能醒悟，乃知其非達成其滅蔣亡華之目的，則雖死亦不甘心也。

二、陸大廿三期學員軍訓團六期學員畢業卅二師第三期演習完畢。

三、指示對黨員守則講解與閱覽辯證法皆有心得。

四、陳、吳[1]之爭已告一段落，此乃臺政安危所關也。周、毛[2]之爭又起，毛之狡猾，周之愚拙，我寧用周而棄毛也。

五、英國集團提倡太平洋公約，必欲造成以太平洋為白人之太平洋也。

六、英、印、澳、紐協以排華滅蔣之毒計，昔為陰謀，今復公開無忌矣。

七、伊朗總理被刺殞命，此乃俄國對中東侵略陰謀之開端而已。

四月

一、美國派顧問團來臺協助。

二、軍訓團高級班開學。

1　陳、吳即陳誠、吳國楨。

2　周、毛即周至柔、毛邦初。

三、麥帥免職，國會陳詞。

四、免麥以後，英又提議共匪參加對日和約，並准共匪接收臺灣之荒謬提議於美國。

五、金鈔禁止自由賣買，實為穩定金融與經濟之基礎。

六、美國擬議組設太平洋紐、澳、菲、日、印尼安全聯盟，美自參加。

七、伊朗油礦殺害英員。

五月

一、美參議院麥、馬供詞而馬之姑息共匪，仍以臺灣與聯合國代表為餌之陰謀，始終不變，彼非斬斷中國一線命脈以達其賣華滅蔣之奸計，決不心死也。

二、月中對美合眾與美聯兩社之談話，已引起美國輿論對我政府之重視，其遠東司長亦在中美協會發表親華之講演，此乃五年來第一次之首舉也。

三、聯合國通過對匪禁運戰略物資。

四、美國會通過停止資匪國家之經援。

五、美廿日致俄照會中闡明支持中華民國。

六、大陸匪情屠殺恐怖至本月已進入瘋狂狀態。

七、共匪在韓春季攻勢又被擊敗矣。

八、西藏已降，共匪俄寇對波斯灣與印度洋之侵略已有雙管齊下之勢。

九、本月對幹部教育已費盡心力，而身心疲乏亦已極，因之右手疼痛加劇也。

十、軍事、政治、經濟本月最能見效，而黨務亦漸有起色矣。

十一、馬、艾[1]等奸其對華政策失敗，不能再辯，至此其內心愧怍亦已情見乎詞，但其毀蔣滅華之目的始終如一，否則彼等政治生命由此斷送，永

1 馬、艾即馬歇爾（George C. Marshall）、艾其遜（Dean G. Acheson）。

無翻身之日，故其不能不掙扎至死方休耳。

十二、英國明言將不簽訂有中華民國政府參加在內之對日和約，要求美國在遠東未獲得一般解決之前，對臺灣地位應保留態度，其意對日和約只規定日本放棄臺灣及其他領土，而不具體指明此領土誰屬，此乃英國自開羅會議以來一貫之排華政策也。

六月

一、艾奸[1]在其參院供詞，指使共和黨議員毛斯誣衊我政府在美有金錢作游說運動，此乃其賣華滅蔣最卑劣無恥之手段。

二、大陸南北皆水旱蝗災，民不了〔聊〕生。

三、組織原理與功效之講稿完成。

四、艾奸卅八年十二月廿三日臺灣必敗之宣傳指令，其在參議院受審時，其民主黨議員亦有三分之一與共和黨一致主張公開發表此一決議，乃為艾奸政治生命宣告完全破產矣。

五、美國報紙對余對日和約如無中國參加之意見概不登載，可知其國務院布置之嚴密及其輿論界皆無公道也。

六、韓戰停火之問題已達於頂點。

七、杜魯門六月廿五日對反共國家援助之演說，又增加我一重國恥矣。

八、巴黎四國外次預備會議最後破裂。

1　艾奸即艾其遜（Dean G. Acheson）。

七月

一、美、英聯名發表對日和約方式及摒棄我在簽字國之外以後，繼之以美、澳、紐聯防協約，以及其國務院對我所提援助條件之備忘錄三大事，乃使我四十年來對美國觀念根本改變，無異惡夢初醒。

二、美國務院密令其駐臺軍經各員，必先掌握我軍事與財政之統制權。

三、自韓戰停火之議發表後，美國對我所表見〔現〕之態度與行動：甲、軍援等於停止。乙、對日和約決不允我參加訂約。丙、臺灣防務再不協助，已恢復其去年春季以前之政策。丁、我在聯合國之代表權隨時可允共匪接收。

四、韓戰停火會議，美國順從共匪提議，以開城為會議地點。

五、反攻大陸計畫之審定。

六、陳、吳[1]之內爭衝突日烈，財經拮据異常，但物價較為穩定。

七、軍訓團高級班第一期已畢業，動員計畫與學習之督導研究亦初步完成，此乃整軍之初基已定。

八、克勞塞維治之戰爭原理已修訂完成，此實為軍學上重要之貢獻也。

八月

失眠最劇。初旬修養於角畈山，研究最深，心得最多。

一、第六十七軍整編完成。

二、減政裁費計畫與統一財政收支方案之實施開始。

三、美國對我政治制之反對有非達撤消之目的不可之勢，然其幼稚極矣。

四、韓戰停火會議停止等於破裂。

1　陳、吳即陳誠、吳國楨。

五、果夫逝世。

六、美俄冷戰形勢，美漸轉強乎。

七、俄國於十三日宣布其參加日約之後，美國政府已形其手足無措之狀，可恥。

八、克氏戰爭原理譯本修正之完成。

九、黨員守則與軍人讀訓之淺說手着完成，此為重要之基本事業也。

十、不容我國參加對日和約之舉，美國之自私賣友，欺善怕兇，國際只有強權而無公理之人類一切劣點，皆已暴露無餘。美國民性之好惡無常，喜怒不定之事實，應引為我個人畢生最深刻之教訓也。

十一、最近美國對我政策所明白表現者：甲、力圖控制我軍事與財政。乙、分化我軍隊與政治。丙、培植大陸游擊隊與第三勢力，以牽制我政府並以起而代之。

九月

一、美、英所召集之對日和約已於八日簽訂，而對我國則摒棄不理。外交形勢之惡劣至此而極，以後即使再惡，亦無所憂懼，今後除自力更生以外，再無其他道矣。

二、甲、美、菲聯防協定。乙、美、澳、紐聯防協定。以上二協定之成立，名為防俄，實為防日而排華也。

三、甲、大西洋安全理事會在加拿大開會。乙、土、希加入其歐盟。丙、歐洲舉行大演習。

四、甲、埃及對英國交涉其撤兵。乙、伊朗與英國油礦之交涉尚無結果。丙、韓國停戰會議仍成懸案，此皆英美無法解決之問題。

五、本月國際形勢外交動態可說最劇，舊金山對日和約以後世界大局自發生一個新的形勢，此果為美國之勝利乎，抑為日本與亞洲之患乎。

六、本月內政經濟皆稱穩定，六十七師亦已整編後開始美式訓練矣。

七、美對臺之控制日緊一日，對於軍事與普通預算之編審，已允其參加之要求，今後彼必進一步要求撤消軍隊政治部，以便軍權移交於其所屬意之人掌握，此乃我國存亡最後之關鍵，決不接受此外將皆開誠予之協商也。

九[1]、本月恥辱最大，心神燥急，因之失眠，加之喉痛發熱，身體乃不如前矣。惟本月著作講詞，如「戰爭哲學思想」與「雪恥復國」等稿之成就反多，對反攻大陸之方針與時期考慮更切也。

十、甲、毛[2]誣周[3]謗。乙、辭修反對動員局人事，故未能成立。丙、日本與共匪開始貿易。丁、中日雙邊和約之訂立，因美國卸責推諉，幾乎無望。戊、立、監兩院叫囂擾亂，不明大義。己、周之橫逆拙劣至此，令人難以置信，不禁悲憤成疾，此誠內外交迫，冤曲橫逆交加之一月也。

十月

一、花蓮大地震。

二、英大選保守黨勝利。（廿七日記其事之重要）

三、韓停戰會議恢復。

四、辭修突然辭職。

五、俄第三次原子彈爆炸。

六、埃及宣布英埃條約，英、埃在蘇運河武裝衝突，此為繼伊朗石油國有而廢除英伊條約相關之行動，而美猶邀埃參加其中東聯防，伊拉克亦要求廢除其英伊條約矣。巴基斯坦總理被刺殞命。

1 原文如此。
2 毛即毛邦初。
3 周即周至柔。

七、俄宣布美要求停止韓戰之密件，而斥責美國政策對杜魯門所言與俄俄[1]訂約一無價值之惡言。

八、劉健羣辭立法院長職。

九、聽白鴻亮講戰爭科學與哲學六計。

十、雙十節閱兵之成功。

十一、物價因鐵路加價引起波動。

十二、美國對華政策之失敗，其責任之追究在其參議院之供詞，至本月而達到其最高峰，杜、艾、馬之罪惡亦有此一日之報因〔應〕也。

十三、日首相吉田自其舊金山訂立和約以來，其對華政策之騎牆投機，而其對我雙邊和約之商談置若罔聞，其氣燄高漲異甚，所謂得意忘形者乎。

十一月

一、臺灣臨時省議會選舉完成。

二、聯大列入我對俄控訴案之日程。

三、明年度預算案之訂著乃為最進步者。

四、馬丁訪臺。

五、對毛[2]在美法院起訴。

五[3]、審閱卅四年日記自認得益甚大。

六、阿里山休息二星期有益。

七、黨員守則、軍人讀訓各淺說皆將完成，改造教育與變化氣質等三大講稿整理完成。

1 原文如此。
2 毛即毛邦初。
3 原文如此。

八、羅馬召開北大西洋公約國會議，形同兒戲，英國始終不願參加歐洲建軍計畫也。

九、韓戰分界線雖已劃定，但其他問題尚待解決，故未能停火。

十、卅二師第二期校閱完畢。

十二月

一、美國務院謝維斯自卅四年以來，一以助共賣華為間諜之職業，其政府明知而故縱之，在議會審問九次之後本月方免其職。

二、共匪新婚姻法與改造思想及勒索華僑贖款，不過為其窮兇極惡之一端而已。

三、杜勒斯、史米斯與史巴克門要求日本與我簽訂雙方和約，而日本乃言必須視英國政策而定。

四、美國邀挪威、瑞典、瑞士出而參加監察停戰之行動，杜魯門且由休息地特為此回華府，焉得不為俄共所欺弄耶。

五、高級班第二期畢業與動員演習之實施完成，黨員守則與軍人讀訓淺說皆已正式頒發。

六、聯大四國所提裁軍計畫皆各相持不下。

七、共匪發表聯軍戰俘名單，其中有一失蹤之師長在內，美國求和之心更切矣。

八、毛邦初與李宗仁勾結，李宗仁書面明目張膽徧〔偏〕護毛逆而以五萬美金為其代價也。監察院已一致決議罷免案。

九、陸、海、空軍年終校閱完畢，此為統兵以來整訓軍隊最高成績之一年也，亦為余一生軍事理想實現之第一步也。

十、今年圓山軍訓團教育之收獲成效，實為今後國軍轉敗為勝之始基也。

蔣中正日記
Chiang Kai-shek Diaries

索引

蔣中正日記

Chiang Kai-shek Diaries

索引

蔣中正日記（1951）

Chiang Kai-shek Diaries, 1951

著　　者：蔣中正
授權出版：國史館館長 陳儀深
統籌策劃：源流成文化
總 編 輯：呂芳上 源流成
責任編輯：高純淑 張傳欣 蔣緒慧
封面設計：溫心忻 源流成
排　　版：蔣緒慧

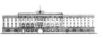

出 版 者：民國歷史文化學社有限公司
臺北市大安區羅斯福路三段 37 號 7 樓之 1
TEL：+886-2-2369-6912

國史館 Academia Historica
臺北市中正區長沙街一段 2 號
TEL：+886-2-2316-1000

贊助出版：蔣經國國際學術交流基金會 Chiang Ching-kuo Foundation for International Scholarly Exchange
世界大同文創股份有限公司 AGCMT CREATION CORP.

總 發 行：**源流成文化股份有限公司**
臺北市大安區羅斯福路三段 37 號 7 樓之 1
TEL：+886-2-2369-6912
FAX：+886-2-2369-6990

初版一刷：2023 年 10 月 31 日
定　　價：新臺幣 850 元
　　　　　美　元 32 元
ISBN：978-626-7370-23-0（精裝）
　　　978-626-7370-27-8（1948-1954 套書）

Republic of China History and Culture Society
http://www.rchcs.com.tw

蔣中正日記 (1951) = Chiang Kai-shek diaries, 1951/ 蔣中正著 . -- 初版 . -- 臺北市 : 民國歷史文化學社有限公司 , 國史館 , 2023.10
面； 公分
ISBN 978-626-7370-23-0(精裝)

1.CST: 蔣中正 2.CST: 傳記

005.32　　112015565